Baedeker

Allianz Reiseführer

Costa Blanca

www.baedeker.com

Verlag Karl Baedeker

TOP-REISEZIELE ★★

Wandern im Naturpark, an modernen Hafenpromenaden spazieren, rauschende Feste mit den Spaniern feiern oder sich an einsamen Stränden verlieren: Die Costa Blanca bietet »im Kleinen« fast alles, was ganz Spanien so reizvoll macht.

1 ★★ Alicante / Alacant
Schlendern Sie auf der Explanada entlang, immer mit Blick auf Meer, Jachthafen und Skyline des Seebades. ▶ Seite 133

2 ★★ Altea
Der malerische Ortskern von Altea mit seiner weithin sichtbaren blauen Kirchenkuppel liegt auf einer Hügelkuppe.
▶ Seite 146

3 ★★ Parque Natural del Peñón de Ifach / Penyal d'Ifac
Wer den Peñón de Ifach bei Calpe besteigt, wird mit einem großartigen Rundblick belohnt. ▶ Seite 160

4 ★★ Elche / Elx
Besonders reizvoll in Elche ist ein Spaziergang durch die zahlreichen Palmengärten; 300 000 Bäume zählt man in der Großstadt am Río Vinalopó. ▶ Seite 173

5 ★★ Murcia
Inmitten der heißen trockenen Küstenebene liegt die lebendige Universitätsstadt mit gut erhaltener Altstadt, zahlreichen Museen und der prächtigen Kathedrale.
▶ Seite 200

6 ★★ Guadalest
Die schönste Bergfestung an der Costa Blanca war lange Zeit ein Stützpunkt der Mauren am Rand der Sierra de Aitana.
▶ Seite 232

7 ★★ Valencia
Im ganzen Land kennt man Valencia als »Land der Blumen, des Lichts und der Liebe«. In der Altstadt trifft man auf ein unverfälschtes Stück Spanien.
▶ Seite 247

Wahrzeichen der Costa Blanca
Am Peñón de Ifach erstrecken sich kilometerlange Sandstrände.

1 Valencia

Prunkvoll
Mittelpunkt der Altstadt von Valencia ist der stattliche Bau der Kathedrale mit üppiger Barockfassade.

2 Guadalest

3 Peñón de Ifach

4 Altea

5 Alicante

6 Elche

7 Murcia

Feierlich
Wenn die Prozession in der Karwoche durch Alicante zieht, sind die Straßen von Menschenmassen gesäumt.

DIE BESTEN BAEDEKER-TIPPS

Von allen Baedeker-Tipps in diesem Buch haben wir hier die interessantesten für Sie zusammengestellt! Erleben und genießen Sie die Costa Blanca von ihrer schönsten Seite.

! Kunsthandwerkszentrum Valencia
Hier soll das Kunsthandwerk der Region einem breiten Publikum präsentiert werden. ► **Seite 88**

! Frische Sardinen
In den Lonjas der Hafenorte haben die Fischer ihre Stammbars. Hier wird im schlichten Ambiente meist ein einziges Fischgericht serviert. ► **Seite 161**

! Stille Plätze für Sonnenhungrige
Wer ungestört sonnenbaden will, findet schöne Strände und geschützte Buchten bei Cullera. ► **Seite 168**

! Rundfahrt über die Dörfer
Von Gandía landeinwärts kann man eine schöne Rundfahrt über mehrere Bergdörfer unternehmen. ► **Seite 185**

! Korbwaren in Gata de Gorgos
Gata de Gorgos, 8 km westlich von Jávea, ist berühmt durch die Verarbeitung von Espartogras. ► **Seite 186**

! Wanderung mit Schlammbad
Sehr angenehm ist eine Wanderung entlang der Salinen am Mar Menor bis zur Mühle La Calcetera. ► **Seite 195**

Kinderfreundlich
Cullera bietet geschützte Buchten und familientaugliche Strände.

Frisch vom Fass
Monóvar ist für seine Weine bekannt, die in dem warmen, trockenen Landstrich besonders gut gedeihen. In den Weinkellereien darf man gerne verkosten.

Weinprobe
Rund um Monóvar können Weinfreunde in mehreren Bodegas (Weinkellereien) die köstlichen Tropfen der Gegend verkosten. ▸ **Seite 198**

Tapas
Wir verraten Ihnen, wo in Murcia die besten Tapas der Stadt serviert werden.
▸ **Seite 207**

Aussicht über die Stadt
Eine schöne Aussicht auf Orihuela und die Huerta hat man von dem die Stadt beherrschenden Berg. ▸ **Seite 218**

Klettern in der Sierra de Espuña
Kletterfreunde finden in Leiva Kletterwände mit verschiedenen Schwierigkeitsstufen. ▸ **Seite 237**

Karibische Gesänge
Jedes Jahr treffen sich in Torrevieja in der ersten Augusthälfte Chöre aus allen Teilen Spaniens und aus anderen europäischen Ländern zu einem Wettbewerb der Habaneras. ▸ **Seite 244**

Tribunal de las Aguas
Jeden Donnerstagmittag um 12.00 Uhr tritt in Valencia das Wassergericht zusammen, das bereits 960 begründet wurde. Acht schwarz gekleidete Herren und ein Gerichtsdiener sprechen dann Recht über Streitfragen bezüglich der Wasserzuteilung. ▸ **Seite 260**

Süße Verführung
Feinste Pralinen, Eiscreme, kalte oder heiße Kaffeespezialitäten und köstliche Torten kann man im Stammhaus der Schokoladenmanufaktur Valor probieren.

Horchata
In den Sommermonaten öffnen die Horchaterias, in denen das valencianische Traditionsgetränk aus zermahlenen Erdmandeln, Zucker und Zitronensaft ausgeschenkt wird. ▸ **Seite 281**

Naschkatzen ...
... sollten unbedingt bei der Firma Valor in Villajoyosa vorbeischauen. Denn hier gibt es Schokolade in allen Variationen.
▸ **Seite 281**

Souvenirs
Kunsthandwerk hat in den Regionen eine lange Tradition. Besonders beliebt: Keramik aus Valencia.
► **Seite 88**

HINTERGRUND

PRAKTISCHE INFORMATIONEN VON A bis Z

TOUREN

Malerisch
Blau gekachelte Kirchenkuppeln setzen farbliche Akzente in dem weißen Dorf Altea.
► **Seite 146**

REISEZIELE VON A bis Z

nachdenken • klimabewusst reisen atmosfair

PREISKATEGOrIEN

► **Hotels**
Luxus: ab 180 €
Komfortabel: 120–180 €
Günstig: 60–120 €
Für eine Übernachtung im Doppelzimmer

► **Restaurants**
Fein & Teuer: ab 25 €
Erschwinglich: 10–25 €
Preiswert: bis 10 €
Für ein Hauptgericht

JESOHA

Hintergrund

KURZ UND KNAPP, VERSTÄNDLICH GESCHRIEBEN: WISSENSWERTES ÜBER IHRE REISEREGION, ÜBER WIRTSCHAFT UND POLITIK, GESCHICHTE, KULTUR UND BERÜHMTE PERSÖNLICHKEITEN KÖNNEN SIE HIER NACHLESEN.

WEISSE STRÄNDE

Die Costa Blanca ist wegen ihres milden mediterranen Klimas ein beliebtes Ferienziel von Touristen aus Spanien und ganz Europa. Sie zählt zu den Motoren der spanischen Wirtschaft, die »Bauwut« scheint ungebrochen zu sein, zumindest direkt an der Küste. Wer sich allerdings ins Hinterland aufmacht, der findet eine Jahrhunderte alte Kulturlandschaft vor.

Ob die »Weiße Küste« nach dem Licht der 300 Sonnentage im Jahr, nach den weiß getünchten Häusern ihrer Ortschaften, den schimmernden Kalkfelsen oder den unzähligen Stränden mit feinem, weißen Sand ihren Namen erhielt, ist ungewiss. Vielleicht diente auch die von Griechen und Karthagern Akra Leuka, weiße Festung, und von den Römern Lucentum, Stadt des Lichts, genannte Provinzhauptstadt Alicante als Inspirationsquelle. Sicher ist, dass man hier Sonne, Strand und ein wunderbar warmes Klima das ganze Jahr über genießen kann. An den meisten Sandstränden und versteckten Badebuchten wehen die blauen Europafahnen als Beweis einer einwandfreien Wasserqualität und einer guten Infrastruktur. Hier ragen die Hochburgen des spanischen Massentourismus in den Himmel. Benidorm, Torrevieja, Alicante und La Manga haben sich zu Ferienspezialisten entwickelt mit einer Vielzahl von Unterkünften, einer verlockenden, vielseitigen Gastronomie und unzähligen Vergnügungsstätten. Kein Sport zu Land und zu Wasser, den man hier nicht treiben kann, kein Strandvergnügen, das einem nicht geboten wird, und keine Nacht, die man nicht in diversen Terrassenlokalen, Bars und Diskotheken durchwachen kann.

Strandleben *Unter bunten Schirmen frönt man dem Sonnenkult.*

Spanische Lebensart

Trotz Massentourismus ist die spanische Lebensart dabei jedoch nicht verloren gegangen. Die einstigen Fischerdörfer Dénia, Jávea, Moraira und Calpe haben ihren Charme bewahrt und sind liebevoll gepflegt. Kulissenhaft schmiegt sich die Altstadt von Altea an einen

Heißes Nachtleben
Langeweile ist ein Fremdwort in den Touristenhochburgen. Wenn sich abends die Strände leeren, fängt der Spaß in den Clubs, Bars und Diskotheken erst richtig an.

Urbane Pracht
Ein Erlebnis für sich sind die Städte mit ihren maurischen Burgen, prunkvollen Palästen und majestätischen Kathedralen, die vom Glanz vergangener Jahrhunderte erzählen.

Reiches Kulturland
In der abwechslungsreichen Landschaft des Hinterlandes gedeihen dank eines ausgeklügelten Bewässerungssystems Zitronen und Orangen, Wein und Reis.

Rauschende Feste

Die Bewohner der Levanteküste wissen, wie man feiert: Voller Inbrunst in der Karwoche, mit Böllerschüssen und Schwertergeklirr zu den Mauren- und Christenfesten, mit lodernden Feuern zu den Fallas.

In die Berge

Ourdoorfreaks werden nicht nur am Meer verwöhnt. Sowohl die Küste als auch das Hinterland bieten für Wander- und Kletterfreunde unbegrenzte Möglichkeiten.

Köstliche Tropfen

Nicht nur zu Tapas, den kleinen Häppchen für zwischendurch, passen die fruchtigen Weine der Region, sie schmecken auch vorzüglich zu Paella und Meeresgetier.

steilen Berghang. Die blau gekachelten Kirchtürme scheinen mit dem Blau des Himmels und des Meeres zu wetteifern. Bunt getünchte, alte Fischerhäuser in der »fröhlichen Stadt« Villajoyosa ließen die heimkehrenden Fischer schon von weitem erkennen, wo ihr heimischer Herd steht.

Kulturlandschaft

Wenn man genug hat vom Trubel des Strandlebens, findet man im Hinterland der Costa Blanca eine jahrhundertealte Kulturlandschaft. An den Hängen kleben schmale Terrassen, auf denen Oliven- und Mandelbäume wachsen. Auf schroffen Bergen thronen in Villena, Biar und Sax wuchtige Burgen, die aus der Maurenzeit stammen. Die schönste Bergfestung der Costa Blanca wacht über Guadalest, einem Ort am Rand der Sierra de Aitana. Wer zum alten Ortsviertel will, muss durch den in den Kalkstein geschlagenen Eingangstunnel, der von einem weithin sichtbaren Glockenturm gekrönt wird. An Stelle der einstigen Moscheen wurden prächtige Kirchen errichtet, wie sie in Valencia, Orihuela, Murcia oder Lorca heute noch zu sehen sind.

Frische Fische
Fischer flicken ihre Netze nach dem Fang.

Feste und Prozessionen

Kaum ein Dorf oder eine Stadt an der Costa Blanca und in ihrem Hinterland, wo nicht mindestens einmal im Jahr ausgiebig gefeiert wird. In Cartagena beispielsweise verwandelt sich die Stadt beim Fest »Cartagineses y Romanos« für 10 Tage in eine riesige Kulisse der Antike. Auch an die Vertreibung der Mauren wird bei Straßenfesten gerne erinnert, so z. B. in Alcoy, während in Valencia und Alicante das Frühjahr mit der Verbrennung riesiger Pappmachéfiguren eingeleitet wird.

Naturerlebnis

Wanderurlaub an der Costa Blanca ist nur scheinbar ein Widerspruch. Besonders die Bergwelt der Sierra de Aitana oder der Sierra de Espuña sowie der Sierra de Bérnia bei Altea bieten zahlreiche Wander- und Klettermöglichkeiten. Aber auch an der Küste mit Blick auf's Meer kann man herrliche Wanderausflüge unternehmen, z. B. im Parque Natural del Montgó oder im Parque Natural del Peñón de Ifach bei Calpe sowie in den Dünen von Guardamar.

Fakten

Welche Tiere begegnen einem in den Bergen im Hinterland der Costa Blanca? Wie wird man der bedrohlichen Dürre in manchen Regionen Herr? Welche Rolle spielt der Tourismus für die Wirtschaft? Lesen Sie selbst nach auf den folgenden Seiten!

Natur und Umwelt

»Das Land, in dem die Sonne aufgeht«

Die Costa Blanca, ein Teil der in Spanien als »Levante« (»das Land, in dem die Sonne aufgeht«) bezeichneten südöstlichen Mittelmeerküste der Iberischen Halbinsel, stimmt im Wesentlichen mit den Provinzgrenzen von Alicante überein. Die **Provinz Alicante** gehört neben den Provinzen Valencia und Castellón zur autonomen Region Valencia (Comunidad Valenciana). Im Norden ragt ein Zipfel der Costa Blanca in die Provinz Valencia hinein (Küstengebiet um Gandía, Oliva und Cullera), im Süden in die Provinz von Murcia (Costa Cálida). Das in dem vorliegenden Band beschriebene Gebiet reicht von der alten Römersiedlung Sagunto nördlich von Valencia bis zum Küstengebiet von Cartagena und der alten Ritterstadt Lorca in der Region Murcia (wenn auch im engeren Sinn die Costa Blanca nur als der schmale Küstensaum zwischen Dénia und dem Mar Menor oberhalb von Cartagena verstanden wird). Kernland des Costa-Blanca-Tourismus sind die zwischen Valencia und Alicante gelegenen Strandorte Dénia, Jávea, Teulada/Moraira sowie, weiter südlich, die Badeorte Benidorm, Altea und Villajoyosa.

Topografische Räume

Zweigeteilt

Das Gebiet der Costa Blanca wird von zwei unterschiedlichen, ja gegensätzlichen topografischen Räumen beherrscht, dem relativ flachen Küstenstreifen und dem dahinter aufragenden Gebirge.

Küstenstreifen

Der Küstenstreifen variiert in seiner Breite, an manchen Stellen reichen die Berge bis ans Meer heran, an anderen wiederum ist die Küste bis zu 20 km breit. Von Sagunto über Valencia bis zum Cabo de San Antonio südlich von Dénia ist das Ufer **ein einziger Strand** mit meist sandigem, teilweise kiesartigem Untergrund; nur bei Cullera befindet sich ein kurzer Steilküstenabschnitt. Südlich von Valencia dehnt sich die flache Küste weit ins Inland aus; in dieser Tiefebene, den »huertas« (von lateinisch »hortus«, »Garten«), mit den schier endlosen Apfelsinenplantagen und Reisfeldern liegt mit La Albufera auch ein relativ großer Strandsee. Früher trennten unzählige Sandbänke eine ganze Reihe von Feuchtgebieten vom Meer ab. Viele dieser Feuchtgebiete wurden im Lauf der Zeit trockengelegt. Erhalten sind noch der Sumpf von Cullera und die Sümpfe von Tavernes und Xeraco-Xeresa.
Von Dénia bis Alicante zeigt sich die Küste weitaus unübersichtlicher als der nördliche Abschnitt der Costa Blanca. Anders als zwischen Sagunto und Dénia wechseln sich am Ufer nun Strände mit Felsbuchten, Klippen und Steilküsten ab, stellenweise reicht das Gebirge

← *In der heißen, trockenen Ebene der Huerta de Murcia gedeihen dank Bewässerung Obst und Gemüse.*

In der Region Valencia werden Zitrusfrüchte in riesigen Plantagen angebaut.

bis ans Meer heran. Erst südlich von Alicante ebnet sich alles wieder ein, erstrecken sich hinter der Küste – bis hinunter nach Cartagena – Flachgebiete mit mancherorts bis zu 20 km Breite. Auch in dieser Tiefebene – Schwemmgebieten mit Kalk- und Salzablagerungen – gibt es zwischen Santa Pola und Torrevieja vereinzelte **Strandseen**, die jedoch etwas kleiner sind als La Albufera bei Valencia, sowie im Dreieck zwischen Alicante, Murcia und Cabo de Palos die »huertas«, auf denen Gemüse angebaut wird. Im Feuchtgebiet bei Santa Pola wurden Ende des 19. Jh.s zur Salzgewinnung an verschiedenen Orten **Salinen** angelegt, die das Landschaftsbild entscheidend veränderten. Salinen dehnen sich u. a. auch in den Gemeindegebieten von Guardamar del Segura und Torrevieja aus. Am Cabo de Palos trennt die schmale, 22 km lange Landzunge von »La Manga« (»Der Ärmel«) eine 170 km² große Salzwasserlagune (»El Mar Menor«, »Das kleinere Meer«) vom offenen Meer ab. Im Küstengebiet von Cartagena verwandelt sich der Küstenstreifen in eine trockene, felsige Zone.

Im Küstenbereich, der anders als die zerklüfteten Gebirgszüge im Hinterland durchgehende Verbindungen erlaubt, befinden sich die Hauptverkehrslinien der Costa Blanca, die Autobahn, die Straßen und die Eisenbahnlinie. Auf dem flachen Küstenstreifen lebt auch der überwiegende Teil der Einwohner, hier sind die meisten Wirtschaftsbetriebe der Region Costa Blanca angesiedelt. In den intensiv bewässerten und landwirtschaftlich genutzten Flachgebieten mit den ausgedehnten Sandflächen gedeihen Zitrusfrüchte wie Orangen und Zitronen, Palmen (bei Elche), Baumwolle und andere Kulturen.

Gebirge

Neben der extrem lang gestreckten Küste ist die Costa Blanca landschaftlich vorrangig von zahlreichen Gebirgszügen geprägt, und zwar von den Ausläufern der von Südwest nach Nordost laufenden **Betischen Kordillere**, die mit den Kalksteinfelsen der Mittelmeerküste stellenweise steil ins Meer abfallen. Im Küstenhinterland können die

zum Teil steil aufragenden Kalksteingebirge Höhen bis zu 1558 m (Sierra de Aitana) erreichen.
Das sehr abwechslungsreiche, landschaftlich reizvolle Gebirge wird von einigen großen Flussläufen durchquert, u. a. von den Flüssen Turia (Valencia), Júcar (südlich von Cullera), Segura (nördlich von Guardamar del Segura) und Taibilla (Cartagena), die einen Großteil der landwirtschaftlich genutzten Küstenebene bewässern, bevor sie ins Meer münden. Die Gebirgszone mit ihren spärlich bewachsenen Höhen und den schroff aufragenden Felsen ist nur äußerst dünn besiedelt, viele der Einwohner sind abgewandert bzw. wandern weiterhin ab, um an der wirtschaftlich florierenden Küste Arbeits- und Verdienstmöglichkeiten zu suchen.
Landwirtschaft findet man fast ausschließlich in den zum Teil recht fruchtbaren, nicht selten breiten Tälern der Bergregion, wo Oliven-, Mandel-, Johannisbrot- und Obstbäume sowie Rebstöcke gedeihen. Verstreut finden sich in der Landschaft auch kunstvoll angelegte Terrassierungen mit Gemüseäckern.

Flora

Reiche Pflanzenvielfalt

Die jahrtausendelange Besiedlung der spanischen Küsten hat nicht nur in kultureller Hinsicht, sondern auch im Bewuchs Spuren hinterlassen. Der Mensch hat in die Natur eingegriffen, wo immer er es für notwendig befand. Durch den Anbau von Nutzpflanzen wie Zitrusfrüchten, Mandel- und Olivenbäumen sowie durch den Raubbau an den Wäldern, deren Holz man für den Schiffbau benötigte, wurden die einst dichten Wälder und zahlreiche Wildpflanzen verdrängt. Der **Baumkahlschlag** verursachte eine Bodenerosion, die heute in Teilen der Sierras an der Costa Blanca unübersehbar ist. Dennoch hat sich eine reiche Pflanzenvielfalt an der Costa Blanca erhalten. Rund 3000 Pflanzenarten sind nach botanischen Berechnungen hier heimisch. Rein mediterrane Pflanzen, wie Stechpalme, Ulme, Korkeiche, Judasbaum, Oleander und selbst Orchideenarten gedeihen im warmfeuchten Klima; in denraueren Zonen haben sich andere Pflanzen an die klimatischen Verhältnisse angepasst, u. a. Trockenpflanzen wie Wolfsmilchgewächse, Tamarisken, Rosmarin, Steineichen sowie verschiedene Gräser- und Ginsterarten.

Küstenpflanzen

Am verbreitetsten an der Mittelmeerküste sind die **Macchien** (abgeleitet von franz. »Maquis« = Gebüsch, Dickicht), ein niedrigwüchsiges Gehölz aus Tamarisken, Wacholderarten, Mastixstrauch, Zwergpalmen und Gerberstrauch, unter deren Dach kleinere, nicht auf den ersten Blick auszumachende Pflanzen gedeihen. Hierzu können verschiedene Lilienarten, rot blühende Disteln, grüngelber Meerfenchel, dickblättrige Wolfsmilchgewächse, gelber Strandklee, violette Levkojen und Mittagsblumen gehören. Wer im Frühjahr durch diese Macchien streift, wird überrascht über den **Blütenreichtum** dieser Pflanzen sein. Es leuchtet in allen Farben, und mitunter sind es die bescheidenen Gewächse, wie etwa die Mittagsblume, die in der Blütezeit die Küstenlandschaft in einen roten oder gelben Teppich verwandeln.

Pflanzen im Landesinneren

Auch im Bergland gibt es das niedrige Gehölz der Macchien. In Gebieten mit weniger Feuchtigkeit wird das Macchiengehölz allerdings immer kleiner und schließlich zurückgedrängt. Die Vegetation im Landesinneren ist von Bäumen beherrscht. Abgesehen von der allgegenwärtigen Palme sieht man, besonders in den kleineren Städten, rot blühenden Oleander und die scheckigen Stämme der Platanen, die als Park- und Straßenbewuchs auffallen. Ein typischer Mittelmeerbaum ist die bis zu 30 m hohe Pinie mit der großen, abgerundeten Krone. Oft anzutreffen ist auch der Feigenbaum, der selbst an Felshängen wächst.
In feuchten Tälern sieht man Pappeln, Weiden und natürlich die typischen Mittelmeergewächse Mandel und Olive. In den **Sierras** mit ihrem oft kalkhaltigen Boden ist der Thymian weit verbreitet. Die weißrosa Blüten dieses kleinen Strauches duften würzig, ebenso die

Auf den Uferwiesen bei Cabo Cope weiden seit jeher Schafe.

violetten Blüten des Rosmarinstrauches, der bis zu 1 m Höhe heranwächst. Niedrig blühende Pflanzen sieht man allenthalben dort, wo die Landwirtschaft mit Herbiziden noch nicht eingegriffen hat. Herrlich violett blühender Lavendel gehört dazu, ebenso viele Distel- und Orchideenarten. Ein typisches Mittelmeergewächs ist ferner der Erdbeerbaum, der nur etwa 10 m hoch wird und an seinen körnigen, roten, essbaren Beeren und seinen länglichen, ledrigen Blättern erkennbar ist. Auch wenn natürlich mediterrane Gewächse überwiegen, findet sich doch an den Flüssen und in den kühleren Berggegenden Vegetation atlantischer bzw. mitteleuropäischer Herkunft: z. B. Föhren und Latschenkieferbestände, Mischwälder aus Quercus faginea (Zerreiche), Ahorn und Esche. Sogar Eiben (und damit die südlichsten Bestände in Europa) gedeihen hier.

Fauna

Artenvielfalt stark dezimiert

Die Tierwelt an der Costa Blanca ist, wie in ganz Spanien, in ihrer Artenvielfalt stark dezimiert worden. Die Aktivitäten der Menschen, auch der Massentourismus bis in ländliche Gebiete hinein, die Verkehrserschließung durch Straßen und Bahnlinien, kurz, das Eindringen in den Lebensraum der Tierwelt, hat seinen Tribut gefordert. Viele Tierarten sind in ihrer Existenz gefährdet.

Vögel

Wegen ihrer hohen botanischen und zoologischen Bedeutung stehen die Feuchtgebiete an der Küste unter Naturschutz. Wichtig sind sie vor allem für die **Zugvögel**, die in den drei Schutzgebieten Salinas de Santa Pola, Lagunas de la Mata y Torrevieja und Hondo de Elche im Winter zu Tausenden zusammenkommen. Ein wichtiger Nist- und Überwinterungsplatz für Zugvögel ist auch die Albufera bei Valencia. An die 250 Arten, von Gänsen über Enten bis hin zu Flamingos, können hier beobachtet werden. Im Sumpfgebiet von Pego-Oliva, das durch eine breite Sandbank und Straßen vom Meer getrennt ist, fühlen sich auch **seltene Vogelarten** wie Rohrweihen und Moorenten heimisch.
Im Landesinnern ist die Vogelwelt dagegen eher arm. Selten noch sieht man Adler und andere Raubvögel wie Habichte oder Bussarde, Eulen oder Geier.

Landtiere

In den Sierras leben große Säugetiere wie Dachse, Wildschweine, Hirsche, Rehe, Marder, Wiesel, Füchse und die in den 1970er-Jahren ausgesetzten Mufflons, sogar eine **Wildkatzenart** kommt hier noch vor, doch am meisten wird man Hasen und Kaninchen zu sehen bekommen. Ferner gibt es an der Costa Blanca über hundert Schmetterlings- sowie rund 30 Amphibien- und Reptilienarten, von denen man die Eidechsen (vor allem die in der Dämmerung an beleuchteten Hauswänden jagenden Mauergeckos) und die geschützte Landschildkröte am ehesten beobachten kann. Auch acht Schlangenarten sind an der Costa Blanca gezählt worden, doch Angst braucht man vor ihnen nicht zu haben, sie sind sehr menschenscheu. Selbst die **Stülpnasenotter**, die einzige hier vorkommende Giftschlangenart, meidet menschliche Gesellschaft.

Fische Auch der einstige Fischreichtum ist stark zurückgegangen. In den Gebirgsbächen tummeln sich Forellen, doch wenn man die größeren Flüsse wie z. B. den Segura sieht, dann weiß man, dass in diesem verseuchten Wasser kein Lebewesen überleben kann. Das Meer ist überfischt, weshalb viele für den Kochtopf bestimmte Meerestiere importiert werden müssen.

Umwelt

Wassermangel Die spärlichen Regenfälle der letzten Jahrzehnte stellen das größte Problem der Gegend zwischen Valencia und Cartagena dar. Zudem wird ein erheblicher Teil des abgeregneten Wassers von der **Landwirtschaft** benötigt: Von dem in der Region Valencia verbrauchten Wasser konsumiert allein die Landwirtschaft sieben Achtel. Zwar wird bereits Wasser vom Río Tajo in eigens gebauten Kanälen aus dem Innern Spaniens herangeführt, doch ist dies bei dem großen Bedarf in den trockenen Sommermonaten, wenn die Staubecken im Hinterland immer leerer werden, nicht ausreichend. Dann ist auch die Trinkwasserversorgung in den Badeorten nicht immer durchgehend gewährleistet, weshalb schon oft Wasser rationiert werden musste. Meist hat das Leitungswasser dann noch einen hohen Chlorgehalt und ist deshalb oft nicht trinkbar. Man sollte Wasser darum möglichst sparsam verwenden.

Seit Jahren fordert die Valencianische Landesregierung die Wasserzufuhr aus dem Ebro-Fluss im Norden. Nur 10% des Wassers, das im Ebro-Delta ins Meer fließt, würden ausreichen, den Wassermangel zu beheben.

> ! *Baedeker* TIPP
>
> **Achtung Feuer**
>
> Die Brandgefahr ist in den heißen, trockenen Sommermonaten sehr groß, deshalb sollte man unter keinen Umständen ein Feuer in der freien Natur anzünden oder glimmende Zigaretten wegwerfen. Selbst eine achtlos hingeworfene Glasflasche kann in der Landschaft wie ein Brennglas wirken.

Waldbrände Im Zusammenhang mit der großen Dürre stehen auch die katastrophalen Waldbrände, die Jahr für Jahr riesige Flächen Wald- und Buschland vernichten. Allein im März 2006 sind in der Nähe von Valencia bei einem Großbrand ca. 1200 ha Waldland dem Feuer zum Opfer gefallen. Die Bedrohung der Wälder hat sich in den letzten Jahrzehnten verstärkt, seit in großem Stil Kiefern für die Holzwirtschaft aufgeforstet wurden. Denn Nadelwälder brennen viel leichter als der heimische Laubwald und regenerieren sich nach einem Brand nicht mehr.

Bevölkerung · Politik · Wirtschaft

Bevölkerungsdichte

In Spanien leben rund 46 Millionen Menschen mit einer Bevölkerungsdichte von 89 Einwohner/km² (im Vergleich dazu in Deutschland: etwa 231 Einwohner/km²). Die meisten Menschen (ca. 78%) in den Autonomen Regionen Valencia und Murcia leben in städtischen **Ballungsräumen im Küstenbereich**. Die größte Bevölkerungsdichte weist mit 1785 Einwohnern pro km² die Touristenhochburg Benidorm auf, gefolgt von der Provinzhauptstadt Alicante mit 1 589 Einwohnern pro km² und Torrevieja mit 1490 Menschen pro km². Dieser Trend zur Küste hin hat bereits Anfang des 20. Jh.s eingesetzt, als die Mechanisierung der Landwirtschaft die Lebensgrundlage vieler Bauern zerstörte. An der Küste hofften sie ein Auskommen in der Industrie und später im Tourismus zu finden. Bedingt durch die anhaltende Abwanderung aus den Dörfern im Hinterland leben heute in vielen Bergdörfern überwiegend Leute im Rentenalter.

In den Altstadtvierteln, wie hier in Alicante, sind Geselligkeit und gute Nachbarschaft noch immer selbstverständlich.

Zahlen und Fakten Costa Blanca

Lage und Fläche

- Teil der südöstlichen Mittelmeerküste
- ca. 250 km Nord-Süd-Ausdehnung
  40 km durchschnittliche Ost-West-Ausdehnung
- Provinz Alicante: 5 817,15 km²
  1,15 % des spanischen Territoriums
- Region Murcia: 11 313 km²
  2,2% des spanischen Territoriums
- Comunidad Valenciana: 23 255 km²
  4,6% des spanischen Territoriums

Einwohner

- Autonome Region Valencia: ca. 5 Mio., davon 801 000 in der Hauptstadt Valencia
- Autonome Region Murcia: 1,4 Mio., davon 422 000 in der Hauptstadt Murcia
- Provinz Alicante: 1,9 Mio., davon 320 000 in der Hauptstadt Alicante
- Ausländer Provinz Alicante: 440 000, davon 121 000 Briten und 35 000 Deutsche

Staat und politische Gliederung

- Parlamentarische Monarchie
- Staatsoberhaupt: König
- Regierung: Ministerpräsident und sein Kabinett
- Volksvertretung: Cortes Generales, bestehend aus Abgeordnetenhaus und Senat
- 17 Autonome Gemeinschaften (u. a. Valencia, Murcia)
- 50 Provinzen (Alicante, Murcia)
- Valencia umfasst die Provinzen Castellón, Valencia und Alicante
- Murcia ist gleichzeitig Autonome Gemeinschaft und Provinz

Wirtschaft

- Einzelne Wirtschaftsbereiche in der Region Valencia: 63% Dienstleistungen, 33,5% Industrie und Bauwirtschaft, 3,5% Landwirtschaft
- Arbeitslosenquote: 8,7% (Jahresdurchschnitt 2007)

Religion

- Römisch-katholische Kirche (über 90%)
- Evangelische Kirche (32 000)
- Moslems (120 000)
- Juden (7000)

Die Küste übte in den letzten Jahrzehnten eine große Anziehungskraft auf Mitteleuropäer aus, die die Costa Blanca als beliebtes Wohngebiet entdeckten. Insgesamt leben etwa 320 000 Ausländer in der Provinz Alicante. Den größten Anteil stellen die Briten, gefolgt von Deutschen, Niederländern und etwa Franzosen.

Ausländer an der Costa Blanca

Spanien ist verwaltungsmäßig in 17 »Comunidades Autónomas«, Autonome Gemeinschaften oder Regionen, strukturiert (etwa mit den deutschen Bundesländern vergleichbar), die aus einer oder mehreren Provinzen bestehen können und deren Parlamente unabhängig von Madrid über Fragen der Kultur, der Erziehung und des Tourismus entscheiden. Insgesamt gibt es 50 Provinzen in Spanien. Zu den Autonomen Gemeinschaften gehören auch **Valencia und Murcia**. Die Provinzen unterteilen sich in Comarcas, etwa den deutschen Landkreisen ähnlich. Wie die Regionalparlamente entsenden auch die von den Gemeinden (municipios) gewählten Provinzräte Vertreter in den Senat der Madrider Nationalversammlung (Cortes Generales). Die zweite Kammer der Cortes besteht aus den direkt gewählten Abgeordneten.

Regionen und Provinzen in Spanien

Wirtschaft

Wie in den meisten Ländern der Europäischen Union verzeichnete auch die spanische Wirtschaft zu Beginn der 1990er-Jahre nur ein geringfügiges Wachstum. Seit 1996 ist jedoch ein deutlicher Aufschwung zu spüren. Ein erhöhtes Exportaufkommen, ein höherer Inlandsverbrauch und ein erneutes Wachstum im Tourismus sind deutlich erkennbar. Nach einer Phase der Stagnation im industriellen Bereich erholte sich auch die Wirtschaft in der Region der Costa Blanca ab 1996. Dank der wirtschaftlichen Entwicklung ging in den letzten Jahren auch die Zahl der Arbeitslosen zurück: Lag die Arbeitslosenquote in Spanien 1998 noch bei 18,8%, so belief sie sich im Jahr 2007 auf 8,7%. Den größten Anteil am Gesamtwirtschaftsaufkommen in der Region Valencia hat mit 63,1% der **Dienstleistungsbereich inklusive Tourismus**. Es folgen Industrie und Bauwirtschaft mit 33,5% sowie Landwirtschaft und Fischerei mit 3,5%.

Aufschwung

Der industrielle Sektor an der Costa Blanca umfasst die Bereiche Energie und Wasser, Metallfabrikation, Autoherstellung, Marmorbearbeitung, chemische Produkte, Lebensmittelindustrie, Textilherstellung, Schuhproduktion, Möbelherstellung, Spielwarenherstellung und Papierproduktion.

Industrie

Die Landwirtschaft hat eine lange Tradition in Südspanien. Die so genannten Huertas der Regionen Valencia und Murcia mit dem fruchtbaren Schwemmland in Küstennähe gehören zu den ergiebigsten Obst- und Gemüseanbaugebieten Europas. Ein Großteil der Erträge ist für den Export in das europäische Ausland bestimmt. Rund

Landwirtschaft und Fischerei

95 000 Menschen in der Provinz Valencia und 35 000 Personen in der Provinz Alicante arbeiten im Agrarbereich und in der Fischerei. Im Kampf gegen die bedrohliche Dürre hat man ein kompliziertes **Bewässerungssystem** mit künstlichen Kanälen angelegt, das in Ansätzen bereits von den Römern und Mauren entwickelt wurde. So werden heute 365 000 ha der insgesamt 831 000 ha landwirtschaftlich genutzten Fläche der Region Valencia bewässert, in der Provinz Alicante sind es 136 000 ha der 280 000 ha Nutzfläche.
Auf den endlosen Orangen- und Zitronenplantagen der Region Valencia wird mehrmals pro Jahr geerntet, insgesamt über 4 Mio. Tonnen (davon in der Provinz Alicante 613 000 Tonnen), d. h. von jährlich 5 Mio. Tonnen Zitrusfrüchten aus Spanien reifen vier Fünftel in der Levante. Neben Zitrusfrüchten werden auch Getreide, Gemüse, Reis und Hülsenfrüchte angebaut. Wegen der anhaltenden **Dürre** in Südspanien und dem ansteigenden Wasserbedarf hat man in den letzten Jahren zunehmend Olivenbäume und Weinstöcke angepflanzt, die weniger Wasser benötigen.
Die wichtigsten Fischereihäfen in der Provinz Alicante, dem Kerngebiet der Costa Blanca, sind Torrevieja, Alicante, Altea, Dénia und Santa Pola. Doch der **Fischfang** spielt an der Costa Blanca nur noch eine untergeordnete Rolle, denn das Meer ist überfischt, weshalb viele Meerestiere importiert werden müssen. So kommen Gambas aus Mittelamerika oder Thailand, Muscheln aus Zuchten in Galicien.

Tourismus Der Tourismus ist nach wie vor der **Hauptwirtschaftszweig** Spaniens, in den in den letzten Jahren kräftig investiert wurde. So stehen

Der Tourismus spielt im Wirtschaftsleben der Costa Blanca eine wichtige Rolle.

Eine hervorragende touristische Infrastruktur wie hier am Levantestrand bei Benidorm findet man an der gesamten Costa Blanca.

heute den 69 Millionen Menschen, die jährlich das nach Frankreich weltweit beliebteste Urlaubsland besuchen, über eine Million Gästebetten in mehr als 10 000 Hotels und Pensionen zur Verfügung. Vor allem bei Deutschen und Briten ist Spanien das Urlaubsland Nummer eins: Sie stellen ungefähr ein Drittel aller Gäste. Bevorzugte Reiseziele sind die Atlantik- und Mittelmeerküste – vor allem die Costa Brava, die Costa Blanca und die Costa del Sol. Die Costa Blanca hat einen bedeutenden Anteil am »Geschäft mit der Sonne«. Um sich eine Vorstellung von der Wichtigkeit dieser Branche zu machen, braucht man nur die Zahlen des bedeutendsten Touristenzentrums an der Küste **Benidorm** zu betrachten. Jedes Jahr kommen in diesen 67 500 Einwohner zählenden Ort rund 5 Millionen Besucher. Benidorm bietet ihnen rund 40 000 Hotelbetten, über 20 000 Apartments und 4300 Stellplätze auf Campingplätzen. Im Jahresdurchschnitt sind 92% aller Unterkünfte belegt. Im Vergleich dazu beträgt die Auslastung der Unterkünfte in Alicante 78% und im gesamten Küstenbereich 52%, während sie im Landesinneren nur 42% beträgt. In der letzten Ziffer sehen die Touristik-Verantwortlichen noch große Entwicklungsmöglichkeiten und fördern verstärkt einen Tourismus »weg von der Küste«.

Die Feriengäste an der Costa Blanca kommen zum größten Teil aus Großbritannien, gefolgt von Bürgern aus den Beneluxstaaten und Franzosen sowie Deutschen. Der gesamte Küstenbereich und einige Zentren im Inland sind mit einer **sehr guten touristischen Infrastruktur** versehen. Es fehlt nichts, was den Touristen erfreut: Sportanlagen, Tauchschulen, Segelschulen, Anleger für Sportboote, Golfplätze, Casinos, Theater, Naturparks und viele kulturelle Einrichtungen wie Museen.

Geschichte

Woher kamen eigentlich die Iberer, nach der die Halbinsel benannt ist? Wann ist die Costa Blanca wohl nach den Mauren wieder christlich geworden? Und welche Stadt ergab sich im spanischen Bürgerkrieg als letzte General Franco?

Altertum und Völkerwanderung

vor 28 000 Jahren	Früheste Hinweise auf menschliches Leben an der Costa Blanca
6000–1500 v. Chr.	»Levante-Kunst«
seit 4. Jt. v. Chr.	Iberer aus Nordafrika verdrängen levantinisches Jägervolk.
seit 11. Jh. v. Chr.	Phönizier und Griechen gründen an der Ostküste Handelsstützpunkte.
3. Jh. v. Chr.	Karthager erobern große Teile der Iberischen Halbinsel.
218–201 v. Chr.	Im 2. Punischen Krieg besetzen die Römer zuerst die Levante und Katalonien.
375–711	Völkerwanderung

Frühgeschichte

Die frühesten Hinweise auf menschliches Leben an der Costa Blanca sind Knochen, die von Neandertalern stammen (vor ca. 28 000 Jahren) und in Höhlen bei Xàtiva, Alcoy und Vilafamés gefunden wurden. Während in Nordwestspanien (Altamira) und Südspanien (Ronda) Höhlenmalereien entdeckt wurden, die auf eine Ansässigkeit der Cro-Magnon-Rasse in diesen Gebieten vor rund 15 000 Jahren schließen lassen, datieren die ersten Kulturzeugnisse an der südöstlichen Mittelmeerküste – Menschen und Tiere darstellende Felsmalereien – aus späterer Zeit, nämlich zwischen 6000 und 1500 v. Chr. Vor allem in der Provinz Valencia, und zwar an schwer zugänglichen Kultplätzen auf relativ großen Höhen von 600 bis 1000 m, sind viele dieser als **»Levante-Kunst«** bezeichneten Höhlenzeichnungen entdeckt worden.

Iberer

Im 4. Jahrtausend v. Chr., also in der Jüngeren Steinzeit, gelangten die Iberer – Berbern verwandte **Volksstämme aus Nordafrika**, die in Kultur und Sprache starke Gemeinsamkeiten aufwiesen – auf die Iberische Halbinsel. Diese primitiven Ackerbau treibenden Einwanderer breiteten sich, ohne ein festes Gefüge untereinander, in der Folgezeit über fast die gesamte Halbinsel aus und gründeten die ersten Siedlungen, auf die der Ursprung vieler Dörfer und Städte Spaniens zurückgeht. Das **levantinische Jägervolk** an der Costa Blanca wurde von den Iberern in die Berge verdrängt und langsam ausgelöscht bzw. verschmolz nach und nach mit den Einwanderern aus Nordafrika. Auch wandernde Hirten aus dem südöstlichen Mittelmeerraum erreichten in den folgenden Jahrhunderten die Iberische Halbinsel. Anregungen aus dem östlichen Mittelmeerraum sorgten um 2000–1000 v. Chr. für die Entwicklung der bronzezeitlichen Kul-

← *Iberische Steinplastiken im Archäologischen Museum von Elche*

tur von Argar an der Südostküste Spaniens in dem kupfer- und zinnreichen Gebiet zwischen dem andalusischen Almería und Orihuela bei Murcia.

Phönizier und Griechen Seit dem 11. Jh. v. Chr. drängten aus dem östlichen Mittelmeerraum die seefahrenden Phönizier auf die Iberische Halbinsel, die in Süd- und Südwestspanien die unter dem heutigen Namen bekannten Städte Málaga und Cádiz gründeten und auch an der Ostküste Handelsstützpunkte errichteten. Ab dem 7. Jh. v. Chr. gründeten **griechische Seefahrer** Handelsniederlassungen an der Südostküste, u. a. Arse (Sagunto), Hemereskopeion (bei Dénia), Alonae (Benidorm) und Akra Leuke (Alicante). Die Anwesenheit der Griechen regte auch das künstlerische und geistige Leben in der Küstenregion an. In dieser Zeit schuf ein iberischer Künstler die Büste der rätselhaften »Dama de Elche«, die nach der Stadt, in der man sie entdeckte, benannt wurde; griechische Schriftsteller schrieben als Erste über Land und Leute auf der Halbinsel und bezeichneten die hier lebenden Völker erstmals als Iberer.

Kelten Phönizier und Griechen bekamen ernsthafte Konkurrenz, als um 600/500 v. Chr. im Norden der Halbinsel Kelten einfielen, Nord- und Zentralspanien eroberten und mit den dortigen Iberern zu den Keltiberern verschmolzen. Als sich die Kelten den von den Phöniziern und Griechen beanspruchten Küstenräumen näherten, riefen die in Bedrängnis geratenen phönizischen Kaufleute von Gades (Cádiz) im 3. Jh. v. Chr. das Brudervolk der Karthager zu Hilfe.

Karthager Diese nordafrikanische Seemacht kam dem Anliegen der Phönizier nur zu gerne nach, sah sie darin doch eine Gelegenheit, mit der Eroberung der Iberischen Halbinsel den eigenen Machtbereich zu erweitern. Tatsächlich gelang es den Karthagern, nicht nur die griechisch-phönizischen Küstengebiete zu erobern, wo sie 227 v. Chr. die **Handelsmetropole Carthago Nova** (Cartagena) gründeten, sondern auch große Teile des keltiberischen Landesinnern zu unterwerfen. Doch nun bekamen es die Nordafrikaner zum zweiten Mal (nach dem 1. Punischen Krieg 264–241 v. Chr.) mit den Römern zu tun, die danach trachteten, ihr Einflussgebiet ebenfalls auf die Iberische Halbinsel auszudehnen. Nach nur wenigen Jahrzehnten Herrschaft vor allem über Südspanien wurden die Karthager im 2. Punischen Krieg (218–201 v. Chr.) von Rom geschlagen, das nun fast die gesamte Halbinsel in sein Imperium einverleiben konnte.

Römer Katalonien und die Levante waren die ersten Gebiete der Halbinsel, die von den Römern besetzt wurden. Zunächst bildeten diese Regionen die Provinz **»Hispania citerior«**, später unter Kaiser Augustus (63 v. Chr.–14 n. Chr.), zu dessen Lebzeiten die gesamte Iberische Halbinsel erobert werden konnte, die Provinz »Hispania terraconensis« mit der Hauptstadt Tarraco (Tarragona). Die römische Zeit

Aus der Geschichte des Seehandels erzählen die antiken Amphoren in Cartagenas Museum der Meeresarchäologie.

brachte der Halbinsel einen fast 400 Jahre währenden äußeren Frieden, vor allem aber prägte sie die politische, gesellschaftliche, religiöse, wirtschaftliche und kulturelle Entwicklung der iberischen Völker, die zum ersten Mal in ihrer Geschichte – obgleich unter einer fremden Macht – vereint waren, in entscheidender Weise. Das Lateinische als einheitliche Verwaltungssprache wurde übernommen, ebenso das Rechts- und Verwaltungswesen sowie die Religion: zuerst die römischen Götter, ab dem beginnenden 4. Jh. n. Chr. das Christentum. In der Landwirtschaft übernahm man vieles aus Italien, u. a. den Anbau von Olivenbäumen, auch entwickelte sich eine erste **städtische Zivilisation** auf der Halbinsel. Straßen, Brücken und Häfen wurden errichtet, bestehende Städte ausgebaut (Tarraco, heute: Tarragona), neue Städte gegründet (Valentina, heute: Valencia). Auch Spanien leistete seinen Beitrag zur Entwicklung des Römischen Imperiums: Von der Halbinsel stammten die beiden Seneca sowie die Kaiser Trajan, Hadrian und Theodosius.

Völker aus dem Norden

So wie Italien musste sich auch Spanien schließlich dem Druck der Völkerwanderung (375–711) beugen. Mit dem Eindringen **germanischer Stämme** auf die Iberische Halbinsel ab 409 endete die römische Herrschaft über die iberischen Völker. Dem zerstörerischen Treiben der Alanen, Sueben und Vandalen bereiteten ab 417 die Westgoten ein Ende, die seit 476 die gesamte Halbinsel kontrollierten und das zentralspanische Toledo zur Hauptstadt machten. Die Westgotenzeit dauerte bis 711, doch der Beitrag der Germanen zur gesellschaftlichen und kulturellen Entwicklung der Halbinsel war relativ unbedeutend.

Die Mauren und die Reconquista

ab 711	Die Mauren erobern nach und nach fast ganz Spanien.
1276	Die Südostküste fällt an die Krone Aragón.
1240–1707	Königreich Valencia
1492	Der letzte maurische Herrscher, Boabdil, verlässt die iberische Halbinsel.

Maurenzeit Der Streit westgotischer Adliger um den Königsthron zu Beginn des 8. Jh.s beendete die Westgotenherrschaft auf der Halbinsel. Im Jahr 711 setzten maurische Heere, von einer gotischen Adelspartei um Hilfe gerufen, von Nordafrika aus über die Meerenge von Gibraltar nach Spanien über. Nachdem sie sich ihrer westgotischen Verbündeten entledigt hatten, gelang es den kriegerischen Horden binnen weniger Jahre, fast die gesamte Halbinsel zu erobern, ja sogar für kurze Zeit bis weit ins nördliche Nachbarland Frankreich vorzudringen.

Knapp 800 Jahre lang sollten die moslemischen Mauren Teile Spaniens unter ihrer Kontrolle haben, ihre letzte Bastion – Granada – fiel erst im Jahr 1492. Die Maurenzeit bescherte der Halbinsel vor allem in den ersten Jahrhunderten eine **zivilisatorische Blüte**. Die Araber förderten Kunst, Dichtung und Musik, sie verbesserten die landwirtschaftlichen Anbaumethoden (die bewässerten Gärten in den großen Küstenebenen der Levante, die Huertas, gehen auf diese Zeit zurück), und sie lieferten den Handwerkern so viel Anregungen, dass

Einzug des Cid in Valencia im Jahr 1094 (Holzschnitt um 1880)

deren Produkte bald einen besseren Ruf genossen als ihre orientalischen Vorbilder. Die Hauptstadt Córdoba in Andalusien, in der sich Gelehrte aus aller Herren Länder trafen, war sogar eine Zeit lang das Wissenschaftszentrum der Welt.

Reconquista

Die Reconquista, die Wiedereroberung maurisch besetzter Regionen und Städte durch die Christen, begann schon recht früh. In Asturien, das von den Arabern nicht erobert werden konnte, nahm um 730 die **Rückeroberung** ihren Ausgang. Den in der Folgezeit neu gegründeten christlichen Königreichen Kastilien-León, Navarra, Portugal und Aragón gelang es dann nach und nach, den Mauren immer größere Teile der Halbinsel abzutrotzen. Den Christen kam dabei zugute, dass das maurische Kalifat ab dem 11. Jh. zunehmend in selbständige Reiche (»taifas«) zerfiel und damit verwundbarer wurde. Auch die islamisch-orthodoxen Reformbewegungen der Almoraviden und Almohaden, die nacheinander von Afrika aufs spanische Festland hinüberschwappten, um die Einheit des islamischen Spanien wieder herzustellen, konnten die christlichen Vorstöße nur vorübergehend aufhalten.

1236 wurden die Taifa Valencia, die sich von 1094 bis 1099 unter Kontrolle des spanischen christlichen Nationalhelden El Cid (► Baedeker Special S. 58) befunden hatte, sowie Alicante von aragonesischen Truppen erobert, 1276 schließlich fiel die gesamte Südostküste Spaniens an die Krone **Aragón**. Jaime I. von Aragón, der Valencia erobert hatte, erhob die Stadt 1240 zum Königreich, das innerhalb der katalanisch-aragonesischen Konföderation bis 1707 bestehen sollte. 1296 wurden dem valencianischen Königreich, das das Gebiet der Levante umfasste, noch Alicante, Elche, Monóvar, Novelda, Orihuela, Elda und der übrige Teil des Südostens bis Torrevieja einverleibt. Die Wirtschaft florierte, die Kunst am Hofe blühte, und unter der Herrschaft Alfons V. des Großherzigen (1416–1458) gelangten zwei Mitglieder der valencianischen Familie Borja auf den Papstthron.

? WUSSTEN SIE SCHON ...?

- Das Königreich Valencia hatte eine eigene Gesetzgebung und »fueros« genannte Privilegien, und es durfte eigene Münzen prägen. Im 15. Jh., Valencias »Goldenem Zeitalter«, beherrschte dieses Königreich das westliche Mittelmeer, wurde Valencia zur Hauptstadt des Staatenbundes der aragonesischen Krone.

◄ Ende des Maurenreiches

Mit der durch die Heirat von **König Ferdinand von Aragón und Isabella von Kastilien** (die so genannten Katholischen Könige) 1469 vollzogenen Vereinigung der beiden Königreiche endete allmählich die Ära des Maurenreiches in Spanien, das in seinen letzten beiden Jahrhunderten, seit der zweiten Hälfte des 13. Jh.s, nur noch aus dem Territorium des Königreichs von Granada bestand. Anfang 1492 ergab sich die Stadt den christlichen Belagerern, der letzte maurische Herrscher, Boabdil, verließ sein Reich. Seine früheren Untertanen durften, wie die meisten Mauren in anderen Teilen Spaniens auch, zunächst noch an ihren angestammten Plätzen weiterleben.

UNTER DEM SCHLEIER

Knapp 800 Jahre lang beherrschten die Mauren, Muslime arabischer und berberischer Herkunft, weite Teile der Iberischen Halbinsel, so auch die Regionen Valencia und Murcia. Sie schufen die maurische Kunst und Kultur und übten einen großen Einfluss auf alle Bereiche des täglichen Lebens aus.

Die Bezeichnung Mauren, im Spanischen Moros oder Moriscos, kommt aus dem Phönizischen »mahuarin«, was so viel wie **»die Westlichen«** bedeutet. Andere Quellen weisen darauf hin, dass die Bewohner des Atlas im griechischen Altertum als »mauros« (schwarz) bezeichnet wurden, mit deren eigenem Territorium, Mauretanien. Nach der Eroberung Nordafrikas durch die arabischen Sarazenen im 7. Jahrhundert wurden die an der Küste und in den Städten des Atlas lebenden Nachkommen dieser Völkermischung von den Spaniern Moros genannt. Diesen Namen behielten sie auch nach der Invasion Spaniens im Jahre 711 bis in die heutige Zeit bei.

Endgültige Vertreibung

Während der Rest Europas noch in barbarischen Zuständen verharrte, erblühten in maurischen Städten wie Córdoba oder Granada Wissenschaft, Kunst und Architektur. Mit dem Fall Granadas im Jahre 1492 kehrte ein Teil der Mauren nach Nordafrika zurück. Doch eine Mehrzahl der Mauren trat nun zum Christentum über. Diese fortan **Moriscos** genannten Siedler arrangierten sich mit den Christen und arbeiteten friedlich, bis religiöse Fanatiker erneut nach Unabhängigkeit strebten. Es kam zum Aufstand unter Philipp II. in den Jahren 1568–1570. Hundertausende Moriscos wurden danach ausgewiesen, die noch Verbliebenen erlitten schließlich unter Philipp III. das gleiche Schicksal.

Hochzeit

Merkmal der maurischen Familie auf der Iberischen Halbinsel war das **Patriarchat**. Der Mann war der Kopf der Familie, herrschte über seine Frauen, Kinder und Diener. Die Polygamie war erlaubt, doch mehrere Frauen konnten nur von den Wohlhabenden unterhalten werden. Die Hochzeitszeremonie begann mit einer Diskussion über die Mitgift. Außerdem wurde die Zusammensetzung des Haushaltes festgelegt. Dieser wurde von der Familie der Braut ausgerichtet. Dazu gehörten die Kleider, der Schmuck und bei sozial höher ge-

Der Besuch im öffentlichen Badehaus diente nicht nur der Hygiene, hier hielten sich die Frauen oft Stunden auf, wurden Geheimnisse getauscht, Pläne geschmiedet und Töchter potenziellen Schwiegermüttern präsentiert.

stellten Familien Anzahl und Art der Teppiche. Im Übrigen legte man den Hochzeitstermin unter Hinzuziehung eines Astrologen fest, des »munaim«. Das **Hochzeitsfest** dauerte eine Woche und begann zunächst im Haus der Braut, unter Versammlung der Frauen und Freundinnen von Braut und Familie. Später wurde der Bräutigam, bekleidet mit seinen besten Kleidern, in einer feierlichen Prozession und unter Musikbegleitung von seinem Elternhaus zum Haus der Braut geleitet. Dort wurde er den Gästen vorgestellt. Der Hochzeitsschmaus, »walīma«, vereinigte die Männer beider Familien.

Verheiratete Frauen

Die verheiratete Frau der **sozial höheren Klasse** ging kaum aus dem Haus. Täglich verbrachte sie einige Stunden »vor dem Spiegel«, um ihre Aussehen zu pflegen. Diese tägliche Monotonie wurde lediglich vom Besuch der Freundinnen unterbrochen. Eine der häufigsten Abwechslungen bestand außerdem im Besuch eines öffentlichen Bades, des »hammām«, wo sie sich mit den Freundinnen traf und wo man gemeinsam einen Imbiss zu sich nahm. Freitags ging sie zum Friedhof, um die Gräber der verstorbenen Familienangehörigen zu besuchen. Mit der Familie zeigte sie sich in der Öffentlichkeit nur bei festlichen Anlässen. Ganz anders verlief das tägliche Leben der verheirateten Frau in der **sozial unteren Klasse**. Sie arbeitete den ganzen Tag, spann und webte und, da sie keine Diener hatte, versorgte den Haushalt mit allem Nötigen.

Isoliert und verhüllt

Die verheiratete Frau, von der Männergesellschaft isoliert, durfte ihr Gesicht nur ihrem Ehemann und der Familie zeigen, ansonsten hatte sie es mit einem **Schleier** zu verhüllen. Sie durfte auch nicht an den Gastmählern der Männer, den »jāssa«, teilnehmen, dies blieb den Sklavensängerinnen vorbehalten.

Das Tragen des Schleiers wurde nicht immer von den Frauen akzeptiert. Mitte des 14. Jahrhunderts, so berichtet ein Zeitgenosse, schlugen sich in Guadix, Andalusien, unverschleierte Frauen mit Männern, die ihnen den Blick auf den Hofstaat des einziehenden Königs Yusuf I. streitig machen wollten. Es scheint auch festzustehen, dass die maurischen Frauen in **Andalusien** mehr Freiheiten genossen als im Rest des mittelalterlichen Islams auf spanischem Boden. Lévi Provençal, Forscher auf diesem Gebiet, meint, dass das Verschwinden der Polygamie und der Einfluss der Almoráviden von Córdoba zu mehr Freiheit, zumindest bei Frauen des

Heute begegnet man stolzen Maurenfürsten und Paschas nur noch bei den jährlichen Feierlichkeiten »Moros y Cristianos« auf den Straßen Spaniens.

Mittelstandes, beigetragen habe. Diese Frauen haben auch eine vorzügliche Ausbildung genossen. In Córdoba, Sevilla und Granada lernten die Töchter der höheren Stände den Umgang in der Gesellschaft, und Gleiches wird auch aus dem Kalifat von Dénia berichtet.

Rolle in der Familie

Auch die Rolle der Frau in der Familie war streng geregelt. Am siebten Lebenstag erhielt der Neugeborene seinen Namen. Der erste Sohn bekam den Namen des Großvaters väterlicher Seite. Die **Namensgebung** für die Mädchen wurde von den Namen der frühen islamischen Zeit inspiriert, und häufig wurden die Diminutive verwendet, so z. B. »Futayma« als Diminutiv von »Fatima«. Andere Namen waren Zaynab, Aysuna oder Jadiya. Die erste heilige Handlung an einem maurischen Jungen war die Beschneidung, sie fand in Gruppen statt und wurde von einem Festessen unter Freunden der betreffenden Familie begleitet.

Juwelen und Düfte

Die Mauren liebten jede Art von Juwelen. Der Besitz prachtvollen Schmuckes blieb allerdings Privileg der Frauen aus der **höheren Gesellschaft**. Wie es scheint, waren die Christen unter den Mauren zunächst die besten Juweliere. Sie schmiedeten Schmuck in der Tradition westgotischen Designs. Später verbreitete sich das Design aus der Gegend des heutigen Irak. In den Elfenbeintruhen hochstehender Damen hat man Ketten aus Perlen und Edelsteinen gefunden, Diademe, schwere Ohrgehänge, Ringe, Spangen, filigrane Broschen aus Gold mit Rubin- und Safireinlagen. Viele kostbare Schmuckstücke sind nach der Ausweisung der Mauren gefunden worden. In ihnen dominierten mit Perlen und Edelsteinen besetzte Gold-Colliers und Armbänder. Trugen Frauen der höheren Klassen in erster Linie Goldschmuck, so blieb Silber für die bescheideneren Kreise.

Parfum und Salben

Die maurischen Frauen schmückten sich jedoch nicht nur gerne mit Juwelen, sondern benutzten Parfüm und duftende Salben gleichermaßen als Schmuck. Aber auch **Männer** griffen gerne zu den Essenzen, die auf Basis von Limonen, Rosen, Veilchen und Amber hergestellt wurden. Auch Moschus wurde verwendet, dieses Parfum bewahrte man in eigens dafür hergestellten Lederfläschchen auf. Für die wertvollsten Duftstoffe gab es bereits Zerstäuber aus Glas. Die wohlhabenden Frauen verbrachten viele Stunden am Tag mit ihrer Schönheitspflege.

Frühe Neuzeit

1481	Beginn der Inquisition
1492	Juden müssen Spanien verlassen.
1520/1521	»germanía«-Aufstände
1609	Vertreibung des moriskischen Bevölkerungsteils
1701–1713	Spanischer Erbfolgekrieg
1707	Der Bourbonenkönig Philipp V. degradiert die Königreiche Katalonien, Aragón und Valencia zu Provinzen.

Conversos und Moriscos

Das Jahr 1492 ist eines der wichtigsten Daten der spanischen Geschichte. In diesem Jahr wurde nicht nur die letzte Maurenbastion erobert und damit die fast 800-jährige Maurenherrschaft in Spanien beendet, in diesem schicksalsträchtigen Jahr »entdeckte« auch **Kolumbus** Amerika und mussten ferner die Juden Spanien verlassen. Bis zum Judenpogrom 1391 im andalusischen Sevilla war das christliche Spanien das einzige Land in Europa gewesen, das religiösen Minderheiten Toleranz gewährte; den ethnisch-religiösen Gruppen der Juden und Mauren war erlaubt, ihre Lebensgewohnheiten, Bräuche und Sprachen beizubehalten.

Christen und Juden

Im 14. Jh. änderte sich das Verhältnis der Christen zu den Andersgläubigen grundlegend. Vor allem in den unteren Schichten der christlichen Bevölkerung breiteten sich zunehmend **antisemitische Ressentiments** aus, die sich in erster Linie gegen die dem Mittelstand angehörenden Juden richteten, die aufgrund ihrer finanziellen Potenz und der häufig daraus resultierenden politischen Macht Neid und Missgunst erzeugten. Um sich vor den Anfeindungen des Pöbels zu schützen, legten zahlreiche Juden ihren Glauben ab und bekannten sich zum Christentum.

Mit der Konversion vieler Juden war für die antisemitisch eingestellten Volksteile die Angst vor deren Machteinfluss noch lange nicht beseitigt. Im Gegenteil: Sie wurde sogar bestärkt. Denn durch den Glaubensübertritt boten sich den **»conversos«** bessere Aufstiegschancen in Staat und Kirche, d. h. Macht und Einfluss konnten ausgeweitet und gefestigt werden. Den »cristianos nuevos« (neuen Christen) wurde daher vorgeworfen, nur aus Eigennutz zum Christentum übergetreten zu sein und weiterhin den jüdischen Glauben zu praktizieren. Auch der Staat ergriff schließlich Maßnahmen gegen die »Scheinchristen« und ließ, um die »wahre« Christenzugehörigkeit der Konvertiten zu überwachen, 1481 die **Inquisition** einrichten, die später in ihrem Kampf um die Reinerhaltung des Glaubens bis ins frühe 19. Jh. hinein Jagd auf jede Art von »Ketzer« machen und diese in unzähligen Fällen zum Tod auf dem Scheiterhaufen verurteilen sollte.

Vereinheitlichung der Religion

Im Jahre 1492 wurden die Juden Angriffsziel der Krone. Nachdem die letzte Maurenherrschaft in Spanien zu Ende gegangen war, strebten die Katholischen Könige Ferdinand und Isabella zwecks Zentralisierung ihrer Macht eine Vereinheitlichung der Religion an. Die Juden wurden allesamt vor die Wahl gestellt, zum Christentum überzutreten oder Spanien zu verlassen.

Doch zeigte die Krone in ihrer Religionspolitik keine einheitliche Linie. Denn während die jüdische Religion in Spanien offiziell ausgelöscht wurde, durften die besiegten Mauren ihren Glauben noch eine Zeit lang beibehalten. In Kastilien wurden sie schließlich 1502 zwangsbekehrt bzw. gezwungen, spanischen Boden zu verlassen, während sie in Aragón noch eine Galgenfrist von 20 Jahren hatten, bis sie dasselbe Schicksal ereilte. In Aragón, im östlichen Teil Spaniens, standen die Mauren als billige Arbeitskräfte im Dienst des Landadels, der in der Beibehaltung der islamischen Religion seiner in sklavenähnlichen Zuständen lebenden Arbeiter die Gewährleistung seiner eigenen Macht sah. So ist es nicht verwunderlich, dass während der **»germanía«-Aufstände** (1520–1521) in der Provinz Valencia und auf den Balearen, in denen sich städtische Handwerker gegen den Adel erhoben, sich die Wut der Revoltierenden auf die Mauren entlud, die als willige Werkzeuge und Garanten der Macht des Landadels betrachtet wurden. Diejenigen Moslems, die von den Massakern verschont blieben, mussten eine Zwangstaufe über sich ergehen lassen; als Alternative hierzu wurde ihnen aber nun nicht mehr die Emigration angeboten, sondern die Exekution angedroht.

Karl I. (reg. 1516–1556) und sein Sohn Philipp II. (reg. 1556–1598) führten Spanien zur Blüte seiner Macht.

Im Jahr 1526 mussten sich auch die übrigen in Aragón lebenden Mauren zum Christentum bekennen. Im Gegensatz zu den Konvertiten jüdischer Abstammung stellten die zwangsbekehrten Mauren (Moriscos) eine in sich **abgeschlossene Bevölkerungsgruppe** dar, die sich der Eingliederung in die christliche Gemeinschaft entgegenstellte, indem sie mehr oder weniger heimlich ihren alten islamischen Glauben pflegte. Diese Erkenntnis, aber auch die Angst, die Moriscos würden sich im Ernstfall auf die Seite der das christliche Europa bedrohenden Türken, ihrer Glaubensbrüder, schlagen und damit den spanischen Staat gefährden, führte 1609 in ganz Spanien zur Vertreibung des moriskischen Bevölkerungsteils. Dieser gewaltige Exodus – allein im Gebiet der Levante mussten weit über 100 000 Menschen das Land verlassen – hatte auch landwirtschaftliche Folgen. Vor allem in manchen Regionen der Costa Blanca verödeten ganze Landstriche, da die Bevölkerungsverluste lange Zeit nicht ausgeglichen werden konnten.

Habsburger und Bourbonen

Unter König Karl I. aus dem Haus der Habsburger, der ab 1516 Spanien regierte (und 1519 zum deutschen Kaiser Karl V. gekrönt wurde), und seinem Sohn Philipp II. befand sich das Land auf dem Höhepunkt seiner Macht, herrschten die Spanier über ein riesiges Reich, in dem sich halb Europa und ein Großteil der Neuen Welt vereinten; auch flossen gewaltige Reichtümer aus den neu gewonnenen überseeischen Kolonien in die königlichen Schatzkammern. Doch gelang es deren Nachfolger nicht, das Riesenreich zusammenzuhalten. Nach dem Tod des letzten spanischen Habsburgers Karl II. im Jahr 1700 wurde die spanische Krone dem Bourbonen Philipp von Anjou (Philipp V.) übertragen, was den Spanischen Erbfolgekrieg zwischen führenden europäischen Mächten auslöste. Nach dessen Ende musste Madrid zwar all seine europäischen Besitzungen an die Gegner abtreten, die Bourbonen aber konnten so ihren Anspruch auf den spanischen Thron festigen und bis ins 21. Jh. hinein erhalten. Philipp V. regierte Spanien zentralistisch und absolutistisch und setzte 1707 die verbrieften Rechte und Freiheiten von Katalonien, Aragón und Valencia außer Kraft, degradierte die Königreiche kurzerhand zu Provinzen, die nun von Gouverneuren verwaltet wurden.

19. und 20. Jahrhundert

1808–1813	Napoleons Bruder ist spanischer König.
1873	Die erste spanische Republik wird ausgerufen.
1931	Zweite spanische Republik
1936–1939	Spanischer Bürgerkrieg
1975	Mit dem Tod Francos wird die Demokratie eingeführt.
1982	Mit dem Autonomiestatut wird die Region Valencia zur »Comunidad Autónoma«.

Napoleon

Im Jahre 1808 fiel der Franzose Napoleon Bonaparte mit einem Heer gewaltsam in Spanien ein, setzte den amtierenden Monarchen Ferdinand VII. ab und ernannte seinen eigenen Bruder Joseph Bonaparte zum spanischen König. Gegen die Fremdherrschaft wehrte sich das Volk im Guerillakampf; auch in Alicante stießen die französischen Besatzungstruppen auf erbitterten Widerstand. Währenddessen arbeitete eine Befreiungsjunta in Cádiz eine liberale Verfassung aus, die seinerzeit freiheitlichste in ganz Europa. Nachdem es 1813 gelungen war, Napoleon mit englischer Hilfe aus Spanien zu vertreiben, trat die **Verfassung von Cádiz** für knapp ein Jahr in Kraft. Doch mit der Rückkehr Ferdinands VII. auf den spanischen Thron wurden die verfassungsmäßig garantierten Freiheiten wieder aufgehoben – in Valencia unterschrieb der König das entsprechende Gesetz hierzu.

Die nächsten 40 Jahre waren gekennzeichnet von Machtkämpfen um die Herrschaft, von Revolten und Bürgerkriegen. 1869 wandelte sich Spanien zur parlamentarischen Monarchie, die jedoch nur kurz Bestand hatte: Der gewählte König dankte im Jahre 1872 ab. Daraufhin wurde 1873 die **erste spanische Republik** ausgerufen. Auch dieser Versuch scheiterte: Ein Jahr später saß wieder ein Bourbone – Alfons XII. – auf dem Königsthron. Außenpolitisch endete das Jahrhundert mit einem Desaster, als Spanien mit Kuba, Puerto Rico und den Philippinen seine letzten Kolonien in Übersee verlor. Die übrigen Kolonien in Mittel- und Südamerika hatten sich bereits im ersten Quartal des Jahrhunderts vom Mutterland unabhängig erklärt.

Diktatur, Zweite Republik

Im beginnenden 20. Jh. spitzten sich die sozialen, wirtschaftlichen und politischen Probleme dramatisch zu. Zwischen 1915 und 1923 gab es 43 erfolglose Staatsstreiche, in nur vier Jahren (1918–1922) wurden über 700 politische Attentate verübt. 1923 errichtete **Primo de Rivera** mit Einverständnis von König Alfons XIII. eine Diktatur, die 1930 mit seinem freiwilligen Abschied zu Ende ging. Ein Jahr später (1931) musste auch Alfons XIII. seinen Hut nehmen, nachdem die Republikaner bei Gemeindewahlen gewonnen und die **Zweite Republik** ausgerufen hatten. Ruhe fand das Land in der republikanischen Zeit allerdings nicht. Immer mehr radikalisierte sich das politische Spektrum, wurde der Abstand zwischen linken und rechten Gruppierungen größer. Als im Februar 1936 bei Neuwahlen zum

Republikanische Milizen marschieren 1936 in Madrid auf.

Parlament die linke Volksfront (»frente popular«) mit knapper Mehrheit siegte, war es nur noch eine Frage der Zeit, bis das Pulverfass explodieren würde.

Bürgerkrieg

Am 18. Juli 1936 putschten rechte Militärs, darunter **General Francisco Franco**, der später den Oberbefehl über die aufständischen Truppen übernehmen sollte, gegen die rechtmäßig gewählte Regierung in Madrid, was den auf beiden Seiten grausam geführten dreijährigen Spanischen Bürgerkrieg auslöste. Dieser wurde im eigentlichen Sinne an drei »Fronten« geführt: In erster Linie war es ein Krieg zwischen republiktreuen Linken und aufständischen Rechten; es war aber auch ein Krieg der Ideologien, nämlich Kommunismus gegen Nationalsozialismus/Faschismus (Sowjet-Herrscher Stalin unterstützte tatkräftig die Republik; Internationale Brigaden, bestehend u. a. aus Sozialisten, Kommunisten, Anarchisten, aus Intellektuellen und Schriftstellern, kämpften auf Seiten der Republikaner mit, während Francos Einheiten auf Truppenkontingente aus Hitler-Deutschland und Mussolinis Italien angewiesen waren); ferner entstand in den Reihen der Republikaner eine nicht minder blutig geführte Auseinandersetzung zwischen Kommunisten und Anarchisten, die die Kommunisten mit tatkräftiger Hilfe aus der UdSSR für sich entscheiden konnten.
Die **Costa Blanca**, obwohl bald von franquistischen Truppen eingekesselt, blieb bis zum Kriegsende republiktreu, während die republikanische Kriegsflotte auf eigene Faust den Hafen von Cartagena verließ und Kurs auf die französische Küste nahm. Der allerletzte Kriegsschauplatz aber war die Mole von Alicante. Hier hofften noch viele republikanische Flüchtlinge auf Schiffe, die sie aus Spanien und damit in Sicherheit bringen würden. Als die Mole am 1. April 1939 von Franco-Soldaten geräumt wurde, war der Spanische Bürgerkrieg zu Ende.

? WUSSTEN SIE SCHON …?

- Als letzte spanische Stadt ergab sich dem siegreichen Franco am 28. März 1939 Valencia, das zwischen November 1936 und Oktober 1937 Sitz der Republikanischen Regierung gewesen war.

Franco-Diktatur, Demokratie

Lange Zeit wurde das autoritäre Spanien Francos international isoliert. Erst mit Geldern westlicher Länder während des Kalten Krieges gelang es dem Regime, das vom Krieg zerstörte Land wieder aufzubauen. Mit der wirtschaftlichen Öffnung des Landes und den ab den frühen 1960er-Jahren reichlich fließenden Devisen aus der **Tourismusbranche** wurde aus dem Entwicklungsland Spanien schließlich eine Industrienation. Franco regierte zentralistisch und als absoluter Herrscher, jede Art von Regionalismus, auch in Valencia, ließ er mit Gewalt niederschlagen. Erst nach seinem Tod 1975 fand das Land mit Einführung der Demokratie zu einem föderativen System. Mit der Unterzeichnung des Autonomiestatuts im Juni 1982 wurde die Region Valencia zur »Comunidad Autónoma« erklärt und erhielt eine Exekutive (Consell) und ein eigenes Parlament (Corts Valencianes).

Kunst und Kultur

Was versteht man unter dem so genannten Levantestil? Wo kann man an der Costa Blanca Beispiele des Modernismo, der spanischen Variante des Jugendstils, sehen? Was zeichnet die valencianische Keramik aus? Die Costa Blanca hat wesentlich mehr zu bieten als nur Sonne, Strand und Meer.

Kunstgeschichte

Altertum

Frühzeit

Die ersten Zeugnisse künstlerischer Gestaltung an der Costa Blanca sind **Fels- und Höhlenzeichnungen** aus der Mittel- und Jungsteinzeit (6000–4000 v. Chr.), die im bergigen Küstensaum in großer Zahl entdeckt worden sind. Diese von wenigen Zentimetern bis zu einem Meter hohen, unter anderem in der Cueva de la Araña bei Bicorp, ansonsten größtenteils in Schluchten, unter Felsüberhängen oder an einigermaßen geschützten Felswänden angebrachten Zeichnungen werden dem so genannten **Levantestil** zugeordnet und stellen, überwiegend in den Farben Rot und Schwarz, Jagdszenen dar, die zuweilen durch die Wiederholung einzelner Bilder in modifizierter Form Erzählcharakter besitzen; Bilder von Menschen und Insekten z. B. zeigen, dass Honig gesammelt wurde. Aus derselben Zeit wie die Felsbilder stammen zahlreiche Relikte der so genannten Impresso-Keramik (mit Muschelabdrücken verzierte Gefäße), die sich an der Mittelmeerküste bei Valencia fanden, bzw. Keramiken mit geometrischen Zeichnungen, die man bei Mogente in der Nähe von Onteniente entdeckt hat.

Die iberische Skulptur »Dama de Elche« hat ihren Fundort weithin bekannt gemacht.

Iberische Kunst

Von den spanischen Ureinwohnern traten die an der Mittelmeerküste lebenden Iberer künstlerisch am deutlichsten in Erscheinung. Neben Keramiken sind es vor allem Skulpturen, die von ihren Fähigkeiten zeugen und eindeutig griechischen Einfluss verraten. Die bedeutendste Bildhauerarbeit ist die **»Dame von Elche«**, eine 1897 gefundene Büste aus dem 3. oder 4. Jh. vor Christus.

Griechen und Römer

Zeugnisse griechischer Kunst gibt es an der Costa Blanca kaum, lediglich einige Töpferarbeiten ionischen Ursprungs (4. Jh. v. Chr.) mit roten und braunen Malereien auf hellem Grund sind in der Küstenregion gefunden worden. Weit mehr Baureste aus der römischen

← *Für seinen schönen Kachelschmuck berühmt ist Manises.*

Kolonialzeit blieben in der Provinz Valencia der Nachwelt erhalten: das **Römische Theater in Sagunto**, das noch heute benutzt wird, der römische Bogen bei Cabanes, der die Via Augusta ziert, die Thermalbäder in Llíria, römische Aquädukte in Bejís und Calles sowie die Siedlung »Tossal de Manises« in Alicante.

Mittelalter

Maurische Kunst

Im Gebiet der heutigen Costa Blanca, das eine über 500-jährige Maurenherrschaft erlebte (711–1276), sind nur wenige islamische Bauwerke erhalten. Unmittelbar nach der Reconquista wandelte man Moscheen in christliche Kirchen und Kathedralen um, aus maurischen Festungen, Türmen und Burgen wurden christliche Bauwerke. Noch erhaltene Beispiele maurischer Baukunst sind Befestigungsanlagen wie die **Burgen in Biar, Villena und Sagunto**, Überreste maurischer Festungsstädte gibt es ferner in Orihuela, Crevillente, Elche, Alicante, Ibi, Oliva, Alzira, Requena und Onda. Maurische Badehäuser stehen in Valencia und in Elche. Spuren maurischer Architektur zeigen die alten Stadtkerne von Villajoyosa und Paterna auf, und auch die mit Azulejos versehenen Kirchenkuppeln, wie in Altea, weisen auf maurische Ursprünge hin.

Schmuckstück wie aus dem Bilderbuch: Villenas Burg

Mudéjar-Stil

Kunstgeschichtlich bedeutend während der Maurenzeit ist auch der Mudéjar-Stil, benannt nach den Mauren, die in den im Zuge der Reconquista wieder christlich gewordenen Gebieten geblieben waren. Diese Baumeister erstellten vom 12. bis zum 16. Jh. im Auftrag von Christen sakrale und profane Bauten, in denen sie zahlreiche maurische Stilelemente wie glasierte Ziegel, Kacheln, Hufeisenbögen und Sternrippengewölbe mit romanischen, gotischen und Renaissance-Elementen kombinierten. Seinen Höhepunkt erreichte der Mudéjar-Stil im Kunsthandwerk. Zeugnisse des Mudéjar-Stils an der Costa Blanca sind die farbigen Dachziegel an den Vierungskuppeln der levantinischen Kirchen. Aber auch an vielen Einzelgebäuden, so an der Kirche **Santa Catalina in Valencia**, lassen sich Elemente dieser Stilrichtung erkennen.

Romanik

Mit der schrittweisen Reconquista wurde in Spanien allmählich die maurische Kunst von christlichen Stilrichtungen verdrängt. Im 11. Jh. setzte sich unter französischem und lombardischem Einfluss die Romanik durch. Doch entstanden an der Costa Blanca in der Zeit der Reconquista nur wenige romanische Bauwerke; viele Kirchen wurden anfangs in romanischem Stil erbaut, dann aber in gotischem Stil fertig gestellt.
Als romanisches Bauwerk von Bedeutung gilt nur die Puerta del Palacio an der **Kathedrale von Valencia**. Romanische Elemente sind auch am Kloster Santa María del Puig, an den Kirchen San Salvador in Sagunto und San Juan del Hospital in Valencia sowie an der Iglesia de la Sangre in Llíria zu erkennen.

Gotik

Auch in Spanien setzte sich die Gotik mit den hohen Gewölben, Bogen, Kreuzrippen und Säulenbündeln nur langsam gegen den romanischen Baustil durch, wobei sich die **valencianische Gotik** mit ihren massiven Mauern und einem eher horizontal ausgerichteten Stil von der Vertikalität der kastilischen Gotik unterschied. In der Region von Valencia entstanden im 14. und 15. Jh. prachtvolle Kathedralen, die französische und italienische Vorbilder hatten, wie in Valencia die Kathedrale, die ursprünglich als dreischiffiges Gotteshaus mit Chorumgang angelegt war, und die Stadttore, ferner San Felipe in Játiva, die Stiftskirche von Gandía, die Kirche von Orihuela und das Rathaus von Elche. Aus der gleichen Zeit stammt auch die Lonja de la Seda (Seidenbörse) in Valencia, ein weltliches Gebäude von meisterlicher gotischer Pracht, das wie die Börsen in Italien weitläufige Säle aufweist. In jener Zeit wurden in Valencia, der damals bevölkerungsreichsten Stadt des christlichen Spanien, übrigens die feinsten Stoffe gewebt und kunstvolle Arbeiten aus Gold, Silber und Keramik hergestellt – Luxusgüter, die an den europäischen Fürstenhöfen sehr begehrt waren.
Nach der Heirat der Katholischen Könige im Jahre 1469 begann in Spanien eine Zeit nationaler Geschichte. Die Bauwerke trugen immer mehr den Stempel des vereinigten Königreiches. Die Kirchen wurden

groß und einschiffig angelegt, z. T. sind noch heute die Wappen des Königshauses, Rutenbündel und Joch, über dem Portal zu sehen, wie an der Iglesia de Santiago in Orihuela. Wie die Baukunst steht auch die **gotische Plastik Spaniens** unter starkem französischen Einfluss. Am schönsten zeigt sich die Bauplastik der Costa Blanca am Aposteltor der Kathedrale von Valencia. In der Malerei dominierte im 14. Jh. der Einfluss der italienischen Meister aus Siena. Ende des 14. Jh.s ahmten die valencianischen Maler Luis Dalmau und Jacomart Bacó dann den Stil der Niederländer Brüder van Eyck mit Porträts von hoher Lebensechtheit nach, bevor im späteren 15. Jh. in Valencia eigene Malschulen entstanden.

Selbstporträt von Diego Velázquez im Museo de Bellas Artes in Valencia

Renaissance und Barock

Die spanische Renaissance des 16. und 17. Jh.s, die sich in ihren Formen überschwänglicher als die reine italienische Renaissance zeigte, schlug sich vor allem im Profanbau nieder. Zu den bedeutendsten Werken an der Südostküste gehört u. a. das **Colegio del Patriarca in Valencia**.

In der Malerei erlebte in der zweiten Hälfte des 16. Jh.s die Valencianische Schule – eine Hell-Dunkel-Malerei, in der sich Realismus, Mystizismus und Dramatik vermischten – einen Höhepunkt. Ihr wichtigster Vertreter war der Maler **Francisco Ribalta**, ein Meister in der Darstellung von Heiligen (► Berühmte Persönlichkeiten). Werke von Ribalta findet man heute unter anderem in der Kathedrale von Valencia und im Colegio del Patriarca in Valencia.

Barock, Architektur

In der spanischen Baukunst des Barocks, etwa zwischen 1600 und 1750, dominierte eine **verschwenderische Ornamentik** und Formenvielfalt. Diese Stilrichtung fand überwiegend in der sakralen Baukunst ihren Platz und in ganz Spanien sind zahlreiche Kirchen, Klöster und kleine Kapellen mit barrocker Kunst geradezu überladen. Schöne Beispiele in der Region Valencia sind der Bischofspalast und der Kreuzgang des Klosters Santo Domingo in Orihuela, die Kirche Santa María in Elche, der Bischofspalast in Murcia und das Rathaus von Alicante. Die Kirche Santa María in Alicante ist im Innern barock ausgeschmückt, während die Kirche San Martín in Valencia ein schönes Barockportal besitzt. In der Region Murcia weisen vor allem in Lorca zahlreiche Gebäude barocke Fassaden auf, wie der Palast der Familie Guevara.

Plastik

Auch in der Bildhauerei findet der Barock seinen Niederschlag. Das beste Beispiel hierfür sind die mit faltenreichen Gewändern, aufgemalten Wunden und emotionalisierten, nicht selten tränenreichen Gesichtern ausgestatteten Heiligenfiguren des **Murcianers Salzillo** (► Baedeker Special S. 210). Im Museum gleichen Namens in Murcia kann man einen Querschnitt seiner Arbeiten bewundern. Dieser barocke Ausdruck kommt auch auf den Statuen zum Vorschein, die heute noch auf kirchlichen Prozessionen mitgeführt werden, wie auch die Prozessionen und die Festumzüge selbst (u. a. »Moros y Cristianos«) mit ihren überschwänglichen Kostümen und emotionalen Spielszenen einen barocken Charakter haben. Der bedeutendste valencianische Vertreter des barocken Realismus in der geistlichen Bildhauerei war der Bildhauer Martínez Montañés. Er schuf Christus- und Madonnenstatuen, die u. a. von Pacheco, dem Schwiegervater von Diego Velázquez, gefasst wurden.

19. und 20. Jahrhundert

Architektur

Die spanische Architektur des 19. Jh.s orientierte sich, wie auch in anderen europäischen Ländern, an vergangenen Baustilrichtungen. Monumentale Bauwerke im neoklassizistischen Stil finden sich in Gandía (Rathaus) und Valencia (Temple-Palast und Justizpalast, Theater, Stierkampfarena).

Ein typisches Beispiel des Modernismo, der spanischen Variante des Jugendstils, ist die Estación del Norte in Valencia.

Um die Jahrhundertwende, als – beeinflusst von der Romantik und einem erstarkten Bürgertum – valencianische Künstler sich auf ihre Herkunft besannen, entstand in Katalonien und Valencia die Stilrichtung des **Modernismo**, die spanische Variante des Jugendstils. Sie zeigt sich in der Architektur, die sich u. a. durch schwungvolle Linien und elegantes Schmuckwerk auszeichnet und an zahlreichen Gebäuden erkennbar ist, zum Beispiel am Hauptbahnhof und den Markthallen Central und Colón in Valencia. Zum Symbol dieser Richtung ist die noch immer unvollendete Kathedrale »Sagrada Familia« in Barcelona mit ihren Höhlungen, gewölbten Balkonen, Rundungen, Lichtdurchlässen und jugendstilhaften Schnörkelungen geworden, das Hauptwerk des Architekten **Antoni Gaudí**. Einen Eindruck vom modernistischen Stil Gaudís erhält der Reisende an der Costa Blanca im Santuario de Santa Magdalena bei Novelda, ebenso in einigen Bürgerhäusern von Cartagena, Murcia und La Unión sowie in Alicante und Valencia.

Malerei

Mitte des Jahrhunderts kam in Spanien die **Historienmalerei** auf, in der mit großer Theatralik die Geschichte des Landes nachgezeichnet wurde. Der Maler Fortuny, ein Katalane, war ein Meister des historischen Genrebildes. Einer seiner Malerfreunde und Nachfolger seines Genres war der aus Orihuela stammende Maler Joaquín Agrasot.

20. Jahrhundert

Auch zu Beginn des 20. Jh.s tragen viele Gebäude in Valencia den Stempel des **Modernismo**. In diesem Stil baute Francisco Moray auf der Regionalausstellung von 1909 Pavillons, Demetrio Ribes den Bahnhof von Valencia, und Vicent Ferrer war Autor einer originellen Stadterweiterung jener Zeit, die sich in der Calle Cirilo Amorós besonders bemerkbar machte. Auch die Märkte der Stadt, der Mercado Central und der Mercado Colón, Entwürfe von Francesc Guàrdia und Alexandre Soler, weisen diesen Stil auf.

In den 50er-Jahren schlossen sich in Valencia einige Maler zur **Gruppe Parpalló** zusammen, einer Avantgardebewegung, die sich von den Beschränkungen des Provinzialismus befreite und mit einer strikten Antikultur zum spanischen Spätfrankismus den Anschluss an die universalen Themen der modernen Avantgarde suchte. Neben dem Maler Monjales gelangte besonders der Bildhauer **Andreu Alfaro** zu internationalem Ruhm. Nach einigen bereits zur Dreidimensionalität tendierenden Guachen, die heute im Instituto Valenciano de Arte Moderno aufbewahrt werden, fand Alfaro zu einer neuen plastischen Sprache für die moderne technisierte und anonyme Welt: Industrieformen aus Metallplatten und Eisenstäben (1960er-Jahre); Strukturen aus Stahlrohren im Dialog mit dem umgebenden Raum und dem Betrachter (Generatrices, 1970er-Jahre). Stahlskulpturen aus den 1980ern stehen u. a. in Frankfurt am Main und in Köln, wo er 1990 auf der Kunstmesse mit Skulpturen rund um das Thema »Goethe« überraschte. In den letzten Jahren arbeitet der Künstler sowohl mit Stein als auch mit Stahl.

Der Dichter und Philospoph Unamuno gehört zu den großen Autoren Spaniens und ist im deutschsprachigen Raum noch weitgehend unbekannt.

GENERATION DER 98ER

Der aus Monóvar in der Provinz Alicante stammende Schriftsteller José Martínez Ruiz prägte die Bezeichnung »Generación del 98« für eine Gruppe junger Schriftsteller, die eine geistige Erneuerung Spaniens und den Anschluss an die Entwicklung in Europa suchten. Der Schock über die Niederlage in Kuba im Jahr 1898 und der Verlust der philippinischen Kolonie förderten damals die Auseinandersetzung über die Zukunft des Landes.

Zuvor führte die Entstehung des modernistischen Stils in der Literatur aus einer langen künstlerischen Stagnationsphase. Begründer dieser Stilrichtung war der aus Nicaragua stammende **Rubén Darío**, der in Spanien rasch Anhänger und Nachahmer fand. Die »Generation der 98er« suchte dann die Werte Spaniens in der Vergangenheit, als das Land noch intellektuelle Größe hatte, in den schönen Landschaften des Landes und in seiner stolzen Bevölkerung. Außerdem wollte man sich nach Europa hin öffnen, um das Land somit aus der Erstarrung zu führen.

Miguel de Unamuno

Wortführer der Gruppe war Miguel de Unamuno (1864 – 1936). Sein Werk umfasste Dramen, Romane, Essays und philosophische Abhandlungen. In vielen seiner Schriftstücke spiegelt sich ein **tragisches Lebensgefühl** wider. Wegen seiner Kritik an der Regierungsform des Diktators Primo de Rivera wurde Unamuno 1924 auf die kanarische Insel Fuerteventura verbannt, anschließend ging er ins französische Exil.

Eine andere markante Figur der Gruppe war der Schriftsteller **Pío Baroja** (1872–1956), der mit seinem Werk und seiner erzählerischen Fähigkeit an Pérez Galdós erinnert. In seinen pessimistisch angelegten Romanen mit schelmenhaftem Einschlag sind die Helden häufig Vagabunden und Abenteurer. **José Ortega y Gasset** (1883–1955) hatte auf die spanische intellektuelle Elite wahrscheinlich den größten Einfluss. Mit Essays wie »Aufstand der Massen« setzte er sich kritisch mit der spanischen Kultur auseinander.

Azorín

Eines der Gründungsmitglieder der Generation der 98er war der unter dem Pseudonym Azorín bekannte Schriftsteller José Martínez Ruiz, der 1873 in Monóvar nordöstlich von

Alicante geboren wurde. Nach dem Abitur ging er 1888 nach Valencia, um Jura zu studieren. Er verließ die Universität jedoch ohne Abschluss und begann Zeitungsartikel zu schreiben, unter anderem für die Zeitung »El Pueblo«, die von **Blasco Ibáñez** (►Berühmte Persönlichkeiten) geleitet wurde. Als Azorín sich mit dem politisch rechten Lager anfreundete, brach die Beziehung der beiden Schriftsteller ab. 1893 publizierte er seine erste wichtige Arbeit, »Die kritische Literatur Spaniens«, in der er viele seiner Kollegen mitunter aus ganz persönlichen Gründen angriff. 1896 siedelte er nach Madrid über und widmete sich seiner literarischen Laufbahn. Seine bissigen Zeitungsartikel machten ihm viele Feinde, so dass er eine Zeit lang Madrid verlassen musste.

Literarische Laufbahn

Nach seiner Rückkehr erhielt er ein Engagement bei der Zeitung »El País« (nicht die heutige Zeitung) und wurde als hoffnungsvolles Nachwuchstalent der **satirischen Literatur** betrachtet. Im Jahr 1902 brachte die Zeitschrift »La Voluntad« seine erste Novelle heraus. Wiederholte Reisen machten ihn mit den Sitten und Gebräuchen der verschiedenen Landesteile bekannt. 1903 erschien erstmals ein Beitrag in der Tageszeitung »España« unter seinem Pseudonym Azorín. 1905 publizierte er in »El Imparcial« die literarische Reportage »La Ruta de Don Quichote« (»Der Weg des Don Quichote«), eine Liebeserklärung an die Landschaft Kastiliens. Trotz seiner agressiven Artikel und dank seiner Freundschaft mit einigen bekannten Schriftstellern, nahm Azoríns Karriere als Schriftsteller einen rasanten Verlauf. Als er 1907 Abgeordneter in Almería wurde, erfüllte sich ein lang gehegter Wunsch. 1908 heiratete er seine wesentlich jüngere Frau, Julia Guinda Urzanqui.

Politische Laufbahn

Im Ersten Weltkrieg nahm Azorín Partei für die Alliierten und siedelte nach Paris über. Sein ständiges Eintreten für ein besseres Verständnis zwischen Spanien und Frankreich wurde ihm von Paris mit der **Mitgliedschaft in der Ehrenlegion** gelohnt. Nach seiner Rückkehr nach Spanien wurde er erneut Abgeordneter. Als die Zeiten zu Beginn der 1930er-Jahre für die Republik kritisch wurden, arbeitete Azorín für verschiedene Zeitschriften des linken, republikanischen Lagers, zusammen mit Ortega y Gasset, Miguel de Unamuno und Pío Baroja. Bei Ausbruch des Bürgerkrieges ging Azorín nach Paris, und trotz seiner vorherigen Parteinahme für die Republika-

Der Kulturphilosoph und Soziologe Ortega y Gasset arbeitete für mehrere Zeitschriften und wirkte bei der Schaffung der spanischen Verfassung mit. Hier im Gespräch mit dem deutschen Bundespräsidenten Theodor Heuss (1954).

ner, stimmte er nach dem Krieg dem neuen Regime zu. Er kehrte zurück nach Madrid und wurde Patronatspräsident der Nationalbibliothek.
Der letzte Vertreter der Gruppe der 98er starb im Jahre 1967. Eine 1925 eingeweihte Büste in seiner Heimatstadt Monóvar erinnert an den Schriftsteller.

Gabriel Miró

Zu den Mitgliedern der 98er-Gruppe gehörte auch der aus Alicante stammende Schriftsteller Gabriel Miró (1879–1930). Erzogen wurde er im Jesuitenkolleg von Orihuela, und es war hier, wo er anfing sich für die Landschaft und die Natur zu interessieren. »Ich vergesse nie meine langen Zeiten in der Krankenstation des Jesuitenkollegs, von deren Fenster aus ich die ersten schwermütigen Schönheiten fühlte, im Dämmerlicht die Täler erlöschend und die Gipfel der Berge von Sonne erglühend sah«, schrieb Miró. Mit 18 oder 20 Jahren ging er zuerst nach Valencia und dann nach Granada, um Recht zu studieren. Bald stellte er fest, dass die **Juristerei** jedoch nicht seine Berufung sei. Mit 21 Jahren schrieb er seine erste Novelle, »La Mujer de Ojeda« (Die Frau von Ojeda). Nachdem er für seine Erzählung »Nómada« (Nomade) einen Literaturpreis erhielt, wurde er rasch bekannt. Doch Gabriel Miró legte wenig Wert auf die neue Popularität, zog sich zurück und begann zu schreiben: »Las cerezas del cementerio« (Die Kirschen vom Friedhof) erschien im Jahre 1911. Es folgten »Del huerto provinciano« (Kleinstadtgarten) 1912, »El abuelo del Rey« (Der Großvater des Königs) 1915, »Dentro del Cercado« (Im Gehege) 1916 und »El libro de Amores« (Buch der Lieben). Neben seinen zahlreichen **Erzählungen** malte und skizzierte er immer wieder. Doch bewegte er sich in erster Linie auf dem Feld der Erzählungen, in denen sich seine nähere, ländliche Heimat, die Provinz Alicante, widerspiegelte. Gabriel Miró starb im Jahre 1930 in Madrid.

Literatur in Valencia

In den Zwanzigerjahren des letzten Jahrhunderts entstanden in der Region Valencia einige literarische Zeitschriften, die sich an der Avantgarde der Zeit orientierten. Sie erschienen überwiegend in Valencianisch, wie zum Beispiel »Lletres Valencianes« (Valencianische Briefe), »La República de les Lletres« (Republik der Briefe), oder »Taula« (Tisch). In diesen Zeitschriften, die sich gegen den »dekadenten Geist der Renaissance« richten wollten, kamen unter anderem die Literaten Francisco Almela, Enric Navarro, Carles Salvador und Enric Soler zu Wort.

Keramikkunst Valencias

Azulejos Die Kunst der Herstellung von Azulejos – gebrannte Kacheln, in deren Glasierung die blaue Farbe (»blau« = »azul« im Spanischen) überwiegt – stammt aus dem Orient und gelangte über die Mauren auf die Iberische Halbinsel. Während im Mittelalter Kacheln in den Farben Gelb und Rot bzw. Himmelblau, Grün, Gelb, Violett und Schwarzweiß gebrannt wurden, wie Beispiele in der Moschee von Córdoba und in der Alhambra von Granada zeigen, herrschten seit dem 14. Jh. – in Talavera, in der Provinz Toledo und kurz darauf in Valencia – Blau auf weißem Grund und zusätzliches Gelb bei Einfassungen vor. In den Werkstätten Valencias wurde die Tonerde weiß und blau lackiert, und diese Farbgebung dominierte auch in Katalonien bis in das 16. Jh. hinein. Zentrum valencianischer Azulejo-Herstellung wurde **Manises**. Qualität und Schönheit waren so einzigartig, dass viele Dokumente des 17. Jh.s die valencianischen Azulejos lobend hervorhoben. Man exportierte auch nach Italien, wo an einigen Palästen und Kirchen in Venedig, Rom und Neapel valencianische Azulejos verbaut wurden. In Spanien gehört die Kuppel vom »Convento de la Concepción« in Toledo zu einem herausragenden Beispiel valencianischer Kachelkunst. In der gesamten Provinz Valencia und

Herrliche valencianische Azulejos mit blauen und gelben Mustern sieht man im Keramikmuseum in Valencia.

entlang der Costa Blanca sind überall valencianische Azulejos älteren und neueren Datums zu sehen. Mit der Industrialisierung wurden die Motive erweitert, zu Beginn des 20. Jh.s entstanden Azulejos als Reklametafeln, Hausnummern, Hinweisschilder und als Innendekoration für Läden, Bodegas und Bars.

Valencianische Keramik

Die Töpferkunst in der Region Valencia und deren Produkte wie etwa Töpfe, Schalen, Vasen, und Geschirr, wurden über Jahrhunderte wegen ihrer künstlerischen Ausführung bewundert, ja die Keramik von Valencia genießt sogar eine größere Wertschätzung als die valencianischen Azulejos. Die Kunst der Keramik-Herstellung (der Begriff geht auf das griechische Wort »Keramiké« zurück) stammt ebenfalls aus den Ländern des Orients. Nach der Eroberung von Valencia durch Jaime I. von Aragonien gab der König 1251 den **Töpfern von Játiva** das verbriefte Recht, ihren Beruf gegen Erhebung einer Steuer pro Brennofen auszuüben. In Valencia wird der Beginn der Keramik-Fabrikation im 14. Jh. nachgewiesen.
Im 15. Jh. gelangte die Keramik-Herstellung zu einem Höhepunkt, sodass bald schon Handelsschranken errichtet wurden: 1455 verbot der Senat von Valencia jeglichen Import fremder Keramiken. Begehrt war die valencianische Keramik auch in anderen Ländern. So erwähnten der Italiener Lucio Marineo Siculo in einem Bericht von 1539 und der Pole Nicolás von Popplau in seinem Reisebericht von 1878 (»Reisen ins Ausland, nach Spanien und Portugal«) die schönen valencianischen Keramiken. Ein Keramiker aus Siena arbeitete bis 1514 in der Region Valencia, um das Handwerk am Ursprungsort zu erlernen. Er ging zurück nach Siena und wendete dort seine neuen Kenntnisse an. Zur gleichen Zeit wanderten auch valencianische Keramiker nach Italien aus.
Im 19. Jh. wurden die valencianischen Keramiken unter dem Begriff **spanisch-moriskische Keramik** (»hispano morisca«) bekannt. Dieser Begriff etablierte sich etwa ab 1850 in der Fachliteratur, in Ausstellungen und Museen von Paris, Madrid, New York, Boston, Berlin und Hamburg. Die Zentren für heutige valencianische Keramiken, deren ursprüngliche Entwürfe sich durch blaue, weiße, schwarze und gelbe verschlungene Ornamente aus Blüten, Blättern, tierischen und menschlichen Figuren mit metallischen Reflexen auszeichnen, liegen u. a. in Paterna, Manises, Sueca, Betera, Moncada und Alberique.

Festkultur

Umfangreicher Festkalender

In kaum einem anderen Land wird so viel gefeiert wie in Spanien. Auch an der Costa Blanca ist der Festkalender – vor allem zwischen der Weihnachtszeit und Herbstbeginn – fast vollständig ausgefüllt. Die meisten Feste, besonders die traditionellen Dorffeste, sind religiösen Ursprungs: Kein Ort, der nicht seinen **Schutzheiligen** (»patrón«) mit Musik, Tanz, Böllerkrachen und einer ausgelassenen Kirmes ehrt, kein Fischereihafen, der nicht Carmen, der Patronin der Fischer, mit einer geschmückten Bootsprozession dankt und sie um weiteren Schutz anfleht (►Praktische Informationen: Feiertage, Feste und Events).

Moros y Cristianos

Eine Besonderheit an der Costa Blanca ist das in vielen Orten begangene Fest »Moros y Cristianos«. Diese Mauren-und-Christen-Festspiele gibt es fast das ganze Jahr über, von Anfang Februar bis Anfang Dezember. Den unbestrittenen Höhepunkt in diesem Zyklus bilden die Feiern von **Alcoy** im April zu Ehren des Heiligen Georg. Die Wurzeln dieses überschäumenden Festes, das den Charakter eines riesigen Freilichttheaters hat und an dem Hunderte von Laiendarstellern teilnehmen, gehen zurück auf die Schlacht von Lepanto (1571), in der die türkische Flotte von der spanischen Armada vernichtend geschlagen wurde. Seither manifestiert sich die Erinnerung an den Sieg der Christen über die Moslems an der Costa Blanca in einem prächtigen Schauspiel, in das auch die jeweils örtlichen Heiligen integriert werden. Bei dem symbolischen Aufeinandertreffen der gegnerischen Heerscharen steht die Niederlage der Mauren natürlich von vornherein fest. Ganz entscheidend bei dem Fest ist jedoch, welche der **Bruderschaften**, die als Hauptakteure das Spektakel ausführen, die prachtvollsten und fantasiereichsten Kostüme entworfen haben, weshalb diese in stundenlangen Umzügen durch die Stadt präsentiert werden. Neben farbenfrohen Kostümen bietet dieses Fest auch Musik, Essen und Trinken sowie ein fulminantes Feuerwerk.

Prachtvoll gewandet beim Festumzug in Alcoy

Das wohl bedeutendste Fest in Spanien findet zu Ostern statt. Mit feierlichen Prozessionen in der **Semana Santa**, der Karwoche, wird des Leidens und Todes Jesu Christi gedacht. Im Mittelpunkt der Prozessionen steht das **»paso«** genannte, oft tonnenschwere Tragegestell mit Christusskulpturen oder Marienfiguren darauf, das von bis zu 100 und mehr Trägern (costaleros) durch die Stadt geschleppt wird. Diese Bruderschaften üben in der Regel schon Monate vor der Karwoche unter Zuhilfenahme schwerer Tragegewichte die komplizierte Schrittfolge ein. Ein weiteres Charakteristikum der Umzüge sind die die Träger begleitenden »nazarenos« im Büßergewand, d. h. unter Spitzkappen und Kutten. Die größte Prozession dieser Art an der Costa Blanca ist die Semana-Santa-Feierlichkeit im **Hafen von Valencia**. Am Ostersonntag wird zur Feier der Auferstehung Christi die »mona de pascua«, das »Ostergebäck« (Hefegebäck mit eingebackenem Ei) gegessen und

Feierlich zieht die Prozession zur Semana Santa durch Alicante.

ein Ausflug ins Grüne mit Picknick, Spielen und Drachensteigen unternommen.

Fallas

Valencias außergewöhnlichstes und berühmtestes Fest sind die Fallas Mitte März. Sie sind ein Freudenfest, bei dem Pappmascheefiguren verbrannt werden und mit dem der Winter verabschiedet und zugleich der Frühling begrüßt wird. Zimmermänner im 16. Jh. verbrannten erstmals aus Holz angefertigte Puppen mit karikaturhaften Zügen. Heute werden mit bis zu 20 m hohen Pappmascheefiguren **Themen des gesellschaftlichen bzw. politischen Zeitgeschehens** satirisch in Szene gesetzt.
Diese Figuren, teilweise mehrere hundert, fallen dann nach tagelangen Straßenfeiern am 19. März, am St.-Josefs-Tag, unter dem ohrenbetäubenden Lärm von Knallkörpern den Flammen zum Opfer und zerfallen innerhalb weniger Minuten zu Asche. Nur das schönste Pappmaché-Exemplar wird im Börsensaal per Volksabstimmung »begnadigt« und anschließend ins Museum gebracht. Auch in anderen Orten an der Costa Blanca – aber erst im April – werden die Fallas ausgiebig gefeiert.

Berühmte Persönlichkeiten

Wodurch wurde der Komponist Ruperto Chapí bekannt? Wer hat im 3. Jh. v. Chr. den so genannten Ebro-Vertrag mit Rom abgeschlossen? Wem gelang es, ein Boot zu konstruieren, das nach dem Abtauchen auch wieder auftauchen konnte? Hier stellen wir Ihnen Personen vor, die der Costa Blanca ihren Stempel aufgedrückt haben.

Die Brüder Benlliure y Gil

Maler und Bildhauer

Der älteste Sohn eines Dekorateurs aus Valencia, **José Benlliure y Gil** (1855–1937), begann schon mit zehn Jahren zu malen, um seine Familie finanziell zu unterstützen. Mit 14 Jahren ging er nach Madrid, später nach Rom. Hier nahm ihn 1879 der Kunsthändler Martín Conalghi unter Vertrag, dem José seine Werke überließ. Wie sein älterer Bruder musste auch **Mariano Benlliure y Gil** (1862–1947) als Kind die Familie unterstützen, begann jedoch früh mit dem Modellieren von Wachs. 1871 folgte er seinem Bruder zuerst nach Madrid, um dort klassisches Modellieren zu studieren, und dann nach Rom. In der Ausstellung der Schönen Künste von Madrid (1884) erhielt er für die Statue »Accidente« den zweiten Preis. Viele Statuen stehen auf öffentlichen Plätzen, z. B. »Don Alfonso XII.« im Retiropark von Madrid oder »Velázquez« gegenüber dem dortigen Prado-Museum. Am wenigsten bekannt ist der mittlere Bruder **Benlliure y Gil, Juan Antonio** (1860–1930). Seine Bilder zeichnen sich durch die Feinheit des Pinselstrichs und der Farben aus.

? WUSSTEN SIE SCHON ...?

- Die Statue »Accidente« (»Zufall«) von Mariano Benlliure y Gil wurde in Italien ironischerweise als »Unfall« übersetzt.

Vicente Blasco Ibáñez (1867–1928)

Schriftsteller

Der Valencianer Vicente Blasco Ibáñez war nicht nur einer der großen Erzähler der spanischen Literatur, sondern auch ein engagierter Kämpfer für die Ideale der Republik. Siebenmal war er Abgeordneter und wurde etwa dreißigmal aus politischen Gründen inhaftiert. Seine vom **Naturalismus** beeinflussten Romane weisen eine starke sozialkritische, fast anarchistische Komponente auf. Der frühe Zyklus der Valencianer Romane schildert u. a. den Niedergang des Kleinbürgertums (»Arroz y tartana«, »Reis und Tartane«), eine tragische Ehegeschichte im ärmlichen Fischermilieu (»Flor de Mayo«, »Maiblume«), den Widerstand eines Pächters gegen einen Großgrundbesitzer in der Huerta von Valencia (»La Barraca«, »Die Scholle«). Später zog Blasco sich enttäuscht von der Politik zurück und siedelte nach Madrid über, und weitere sozialkritische Werke erschienen. Nach einem vierjährigen Intermezzo in Argentinien, wo er sich als Farmer versuchte, kehrte Blasco 1914 nach Europa zurück und schrieb von Frankreich aus seine großen **Reportagen über den Ersten Weltkrieg** (u. a. »Los cuatro jinetes del Apocalipsis«, »Die apokalyptischen Reiter«). Seit 1920 lebte er zurückgezogen in Menton, wo eine neue Reihe von Abenteuerromanen entstand (darunter »El paraíso de las mujeres«). Er starb 1928. Erst 1933 überführte die Spanische Republik

← *»Der Heilige Franziskus wird von einem musizierenden Engel getröstet« (Francisco Ribalta, um 1620)*

die Überreste ihres getreuen Streiters in seine Geburtsstadt Valencia. Blasco gehörte zu den in Spanien meistgelesenen und am häufigsten übersetzten Autoren seiner Zeit. Sogar Hollywood fand in den 1920er-Jahren Gefallen an seinen Werken und verfilmte u.a. den Stierkämpferroman »Sangre y arena« (Blutige Arena) von 1908.

Ruperto Chapí (1851–1909)

Komponist

Der in Villena als Sohn eines Friseurs geborene Komponist Ruperto Chapí schrieb schon mit neun Jahren kleine Musikstücke für die städtische Musikkapelle, bei der er später als Hornist eintrat. Hier genoss er bald so viel künstlerisches Ansehen, dass er bereits mit zwölf Jahren zu ihrem Leiter ernannt wurde. Einige Jahre später ging er nach Madrid, um Musik zu studieren, war Stipendiat in Rom und Mailand und lebte kurze Zeit in Paris. Chapí, der manchmal »nicht mehr als ein bisschen Brot und ein paar Schweinegrieben zum Essen« hatte, war ein unermüdlicher Komponist von Stücken für Klavier und Violine, von Opern und Oratorien. Berühmt in ganz Spanien wurde er durch seine **Zarzuelas**. Seine Verdienste sind aber nicht nur musikalischer Art. Nach einem langwierigen Streit über Urheber- und Aufführungsrechte, der an seinen Nerven und Finanzen zehrte, rief er die »Sociedad general de autores de España« ins Leben, die spanische Variante der GEMA (Gesellschaft für musikalische Aufführungs- und mechanische Vervielfältigungsrechte). Seine Arbeitslust blieb bis kurz vor seinem Ableben ungebrochen. Noch einen Monat vor seinem Tod, am 24. Februar 1909, wurde seine neueste Zarzuela, »Margarita la tornera« (Margarita die Pförtnerin), mit grandiosem Erfolg aufgeführt.

i Zarzuela

- Die Zarzuela ist ein mit der Operette vergleichbares, volkstümliches Singspiel, das sich im 18. Jh. entwickelt hatte und im 19. Jh. seinen populären Höhepunkt erreichte.

Jerónimo Jacinto Espinosa (1600–1667)

Maler

Der in Cocentaina geborene Barockmaler Jerónimo Jacinto Espinosa ist ein bedeutender Vertreter der **valencianischen Schule** (► Kunstgeschichte). Seine erste Ausbildung erhielt er von seinem Vater Jerónimo Rodríguez Espinosa (1562–1638), dann ging er bei Francisco Ribalta, dem herausragendsten Repräsentanten der Schule von Valencia, in die Lehre. Espinosa schuf Porträts und religiöse Bilder mit realistischen Darstellungen und einer als »pastos« bezeichneten Malweise. Nicht alle seine Gemälde genügen hohen Ansprüchen, weshalb viele Kritiker meinen, die schlechteren Bilder seien nicht von ihm selbst, sondern von seinem Sohn geschaffen worden, der im gleichen Genre wie sein Vater malte. Espinosa, der fast ausschließlich in Valencia arbeitete und hier auch starb, wird heute nicht nur als valencianischer Künstler, sondern als nationalspanischer Maler gewürdigt.

Hasdrubal (ca. 270–221 v. Chr.)

Heerführer

Anders als Hamilkar Barkas und Hannibal zeichnete sich der karthagische Heerführer Hasdrubal nicht so sehr als grandioser Feldherr aus, seine Macht wusste er insbesondere mit den **Mitteln der Diplomatie** zu erweitern. Nach dem Tod seines Schwiegervaters Hamilkar Barkas (229 v. Chr.), der einen Großteil Spaniens erobert hatte, um u. a. an die reichen Erzvorkommen der Iberischen Halbinsel zu kommen, wurde er von der Armee zum Oberkommandierenden der karthagischen Truppen in Spanien gewählt. Er vermählte sich mit einer vornehmen Ibererin und gab dem punischen Kolonialreich mit Carthago Nova (Cartagena) eine neue Hauptstadt, die auch im Hinblick auf die Verbindung mit der karthagischen Heimat in Nordafrika vortrefflich gewählt war. Im Jahr 226 v. Chr. schloss er mit dem Erzrivalen Rom den so genannten **Ebro-Vertrag**, in dem er sich verpflichtete, den Ebro in kriegerischer Absicht niemals zu überschreiten, und die Römer ihrerseits das Gebiet südlich dieses Flusses als karthagische Interessenssphäre anerkannten. Dies war ein bedeutender Erfolg für Hasdrubal, der noch fern vom Ebro stand. Darüber hinaus gelang es dem punischen Heerführer, in Spanien eine nahezu königliche Stellung zu erringen: Er ließ wie die hellenistischen Könige seiner Zeit Münzen prägen, die seinen Kopf, umkränzt vom Diadem, zeigen. Im Jahr 221 wurde er von einem keltischen Sklaven aus Rache getötet, weil er dessen Herrn hatte ermorden lassen. Unter seinem Nachfolger Hannibal, dem größten punischen Feldherrn, begann eine neue Periode der karthagischen Expansion.

Juan de Juanes (ca. 1523–1579)

Maler

Juan de Juanes malte neben einigen Porträts und Gemälden mit mythologischem Inhalt hauptsächlich religiöse Bilder. Es heißt, seine **religiösen Werke** habe er erst nach ausgiebigen spirituellen Vorbereitungen begonnen, auf das Gemälde »Coronación de la Virgen« (Krönung der Jungfrau) soll er sich mit tagelangem Beten und Fasten vorbereitet haben. Der in Fuente la Higuera bei Valencia geborene Künstler, der sein Handwerk bei seinem Vater Vicente Juan Macip (1490–1550), dem damals bedeutendsten Maler Valencias, erlernt hatte, bewahrte als Hauptmeister der Renaissance-Malerei in dieser Stadt trotz des italienischen Einflusses die charakteristischen Züge der spanischen Malerei. Seine religiösen Bilder, wegen ihrer perfekten Farbgebung gerne mit Werken flämischer Meister verglichen, sind in Gestik und Komposition meist typisiert und übertrieben, erfreuten sich aber bei den Zeitgenossen großer Wertschätzung. Sein wohl bekanntestes Werk ist **»La Ultima Cena«** (Das Abendmahl) im Prado von Madrid. 1578 begab sich Juan de Juanes nach Bocairente bei Onteniente (Valencia), um den Hauptaltar der dortigen Pfarrkirche zu malen. Bei Abschluss der Arbeit segnete er dort das Zeitliche. Sein Testament ist übrigens die Hauptquelle für seine Biografie.

Titelblatt der Ausgabe von 1552 über das Leben des Cid

EIN EHRENWERTER RITTER

Wer war El Cid wirklich? Der Idealtypus des abendländischen Ritters ohne Furcht und Tadel, treu seinem Hern ergeben und immer auf Seiten der Unterdrückten, ein Versöhner zwischen Mauren und Christen oder ein streitsüchtiger Haudegen, nur auf das eigene Wohl bedacht?

Unter dem Namen Rodrigo Díaz wurde er um 1043 im nordwestspanischen Vivar bei Burgos geboren und wuchs am Hofe des späteren Königs Sancho II. von Kastilien auf. Schon in jungen Jahren machte er sich auf dem Schlachtfeld einen Namen als **»Campeador« (Kämpfer)**, den er fortan als Ehrennamen trug. Als Gefolgsmann von König Alfons VI. von Kastilien schlug er viele siegreiche Schlachten, fiel aber 1081 bei seinem Herrn in Ungnade, weil er sich in Streitigkeiten zwischen den maurischen Kleinkönigreichen Sevilla und Granada eingemischt hatte. Er musste Kastilien verlassen und trat in die Dienste des muslimischen Herrschers von Zaragoza. In dieser Zeit, als er für den Maurenfürsten von Zaragoza auch erfolgreich gegen christliche Angreifer kämpfte, erhielt er den Beinamen Cid (von arabisch: »sayyid« = Herr).

Rückkehr nach Kastilien

1087 söhnten sich Rodrigo Díaz und Alfons VI. wieder aus. Erneut diente El Cid der kastilischen Krone und unterwarf das valencianische Königreich. 1094 eroberte El Cid Valencia, das längst wieder von den Mauren eingenommen worden war, ein zweites Mal, um es bis zu seinem Tod 1099 zu beherrschen. Die Nachricht vom **Ableben** des schon zu Lebzeiten zu einem Mythos gewordenen Ritters löste große Trauer aus: *»Die Männer schlugen sich mit den Fäusten auf die Brust, die Frauen kratzten sich das Gesicht mit ihren Nägeln blutig und streuten Asche auf ihr Haupt; das Wehgeschrei erfüllte die Luft, und tagelang konnte man Jammern und Klagen vernehmen«*, ist in einer alten spanischen Chronik zu lesen. Ansonsten existieren nur wenige zeitgenössische Quellen über den Cid.

Ein Denkmal in Burgos erinnert an den Nationalhelden, der in der Stadt auch seine letzte Ruhestätte gefunden hat.

»Kämpfer« auch nach dem Tod

Umso mehr **Legenden** »ersetzten« den Mangel an zeitgenössischen Quellen. Eine davon betrifft seinen Tod: Bei der Verteidigung des valencianischen Königreichs gegen die vorrückenden Almoraviden wurde El Cid angeblich in einem Hinterhalt tödlich verwundet. Auf dem Sterbebett soll er seinen Gefolgsleuten das Versprechen abgenommen haben, erneut anzugreifen. Seinem Wunsch entsprechend band man den geschminkten Leichnam in voller Rüstung aufs Pferd. Seine treue Stute Babieca trug den Toten mit dem Schwert in der Hand ins Getümmel voran. Auf diese Weise motiviert, errangen seine Leute einen glänzenden Sieg über die von der Erscheinung des Totgeglaubten erschreckten Berber. Über die tatsächlichen Todesumstände ist wenig bekannt. Vermutlich ist er aber ganz unspektakulär im Bett gestorben.

Seine Heldentaten sind im Nationalepos **»El Cantar de mío Cid«** festgehalten, das ein unbekannter Dichter im 12. Jh. aufgezeichnet hat und das als eines der großen Werke der spanischen Literatur gilt. Dieses Opus, das Eingang in die Weltliteratur fand und durch die Nachdichtung Gottfried Herders im 18. Jh. im deutschsprachigen Raum bekannt wurde, gab auch Anlass, weitere Legenden um den Nationalhelden zu spinnen, hinter dem schließlich das historische Porträt so sehr verschwand, dass die moderne Forschung eine Zeit lang annahm, bei El Cid handle es sich nur um ein **Fantasiegebilde**. Auch wenn heute das Bild des Ritters immer noch umstritten ist, so kann wohl doch gesagt werden, dass El Cid kein Kreuzritter, kein Versöhner zwischen den religiösen Kulturen war, sondern ein Glücksritter, dem es nur um Beute und Ausübung von Macht ging. Wie negativ das Urteil über ihn aber auch ausfallen mag, seine Gestalt wird die Nachwelt weiterhin faszinieren.

> *»Ein Wohlthäter für die Armen, ein Beschützer der Verlass'nen ward der Cid auch in der Gruft.«* Herder

Vicente Martín y Soler (1754–1806)

Komponist

Dem größten Komponisten aus der Region der heutigen Costa Blanca gelang es sogar, Mozart zu inspirieren. Geboren wurde Vicente Martín y Soler in Valencia, das er nach Beendigung seines Musikstudiums verließ, um in Alicante die Stelle eines Organisten anzutreten. 1776 siedelte er – nach einem Zwischenstopp in Madrid – nach Italien über, wo er mit seinen Opern in den besten Häusern des Landes Riesenerfolge feierte und bald unter dem Namen »Martini lo Spagnolo« bekannt wurde. Auch in Wien, seinem nächsten Aufenthaltsort, war er mit seinen Kompositionen äußerst erfolgreich. Hier schrieb er die Oper **»La cosa rara, ossia bellezza e onestà«** (1786), aus der Wolfgang Amadeus Mozart später ein Thema für sein Opernwerk »Don Juan« verwendete. 1788 folgte Martín y Soler einem Ruf der russischen Zarin Katharina II. und wurde Direktor der Oper in Sankt Petersburg. Doch in Russland verblasste langsam sein Ruhm. 1801 musste er schließlich sein Amt als Operndirektor niederlegen, fünf Jahre später starb er völlig verarmt in der russischen Hauptstadt.

Isaac Peral (1851–1895)

Erfinder

Schon 1859 hatte der Katalane Narcisco Monturiol mit einem Tauchboot, der »Ictíneo«, in den Gewässern vor Barcelona experimentiert, doch erst Isaac Peral gelang es, ein Boot zu konstruieren, das in der Lage war, nach dem Abtauchen auch wieder aufzutauchen. Ca. 22 m lang, 2,87 m breit und 2,76 m hoch war **Perals U-Boot**, das im September 1888 in Cádiz vom Stapel ging. Die »Zigarre«, wie Arbeiter Perals Erfindung nannten, hatte ein Periskop und drei Propeller, bot zehn Besatzungsmitgliedern Platz, konnte drei Torpedos abfeuern, wurde von einem 30-PS-Elektromotor angetrieben, hatte eine maximale Reichweite von rund 730 km, erreichte eine Geschwindigkeit bis zu 7,8 Knoten über Wasser und eine bis zu drei Knoten unter Wasser und war in der Lage, 30 m tief zu tauchen. Am 7. Juni 1890 ließ der in Cartagena geborene Marineoffizier und geniale Tüftler Peral, der seit 1882 eine Professur für Physik und Chemie innehatte und nun für die spanische Marine die neue Unterwasserwaffe entwickelte, die erste Tauchfahrt unternehmen: In einer Tiefe von 10 m blieb seine »Zigarre« eine Stunde lang unter Wasser und legte dabei eine Strecke von 5 km zurück. Ein simulierter Nachtangriff auf den spanischen Zerstörer »Colón« machte dann deutlich, dass sogar die modernsten Kriegsschiffe einem U-Boot und dessen Torpedos schutzlos ausgeliefert waren. Eine Welle der Begeisterung schwappte über das Land, Peral wurde als **Nationalheld**, als Erneuerer von Spaniens längst verblasstem Ruhm gefeiert. Doch hatte Peral auch Neider; sogar Anschläge auf seine Erfindung wurden verübt. Langsam sank auch sein Stern. Seinen Vorschlag, ein noch größeres U-Boot als den Prototyp zu bauen, verwarf die Admiralität schließlich als kuriosen Einfall, die Admiräle zeigten nur noch Interesse an neuen Überwasserkriegsschiffen. Kurz darauf wurde der Bau von U-Booten eingestellt. Enttäuscht quittierte Peral 1891 den Dienst bei der Marine, die sein ganzes Leben gewesen war. Ausländische Angebote schlug er alle aus – seine Erfindung, so die Erklärung, habe nur Spanien zu dienen und sonst niemandem. 1895 erkrankte er an einem Gehirntumor, die Operation in Berlin misslang jedoch. Kurz nach dem Eingriff schloss der Erfinder in der Hauptstadt des deutschen Kaiserreiches für immer die Augen. So konnte er nicht miterleben, wie 1898 im Spanisch-Amerikanischen Krieg die US-Navy die spanische Flotte besiegte und so die USA Spanien die letzten überseeischen Kolonien abrangen. Vielleicht, so spekulierten nun viele Spanier, hätten die Kämpfe an der amerikanischen Küste einen anderen Ausgang genommen, wenn auf spanischer Seite Perals U-Boote eingesetzt worden wären.

Prototyp des U-Bootes von Isaac Peral

Francisco Ribalta (1565–1628)

Maler

»Nach seinem Tod wurde er fast wie ein Heiliger verehrt; um ihn, der dieses Leben nur als Station auf dem Weg zum allerhöchsten Heil betrachtete, trauerte die ganze Stadt«, schrieb ein Zeitgenosse nach dem Ableben von Francisco Ribalta im Jahr 1628. Seine Lehrjahre hatte der aus Solsona in Katalonien stammende Maler in Madrid verbracht. Als mit dem Tod von Philipp II. 1598 die Hoffnung auf eine Anstellung als Künstler am königlichen Hof schwand, begab er sich nach **Valencia**, wo ihm im Auftrag des hiesigen Erzbischofs grandiose Werke wie das für die Iglesia de Andilla in Castellón bestimmte groß angelegte Gemälde »La Cena« (Das Abendmahl, 1597) gelangen. Ribalta, der auch Stilelemente des italienischen Barock aufgriff, obwohl er vermutlich nie nach Italien gereist war, und dessen Gesamtwerk von einer tiefen Religiosität und einer in dramatischem Helldunkel (Tenebroso-Stil) naturalistisch gegebenen Plastizität der Figuren geprägt ist, gilt als Mitbegründer der nationalspanischen Malerei des 17. Jahrhunderts.

Francisco Salzillo

►Baedeker Special S. 210

Praktische Informationen

WO LIEGEN DIE SCHÖNSTEN STRÄNDE? WER HILFT BEI EINER AUTOPANNE? WO KANN MAN AM BESTEN WELCHER SPORTART FRÖNEN? NÜTZLICHES UND WICHTIGES AUS DER LEVANTE.

Anreise · Reiseplanung

Mit dem Auto

Aus Norddeutschland und aus dem Ruhrgebiet fährt man über Aachen, Saarbrücken, Metz, Nancy und Dijon auf die im Rhônetal und über Lyon südwärts verlaufende Autobahn, weiter über Orange, Montpellier, Narbonne und Perpignan. Bei Le Perthus/La Jonquera über die französisch-spanische Grenze, dann auf der Mittelmeerautobahn weiter über Girona und Tarragona bis Valencia, Alicante oder Murcia. Reisende **aus Süddeutschland** finden über Karlsruhe, Freiburg im Breisgau, Mulhouse und Besançon Anschluss an die oben genannte Autobahn im Rhônetal.

Aus Österreich bietet sich die Anfahrt auf der Autobahn über München, Stuttgart und Karlsruhe und weiter über Mulhouse an. Für die Anreise **aus der Schweiz** gibt es zwei Möglichkeiten: Aus der Nordschweiz empfiehlt sich die Fahrt über Basel nach Mulhouse und Besançon. Wer aus der Südschweiz kommt, wählt die Strecke über Genf und Grenoble nach Valence, von dort weiter auf der Autobahn. Die Autobahn (autopista) A 7 entlang der Mittelmeerküste ist bis Murcia gut ausgebaut. Bei der Reiseplanung sollte man berücksichtigen, dass die Autobahnen in Frankreich und z. T. in Spanien gebührenpflichtig sind.

Mit dem Bus

Touringbusse (Europabusse) der Deutschen Touring Gesellschaft fahren von mehreren Städten Deutschlands nach Alicante, Benidorm, Murcia und Valencia.

Mit dem Flugzeug

Von allen größeren Flughäfen in Deutschland, Österreich und der Schweiz gibt es Linienflüge nach Alicante und Valencia, zumeist mit Zwischenlandungen in Barcelona oder Madrid.

Charterflüge werden von mehreren Städten von Deutschland, Österreich und der Schweiz aus vor allem nach Alicante angeboten.

Ebenfalls nach Alicante fliegen auch die meisten **Billigfluglinien**. Welche Gesellschaft das günstigste Angebot für den gewünschten Abflugtag hat, kann man bei speziellen Anbietern (z. B. www.opodo.de oder www.nur-flug-tours.de) im Internet abfragen.

Mit der Bahn

Wer die lange Anreise mit der Bahn nicht scheut, der fährt entweder über Frankfurt am Main – Basel – Mulhouse – Beziers oder über Zürich – Genf – Perpignan nach Barcelona und von dort weiter nach Valencia oder Alicante. Eine **Platzreservierung** wird empfohlen, die Fahrt ab Barcelona ist sogar reservierungspflichtig ist (► Verkehr, Bahn).

Autoreisezug

Wer auf sein Auto nicht verzichten will, kann die Anreise bequem im Autoreisezug überbrücken, der mehrmals wöchentlich u. a. zwischen Hamburg, Berlin, Frankfurt, Stuttgart und München und dem französischen Narbonne verkehrt.

Reisedokumente

Personalpapiere

Reisende aus Deutschland, Österreich und der Schweiz benötigen für die Einreise einen gültigen Personalausweis oder einen Reisepass. Kinder unter 16 Jahren benötigen einen Kinderausweis oder müssen im Reisepass der Eltern eingetragen sein.

Fahrzeugpapiere

Nationaler Führerschein und Kraftfahrzeugschein werden bei Mitgliedern aus EU-Staaten anerkannt; bei Schadensfällen wird die **Internationale Grüne Versicherungskarte** verlangt. Kraftfahrzeuge müssen, sofern sie kein EU-Nummernschild haben, das ovale Nationalitätskennzeichen tragen.

WICHTIGE ADRESSEN ANREISE

FLUGGESELLSCHAFTEN

▶ **Iberia**
www.iberia.de

IBERIA

Telefonische Auskunft, Reservierung und Buchung:

in *Deutschland:*
Tel. 01 80/5 44 29 00

in *Österreich:*
Tel. 01 79/56 77 22

in der *Schweiz:*
Tel. 08 48 00 00 15

in *Spanien:*
Tel. 902 40 05 00

▶ **Lufthansa**
Tel. 01 80 05/83 84 26
www.lufthansa.de

▶ **Austrian Airlines**
Tel. 01 80/3 00 05 20
www.aua.com

▶ **Swiss**
Tel. 01 80/3 00 03 37
www.swiss.com

BILLIGFLÜGE

▶ **Air Berlin**
Tel. 01 80/5 73 78 00
www.airberlin.de
Von zahlreichen deutschen internationalen Flughäfen sowie von Wien, Linz und Salzburg zu Destinationen in ganz Spanien

▶ **EasyJet**
Flughafen Dortmund:
Tel. 0 18 05/02 92 92
www.easyjet.com
Die Fluglinie verkehrt ab Dortmund nach Alicante.

▶ **Germanwings**
Tel. 09 00/1 91 91 00
www.germanwings.com
Die Biliglinie bietet eine Verbinung ab Köln/Bonn nach Alicante an.

▶ **Hapag Lloyd Express**
Tel. 0 18 05/75 75 10
www.hlx.com
Ab Köln/Bonn und Stuttgart nach Valencia

▶ **Ryanair**
Buchungszentrale:
Tel. 00 00 1 16 05 00

www.ryanair.com
Ab Frankfurt/Hahn nach Murcia und Alicante

▶ **Helvetic**
Tel. 00 41/2 70 85 00
www.helvetic.com
Ab Zürich nach Valencia und Alicante

FLUGHÄFEN

Zentrale Informationsnummer:
Tel. 9 02 40 47 04
www.aena.es

▶ **Alicante**
Aeropuerto El Altet
Tel. 966 91 90 00
13 km südlich; Bus ins Zentrum

▶ **Murcia**
San Javier
Tel. 968 17 20 00

▶ **Valencia**
Aeropuerto de Manises
Tel. 9 61 59 85 00
8 km westlich;
Bus ins Zentrum

BUS

▶ **Deutsche Touring Gesellschaft**
Am Römerhof 17
60486 Frankfurt am Main
Tel. 0 69/790 35 01
www.touring.de

BAHNAUSKUNFT

▶ **Deutsche Bahn ReiseService**
Tel. 08 00/150 70 90
Fahrplanauskünfte
Tel. 1 18 61
(gebührenpflichtig)
www.bahn.de
www.autozug.de

Haustiere

Wer seinen Hund oder seine Katze in den Urlaub mitnehmen will, benötigt ein amtstierärztliches **Gesundheitszeugnis**, das höchstens zwei Wochen alt sein darf. Außerdem muss eine Bestätigung auf Deutsch und Spanisch vorgelegt werden, dass das Tier gegen Tollwut geimpft ist. Die Impfung muss mindestens 21 Tage zurückliegen, darf aber nicht länger als zwölf Monate vor der Einreise erfolgt sein.

Krankenversicherung

Auch im EU-Ausland müssen die gesetzlichen Krankenkassen die Kosten für ärztliche Leistungen erstatten. Voraussetzung ist, dass dem behandelnden Arzt die **Krankenversicherungskarte** vorgelegt wird (sie ersetzt seit 2005 den Auslandskrankenschein; ist man nicht im Besitz einer solchen Karte, muss eine Ersatzbescheinigung ausgestellt werden). Auch mit dieser Karte sind in vielen Fällen ein Teil der Behandlungskosten bzw. Ausgaben für spezielle Medikamente selbst zu zahlen. Gegen Vorlage der Quittungen übernimmt die Krankenkasse im Heimatland dann ggf. die Erstattung der Kosten.

Private Reisekrankenversicherung ▶

Da die Krankenkassen die Kosten eines Rücktransports erkrankter Urlauber aus dem Ausland nicht übernehmen und eine ärztliche Behandlung in der Regel mit einer Kostenbeteiligung für den Patienten verbunden ist, empfiehlt sich für die Dauer des Urlaubs der Abschluss einer privaten Reisekrankenversicherung.

Zollbestimmungen

Ein- und Ausreise

Im gemeinsamen Wirtschaftsraum der Mitgliedsstaaten der Europäischen Union können Waren für den privaten Gebrauch weitgehend zollfrei ein- und ausgeführt werden. Es gelten lediglich gewisse Höchstmengen, bei deren Überschreitung die Behörden von einer gewerblichen Verwendung ausgehen: 800 Zigaretten, 400 Zigarillos, 200 Zigarren, 1 kg Tabak, 10 l Spirituosen, 90 l Wein (davon max. 60 l Schaumwein). Außerdem sind für Flug- und Seereisende Waren bis zu 430 € und für PKW- und Bahnreisende bis 300 € abgabenfrei.

◂ Wiedereinreise in die Schweiz

Für Personen über 17 Jahren gelten folgende **Freimengengrenzen:** 250 g Kaffee, 100 g Tee, 200 Zigaretten oder 50 Zigarren oder 250 g Tabak, 2 l Wein oder andere Getränke bis 22% Alkoholgehalt sowie 1 l Spirituosen mit mehr als 22% Alkoholgehalt. Souvenirs dürfen bis zu einem Wert von 300 CHF zollfrei eingeführt werden.

Auskunft

WICHTIGE ADRESSEN

IN DEUTSCHLAND

▸ **Spanisches Fremdenverkehrsamt**
Kurfürstendamm 63
D-10707 Berlin
Tel. 030/8 82 65 43
Fax 030/8 82 66 61
www.spain.info

Grafenberger Allee 100
D-40237 Düsseldorf
Tel. 02 11/6 80 39 81
Fax 02 11/6 80 39 85

Myliusstraße 14
D-60323 Frankfurt am Main
Tel. 069/72 50 38
Fax 069/72 53 13

Postfach 151940
D-80051 München
Tel. 089/530 74 60
Fax 089/53 07 46 20
Prospektversand:
Tel. 0 61 23/9 91 34
Fax 0 61 23/9 91 51 34

IN ÖSTERREICH

▸ **Spanisches Fremdenverkehrsamt**
Walfischgasse 8
A-1010 Wien
Tel. 01/5 12 95 80
Fax 01/5 12 95 81
viena@tourspain.es

IN DER SCHWEIZ

► **Office National Espagnol du Tourisme**
15, Rue Ami-Lévrier
CH-1211 Genève 1
Tel. 0 22/7 31 11 33
Fax 0 22/7 31 13 66
ginebra@tourspain.es

► **Spanisches Fremdenverkehrsamt**
Seefeldstraße 19
CH-8008 Zürich
Tel. 0 44/2 53 60 50
Fax 0 44/2 52 62 04
zurich@tourspain.es

EINZELNE REGIONEN IN SPANIEN

► **Murcia**
Oficina Regional de Información Turística
Plz. Julián Romea, 4
E-30001 Murcia
Tel. 902 10 10 70
www.murcisturistica.es

► **Valencia**
Tourist Info
Calle Paz, 48
E-46003 Valencia
Tel. 963 98 64 22
Fax 963 98 64 21
Allgemeine Infos:
Tel. 902 12 32 12
Fax 902 22 02 11
www.comunitatvalenciana.com

BOTSCHAFTEN IN SPANIEN

► **Deutsche Botschaft**
Calle de Fortuny, 8
E-28010 Madrid
Tel. 915 57 90 00
Fax 913 10 21 04
www.madrid.diplo.de

► **Deutsche Honorarkonsulate**
Plaza Calvo Sotelo, 1 – 2, 5°
E-03001 Alicante
Tel. 965 21 70 60

Av. Marqués de Sotelo, 3, 6°, 13 C
E-46002 Valencia
Tel. 963 10 62 53
Fax 963 94 23 88

► **Österreichische Botschaft**
Paseo de la Castellana, 91-9°
E-28046 Madrid
Tel. 915 56 53 15
Fax 915 97 35 79
www.bmeia.gv.at

► **Österreichisches Konsulat**
C/ Convento de Santa Clara, 10, 2°
E-46002 Valencia
Tel. 963 52 22 12

► **Schweizerische Botschaft**
Calle Núñez de Balboa, 35 A - 7°
E-28001 Madrid
Tel. 914 36 39 60
Fax 914 36 39 80
www.eda.admin.ch

► **Schweizerisches Konsulat**
Calle Cronista Carreres, 9 7°-i
E-46003 Valencia
Tel. 963 51 88 16
Fax 963 9 75

SPANISCHE BOTSCHAFTEN IN DEUTSCHLAND

► **Botschaft des Königreichs Spanien**
Lichtensteinallee 1
D-10787 Berlin
Tel. 030/2 54 00 70
Fax 030/25 79 95 57
www.spanischebotschaft.de

IN ÖSTERREICH

► **Botschaft des Königreichs Spanien**
Argentinierstraße 34a
A-1040 Wien

Tel. 01/5 05 57 88
Fax 01/5 05 5 78 81 25
www.embbajdaenaustria-maec.es

IN DER SCHWEIZ

- **Botschaft des Königreichs Spanien**
  Kalcheggweg 24
  CH-3000 Bern
  Tel. 031/3 50 52 55
  Fax 031/3 50 52 55

INTERNET

- **www.spain.info**
  Website der spanischen Fremdenverkehrsbehörde

- **www.costablanca.org**
  Offizielle Seite der Costa Blanca mit umfangreichen Adressen von Hotels und Restaurants, Geschäften, Sportangeboten usw.

- **www.costablanca-online.de**
  Deutsche Infos zu Reise, Wetter, Ferienhäusern oder Immobilien.

- **www.communitatvalenciana.com**
  Zahlreiche Informationen in deutscher Sprache über die Region Valencia: Strände und Wassersport, Kulturkalender sowie Küche und Unterkünfte erwarten die Internetnutzer.

- **www.costablancanews.com**
  Die übersichtliche Online-Ausgabe der englischsprachigen Wochenzeitung bietet neben einem großen Anzeigenteil und Infos über die Region auch Reportagen und Artikel zu Politik, Wirtschaft, Kultur und Sport sowie in jeder Ausgabe ein Rezept der Woche.

- **www.costablanca.com**
  Die Internetadresse hält nicht nur Informationen zu einzelnen Orten bereit, sondern auch zu Museen und Freizeitparks sowie zu Wanderrouten, auch in deutscher Sprache.

Badeurlaub

Viele attraktive Strände

Der in diesem Band vorgestellte Küstenabschnitt von Sagunto bis Cartagena bietet mit seinen über 100 meist feinsandigen, oft kilometerlangen Stränden und kleinen, versteckten Felsbuchten ausreichend Gelegenheit zum Sonnenbaden, Schwimmen und Windsurfen; die meisten Badestrände sind unter den ► Reisezielen von A bis Z beschrieben. An vielen Stränden weht die »Blaue Flagge« der Stiftung für Umwelterziehung in Europa, die auf sauberes Wasser und eine gute Infrastruktur hinweist.

Strände mit blauer Flagge

Die Blaue Flagge haben u. a. erhalten: Sagunt (L'Almardá), Valencia (El Saler), Cullera (El Dosser, El Far), Gandía (Xeraco, Nord), Oliva (Aigua Blanca), Dénia (Les Bovetes, Les Rotes), Jávea (L'Arenal), Teulada (El Portet, L'Ampolla), Calpe (La Fossa, Arenal-Bol), Altea (La Roda), Benidorm (Llevant, Mal Pas), Finestrat (La Cala), Villajoyosa (Ciutat), El Campello (Carrer de la Mar), Alicante (Sant Joan, Albu-

Attraktive Bucht nahe La Manga del Mar Menor

fereta, Tabarca), Elche (El Altet), Santa Pola (Varador), Guardamar del Segura (Dels Vivers), Torrevieja (Los Locos), Orihuela (La Zenia, Cabo Roig) und Cartagena (Mar de Cristal). www.adeac.es.

i Strandwarndienst

- Grüne Flagge am Strand = Baden uneingeschränkt erlaubt
- gelbe Flagge = Baden gefährlich
- rote Flagge = Baden verboten

Während der Sommersaison hat die spanische Umweltbehörde eine **Anlaufstelle für Beschwerden** eingerichtet, bei dem Mängel und Klagen über mit der Blauen Flagge ausgezeichnete Strände gemeldet werden können: banderaazul@adeac.es, Fax 9 14 17 15 17, Calle Velázquez 45-2° int drcha, E-280001 Madrid. Wöchentlich aktualisierte **Informationen** über alle Strände und deren Wasserqualität können telefonisch unter der Nummer 9 00 21 07 63 eingeholt werden. Der spanisch- und englischsprachige Telefondienst ist von Juni bis Mitte September werktags von 8.00 bis 15.00 Uhr besetzt.

Wassertemperaturen Badefreundliche Wassertemperaturen von 20 °C werden erst im Juni erreicht und schon Ende Oktober wieder unterschritten. Im August ist das Mittelmeer mit etwa 25 °C am wärmsten.

Mit Behinderung unterwegs

NÜTZLICHE ADRESSEN

- **BSK-Reise-Service**
  Bundesverband Selbsthilfe
  Körperbehinderter e.V.
  Altkrautheimerstraße 20
  74236 Krautheim/Jagst
  Tel. 0 62 94/42 81 0
  www.bsk-ev.org

- **Bundesarbeitsgemeinschaft der Clubs Behinderter und ihrer Freunde**
  Langenmarckweg 21
  51465 Bergisch Gladbach
  Tel. 02202/9 89 98-11
  www.bagcbf.de

- **Verband aller Körperbehinderten Österreichs**
  Schottenfeldgasse 29, 1070 Wien
  Tel. 01/9 14 55 62

- **Mobility International Schweiz**
  Froburgstraße 4, 4600 Olten
  Reisedienst: Tel. 062/2 06 88 30
  Reiseinformationen:
  Tel. 062/2 06 88 35

- **ECOM (Federation of Spanish private organisations for the Disabled)**
  Gran Vía de las Corts
  Catalanas 562 principal, 2
  08011 Barcelona

Elektrizität

Alle elektrischen Geräte funktionieren mit 220 Volt Wechselstrom. In den großen Hotels sind meist Europanorm-Gerätestecker verwendbar; ansonsten benötigt man mitunter einen Adapter.

Essen

Rauchverbot

In größeren spanischen Lokalen ist das Rauchen verboten. Es ist nur noch in einem eigenen Bereich möglich. Erlaubt ist das Rauchen in Cocktail-Bars und Diskotheken.

Mahlzeiten

Das **Frühstück** an der Costa Blanca ist wie im übrigen Spanien spartanisch und wird in der Regel zwischen 8.00 und 10.00 Uhr in einer Bar eingenommen. Es besteht lediglich aus einem Kaffee und einem

◂ weiter S. 74

KÖNIG DER SPANISCHEN KÜCHE

Wenn man natives Olivenöl auf ein Stück Weißbrot träufelt und es genüsslich auf der Zunge zergehen lässt, versteht man, warum dieses Öl in der mediterranen Küche zur Basis der Ernährung geworden ist.

Olivenöl ist eines der reinsten Nahrungsmittel auf unserem Tisch: Kalt gepresst übertrifft es viele andere Lebensmittel wegen seiner **hervorragenden Verträglichkeit**. Es ist reich an den wertvollen ungesättigten Fettsäuren. Diese kann der menschliche Körper nicht selber synthetisieren, sie müssen von außen zugeführt werden. Im Gegensatz zu fast allen tierischen Fetten hält Olivenöl auch hohe Temperaturen aus. Roh ist es allerdings besonders reich an Vitaminen und Nährstoffen.

Sehr wertvoll ist das kaltgepresste **extra-vergine Öl**; es darf maximal 1% Säure enthalten und ist besonders aromatisch und vitaminreich (Vitamine A, D und E); die Aufnahme anderer (fettlöslicher) Vitamine wird durch das Öl erleichtert. Es beugt Herz- und Kreislauferkrankungen vor. Während nämlich mehrfach ungesättigte Fettsäuren wie im Sonnenblumen-, Maiskeim- oder Sojaöl im Blut den Gehalt von LDL- und HDL-Cholesterin gleichermaßen verringern, senken einfach ungesättigte Fettsäuren wie die Säure des Olivenöls nur das schädliche LDL-Cholesterin.

Olivenbaum

Der Olivenbaum ist asiatischen Ursprungs und gehört zu den ältesten Kulturpflanzen. Ölbäume wurden im östlichen Mittelmeerraum schon gut 4000 Jahre v. Chr. angebaut. Die Ansprüche der Bäume sind gering: Ihnen genügen magere, **kalkhaltige Böden** und jährliche Niederschläge von 200 mm. Ein Olivenbaum kann bis zu 1000 Jahre alt werden.

Oliven gedeihen zwischen dem 30. und 50. Breitengrad der Nord- und Südhalbkugel in mildem, gemäßigtem Klima. Im Hinterland der Costa Blanca, z. B. in der Sierra de Aitana oder bei Alcoy, haben viele Bergdörfer eine Ölmühle, in der die Bauern meist für den Eigenbedarf Olivenöl pressen. Harter Frost ist einer der größten Feinde des Olivenbaums.

Mitte November geht die **Ernte** los: Die Leitern zum Pflücken von den großen Bäumen gleichen hohen Masten, die an zwei Seiten mit Sprossen bestückt sind und mit einem Seil an einem Ast des Olivenbaums befestigt werden. Der Pflücker hält sich mit einer Hand an den Zweigen des Baumes fest, mit der anderen durchstreift

Hochwertiges Olivenöl kann man im Hinterland der Costa Blanca direkt beim Hersteller günstig kaufen.

er diese mit einem Kamm. Er sammelt die Früchte in einem Behälter, der an seinem Gürtel befestigt ist. Die herabfallenden Oliven werden mit Netzen aufgefangen. Heute werden vielfach auch Rüttelmaschinen zur Ernte eingesetzt, weswegen man bei Neuanpflanzungen bemüht ist, die Bäume klein zu halten.

Wie gewinnt man Olivenöl?

Die geernteten Oliven werden so schnell wie möglich in die Ölmühle gebracht, denn je kürzer ihre Lagerzeit, desto weniger steigt der qualitätsmindernde Gehalt an freien Fettsäuren und desto mehr bleibt von ihrem fruchtigen Geschmack erhalten. Die **bekannteste Methode** der Weiterverarbeitung ist die hydraulische Pressung. Schwere Mühlsteine zermahlen Früchte und Kern zu einem Brei, der, auf Matten verteilt, hydraulisch gepresst eine Emulsion aus Öl und dem oliveneigenen Wasser ergibt. In der Zentrifuge wird diese Verbindung getrennt, das gewonnene Öl durch Filtern meistens von trüben Rückständen gereinigt. In der Zwischenzeit haben auch andere Pressmethoden in der Produktion Einzug gehalten. Zum Beispiel die Gewinnung des Öls durch die Unterschiede des spezifischen Gewichts von Fruchtwasser und Öl (Sinolea-Methode) mit anschließender Restzentrifugierung. Oder durch den Einsatz des **Endlos-Schneckensystems** mit kräftigen Dekantern, die das Öl in einem Arbeitsgang direkt vom Fruchtwasser und Trester trennen, bevor es meistens noch gefiltert wird. Hauptvorteil der neuen Pressgeneration ist die schnelle Endlosverarbeitung, die unnötiges langes Lagern der Oliven vor dem Pressen vermeidet und so zu gleichmäßiger guter Qualität beiträgt.

... Kontrolle ist besser

Gleichgültig, welche Methode bevorzugt wird, lassen sich hochwertige Öle herstellen, vorausgesetzt, dass bei der traditionellen Pressung sauber gearbeitet wird und beim modernen Verfahren nicht etwa der Ausbeute zuliebe die Temperaturen zu hoch eingestellt werden. **»Stiftung Warentest«** hat in einer Untersuchung im September 2005 von 26 Nativen Olivenölen Extra, die in Deutschland im Handel sind, ein Drittel als mangelhaft eingestuft. Zum Teil wurden erhöhte Verarbeitungstemperaturen nachgewiesen oder auch Schadstoffe wie der Weichmacher DEHP (Diethylhexylphthalat), der gewöhnlich als Weichmacher für PVC verwendet wird. Wer also die Möglichkeit hat, im Urlaub an der Costa Blanca direkt bei einer Ölmühle Olivenöl zu beziehen, sollte nicht zögern, sich einzudecken.

In zahllosen Fischrestaurants an der Costa Blanca gibt es täglich frische Krustentiere.

Toast bzw. einem kleinen Kuchen. In den Touristenorten haben sich aber die Hotels auf die Bedürfnisse ihrer Gäste eingestellt und bieten ein umfangreicheres Frühstück oder ein Frühstücksbüfett an.
Im Gegensatz zum Frühstück fallen **Mittag- und Abendessen** umso reichlicher aus; bei beiden Mahlzeiten sind drei oder vier Gänge üblich. Das in fast allen Restaurants erhältliche »menú del día« (»Tagesmenü«) ist meist preiswerter als ein selbst zusammengestelltes Menü. In den Restaurants wird das Mittagessen zwischen 13.00 und 15.30 serviert, das Abendessen zwischen 20.30 und 23.00 Uhr.

Valencianische Küche

Die valencianische wie auch die murcianische Küche kombiniert die typischen Mittelmeergerichte wie Fisch, Meeresfrüchte und Gemüse mit denen der Hochebenen des Landesinnern wie »potajes« (Suppen) und Wildgerichte. Reis wird in unzähligen Varianten und zu den meisten Spezialitäten serviert. Das typische und auch bekannteste Gericht der Region ist die **Paella** (► Baedeker Special, S. 266), die aus Safranreis, Gemüse, Fisch, Meeresfrüchten, Geflügel und Wild zubereitet wird. In Alicante wird die Paella unter der Bezeichnung »arroz« (Reis) angeboten.
In der Zubereitung von Süßspeisen und Backwaren sowie die »turrones« (Mandel- und Nougat-Oblaten) kommt das arabische Erbe der valencianischen Küche zum Ausdruck.

Tapas

Zu jeder Tageszeit werden in den Bars »tapas« angeboten, Appetithäppchen, die man zu Bier, Wein und Sherry genießt. Sie bestehen vielfach aus Salaten, Tortillas, Meeresfrüchten, Fisch, Schinken, Käse oder Oliven. Zieht man von Bar zu Bar und probiert jedes Mal eine andere Tapa-Köstlichkeit, lernt man nicht nur ihre Vielfalt kennen, sondern kann danach ohne weiteres auf eine Hauptmahlzeit verzichten. Für den etwas größeren Hunger gibt es **»raciones«**, eine doppelte Tapa-Portion.

Feiertage · Feste · Events

Der Veranstaltungskalender der Costa Blanca hat keine weißen Stellen, jeden Monat gibt es etwas zu feiern. Kein Ort, der nicht seinen Schutzheiligen mit Böllerkrachen, Musik, Tanz und einer ausgelasse-

nen Kirmes ehrt, kein Fischereihafen, der nicht Virgen del Carmen, der Patronin der Fischer, mit einer geschmückten Bootsprozession dankt und um sie weiteren Schutz anfleht.
Die meisten Feste in Spanien, besonders die traditionellen Dorffeste, sind **religiösen Ursprungs**. Der Dorfheilige war eine wichtige Figur im Leben der Bevölkerung, denn von ihm hing das Schicksal der Gemeinde ab. Und war das Jahr vorübergegangen, ohne dass es gebrannt hatte, ohne Ernteausfälle und mit ausreichendem Regen, dann musste man dem Patron danken.

Fiestas

Gemeinden, die für ein bestimmtes Produkt bekannt sind, haben entsprechende Feste organisiert. Vor allem in den Touristengebieten geht es dann bei den Winzer-, Mandelblüten- oder Salzfesten schon recht kommerziell zu.

Semana Santa

Das bedeutendste Fest des Jahres in Spanien findet zu Ostern statt: Während der Semana Santa, der heiligen Woche, wird dem Leiden und der Kreuzigung Jesu Christi gedacht. Die berühmte Semana-Santa-Prozession von **Valencia** zieht Tausende von Menschen an, die in eine kollektive Büßerrolle fallen. Die Semana-Santa-Feierlichkeiten, die sich zu regelrechten Festspielen entwickelt haben, werden von eigens dafür gegründeten Bruderschaften durchgeführt, die bei den Umzügen durch die Stadt die schweren Kruzifixe und Statuen tragen – eine ehrenvolle Aufgabe, die man sich verdienen muss.

Kaum ein Fest ohne Folklore und Musik

Die Karwoche wird von Region zu Region unterschiedlich gefeiert, und manchmal, z. B. in **Biar**, begegnet man Kuriositäten wie dem Fest »Rei Paixaró«, bei dem die Haustiere des Ortes gesegnet werden.

Moros y Cristianos Eine Besonderheit an der Costa Blanca ist das in vielen Orten gefeierte »Moros y Cristianos»-Fest, das Mauren- und Christenfest, das auf die Reconquista zurückgeht und die Zuschauer in die **Zeit des Mittelalters** versetzt. Mit Böllerschüssen und Schwertergeklirr inszenieren Hunderte von Laienschauspielern in prachtvollen Kostümen den Kampf der Christen gegen die Mauren. Dieses sehnlichst erwartete, überschäumende Fest mit Feuerwerk und den aufpeitschenden Rhythmen von Pauken und Schalmeien ist ein Spektakel der ganz besonderen Art, wobei manche Küstenstadt, z. B. Benidorm, mit dem Anlanden der maurischen Truppen eine zusätzliche Attraktion bietet.

Fallas Zu Ehren von San José finden vor allem in Valencia alljährlich im März Feste statt, für die in den Straßen monumentale Aufbauten (fallas) mit riesigen, satirisch-komischen Stoff- und **Pappmachéfiguren** (ninots) errichtet und am Ende der Festwoche verbrannt werden. Der Brauch stammt aus dem Mittelalter, als Zimmerleute und andere Handwerker am Josephstag (19. März) ihre Holzabfälle verbrannten.

FEIERTAGE UND FESTE

FEIERTAGE

▶ Gesetzliche Feiertage

Der Feiertagskalender wird von den Regionen Valencia und Murcia Jahr für Jahr neu festgelegt, er kann daher geringfügige Abweichungen aufweisen. Fällt ein Feiertag beispielsweise auf einen Sonntag, so wird in manchen Fällen der vorangehende Freitag bzw. der darauf folgende Montag zum Feiertag erklärt.

1. Januar: Año Nuevo (Neujahr)
6. Januar: Los Reyes (Dreikönig)
19. März: San José (Josefstag)
1. Mai: Día del Trabajo (Tag der Arbeit)
9. Juni: Día de la Región de Murcia (Feiertag der Autonomen Region Murcia)
24. Juni: San Juan (Namenstag des Königs)
29. Juni: San Pedro y San Pablo (Peter und Paul)
25. Juli: Día de Santiago (Apostel Jakobus, Schutzheiliger Spaniens)
15. August: Asunción (Mariä Himmelfahrt)
9. Oktober: Día de la Comunidad Valenciana (Feiertag der Autonomen Region Valencia)
12. Oktober: Día de la Hispanidad (Entdeckung Amerikas)
1. November: Todos los Santos (Allerheiligen)
6. Dezember: Día de la Constitución (Verfassungstag)
8. Dezember: Inmaculada Concepción (Mariä Empfängnis)
25. Dezember: Navidad (Weihnachten)

▶ Bewegliche Feiertage

Viernes Santo (Karfreitag)
Corpus Christi (Fronleichnam)

JANUAR

▸ **Alcoy**
Der traditionelle Dreikönigsumzug findet zwar in jedem Ort statt, besonders prachtvoll ist er in Alcoy (5. Januar).

▸ **Alicante**
Zum Gedenken an den Wiederaufbau zu Beginn des 19. Jh.s feiert das Stadtviertel San Antón de Abad ein Fest, dessen Hauptattraktion der Porrate, ein Straßenmarkt, ist. Teil des Festlichkeiten in San Antón de Abad, dem Schutzpatron der Tiere, ist eine Tiersegnung (um den 17. Januar).

▸ **Dénia**
Wallfahrt zur Kirche Santa Paula (26. Januar).

FEBRUAR

▸ **Águilas**
Karneval mit sehenswerten Umzügen, nächtlichen Festen unter freiem Himmel und einem Salsamusik-Wettbewerb.

MÄRZ

▸ **Alicante**
Die Feierlichkeiten in der Karwoche mit Prozessionen, Umzügen, Konzerten und Passionsspielen sind einzigartig in Spanien. Bekannt ist auch »La Peregrina«, die Wallfahrt zum Schweißtuch der heiligen Veronika im Klarissinnenkloster des nahe gelegenen Ortes Santa Faz (zweiter Donnerstag nach Ostersonntag).

▸ **Cartagena**
Die Prozessionen der Bruderschaften »Los Marrajos«, »Californios« und »Encuentro« sind über die Grenzen der Region hinaus populär (Karwoche).

Trupp »römischer Soldaten« beim Karfreitagsfest in Lorca

▸ **Lorca**
Die Festlichkeiten während der Karwoche gehören zu den schönsten Spaniens. Die beiden Bruderschaften, die »Blauen« und die »Weißen« wetteifern darum, wer bei den insgesamt neun Prozessionen die am prächtigsten geschmückten Kreuze und Statuen trägt. Bei den Passionsspielumzügen, in denen Texte aus dem Alten Testament szenisch dargestellt werden, fahren Pferdekarossen, Vierergespanne und Triumphwagen durch die Stadt.

▸ **Murcia**
Während der Semana Santa eindrucksvolle nächtliche Prozessionen mit »pasos« (Kreuze, Statuen) von Francisco Salzillo. Besonders ergreifend ist die Prozession am Karfreitagmorgen. Eine Woche später findet das Frühlingsfest statt mit Blumengaben an die Virgen de

Alcoy feiert die Fiesta de Moros y Cristianos mit einem großen Feuerwerk.

la Fuensanta, die Schutzheilige Murcias, sowie mit einem großen Festumzug. Den Abschluss der Festwoche bildet das »Begräbnis der Sardine«: Nach dem Umzug mit Pappfiguren, Musikkapellen und geschmückten Pferdekarossen wird am Ufer des Segura eine Sardine verbrannt.

▶ **Valencia**
Fest zu Ehren von San José, zugleich Frühlingsfest, mit Feuerwerken und Aufsehen erregenden Fallas (Aufbauten) mit monumentalen Stoff- und Pappmachéfiguren, die in den Straßen errichtet und am letzten Tag um Mitternacht verbrannt werden (12.–19. März).

APRIL

▶ **Alcoy**
Fast jede Ortschaft an der Costa Blanca veranstaltet Moros y Cristianos, Mauren- und Christenfeste; eines der ältesten, berühmtesten und prächtigsten findet in Alcoy zu Ehren des Stadtpatron San Jorge statt mit Schlachtengetümmel in den Straßen, Feuerwerk und Glockengeläute (22.–25. April).

MAI

▶ **Alicante**
Der Stadtteil Santa Cruz feiert mit blumengeschmückten Straßen, Umzügen, Tanzveranstaltungen und Kochwettbewerben sein Frühlingsfest (1.–3. Mai).

▶ **Torrevieja**
Eine Woche lang findet die beliebte »Maimesse« statt mit Musik, Tanz und trockenem Sherry.
Wallfahrt zu Ehren der Virgen del Rocio, an die sich das berühmte Bäderrennen der Wallfahrer zu Pferd anschließt (letztes Maiwochenende).

JUNI

▶ **Alicante**
Für das Johannisfest, die »Hogueras de San Juan«, errichtet jedes Stadtviertel riesige Skulpturen aus Holz und Pappe, die am 24. Juni, in der »Nit del Foc«, verbrannt werden (20.–24. Juni).

▶ **Dénia**
Feuerfeste kündigen mit Gesang und Strandfeuern den Sommer an (20.–24. Juni).

▶ **Elche**
Filmfestival (Juni und Juli).

▶ **Torrevieja**
Ende des Monats finden die Hogueras de San Juan (Johannisfeuer) statt, begleitet von einer ganzen Reihe von Sommernachtsfesten (um den 24. Juni).

▶ **Valencia**
Angeführt von Stadtpolizisten in Galauniform beginnt die Fronleichnamsprozession mit dem farbenprächtigen Umzug der »rocas«, Festwagen, auf denen die biblischen Wunder dargestellt sind (2. oder 3. Sonntag im Juni).

JULI

▶ **Alicante**
Schiffsprozession zu Ehren der Virgen del Carmen, der Schutzheiligen der Fischer (16. Juli).

▶ **Dénia**
Das »Bous a la Mar«, das berühmte Stiertreiben am Hafen, bei dem man sich mit einem Sprung ins Meer vor den freilaufenden Kampfstieren rettet, ist ein unvergessliches Erlebnis – selbst wenn man das Spektakel aus sicherer Entfernung hinter der Absperrung beobachtet.

▶ **Torrevieja**
Fest zu Ehren der Virgen del Carmen. Höhepunkt ist die traditionelle Meeresprozession und die nächtliche Darbietung von Habaneras genannten Liedern der Fischer und Seeleute (16. Juli).

AUGUST

▶ **Águilas**
Den ganzen Monat über finden Feste, Tanzveranstaltungen, Bootswettfahrten, Sportwettkämpfe, Spiele, Theateraufführungen und Ausstellungen statt. Am ersten Sonntag des Monats wird der »Tag des Touristen« gefeiert.

▶ **Alicante**
Zu Ehren der Schutzheiligen Virgen del Remedio werden eine ganze Reihe von Sommerfesten veranstaltet. Auf dem Programm stehen Musik, Theateraufführungen, Volkstanzfestivals und Pferdeausstellungen.

▶ **Elche**
Die Basílica de Santa María, eine prächtige Barockkirche, ist Schauplatz des Misterio de Elche. Das Mysterienspiel aus dem 13. Jh. wird nur von Männern aufgeführt und hat Tod, Himmelfahrt und Krönung Mariens zum Thema (11.–15. August).

▶ **La Unión**
In einer schönen Jugendstil-Markthalle in der Bergbaustadt findet das Flamencofestival »Cante de las Minas« statt. Viele renommierte Künstler wetteifern dabei um die »Lampara Minera«, die »Bergwerkslampe«.

▶ **Los Alcázares**
»Semana Internacional de la Huerta«: Eine ganze Woche lang kann man sich am Kunsthandwerk der Gegend satt sehen und an lokalen kulinarischen Spezialitäten satt essen.

▶ **San Javier**
Beim Theater-, Musik- und Tanzfestival spielen die Ensembles die interessantesten Inszenierungen der Saison.

▶ **Torrevieja**
Eine Woche lang findet ein internationaler Habaneras-Wettbewerb statt (▶ Tipp S. 244).
Am 14. August wird die »Königliche Seejungfrau des Jachtklubs« gekrönt.

SEPTEMBER

▶ **Alicante**
Im Stadtviertel Raval Roig findet zu Ehren der »Virgen del Socorro« ein Volksfest statt, das Umzüge, Musik und Tanz, außerdem Kochwettbewerbe um das schmackhafteste Reisgericht umfasst (5.–8. September).

▶ **Cartagena**
15 Tage lang wird bei den »Fiestas de Cartagineses y Romanos« der Kampf zwischen Karthagern und Römern nachgespielt, mit Umzügen, Zeltlagern, Schlachten und Reden (zweite Monatshälfte).

▶ **Gandía**
»Feria y Fiesta de Gandía« zu Ehren des Schutzheiligen der Stadt, San Francisco de Borja (29. September bis 3. Oktober).

OKTOBER

▶ **Cocentaina**
Die »Fira de Tots Sants«, dem bedeutendsten »Markt zu Allerheiligen«, wird seit 1346 veranstaltet. Bei den vielen Jahrmarktsattraktionen haben vor allem die Jungen ihren Spaß.

▶ **Valencia**
Zum Gedenken an die Eroberung des Königreiches Valencia durch Jakob I. während der Reconquista findet das Fest des Landes Valencia statt (9. Oktober).

NOVEMBER

▶ **Benidorm**
Feiern zu Ehren der Virgen del Sufragio (9.–13. November).

DEZEMBER

▶ **Dénia**
Wallfahrt zur Kirche Santa Lucía (13. Dezember).

▶ **Ibi**
Am »Día de los Santos Inocentes«, dem »Tag der unschuldigen Kinder«, sind »Els Enfarinats«, die »Einmehler«, unterwegs. Sie haben an diesem Tag, der unserem 1. April entspricht, die Macht im Dorf übernommen, werfen mit Knallfröschen um sich, überschütten Passanten mit Mehl und kassieren Wegzölle (28. Dezember).

▶ **Santa Pola**
Fest zu Ehren der Ankunft der Muttergottes übers Meer (10. Dezember).

Geld

Währung

Seit dem 2002 ist der Euro (€) in Spanien ebenso wie Österreich und weiteren Staaten der Europäischen Union das offizielle Zahlungsmittel. Für die Schweiz gilt: 1 CHF = 0,61 €, 1 € = 1,42 CHF.

Geldautomaten sind mit mehrsprachigen Bedienungshinweisen ausgestattet. An ihnen kann man mit der Bankkarte und mit gängigen Kreditkarten in Verbindung mit der Geheimnummer abheben.

Banken, Hotels, Restaurants, Autovermieter und viele Einzelhandelsgeschäfte akzeptieren die gängigen **Kreditkarten**, vor allem Visa und Mastercard. Bei Verlust sollte man sofort die jeweilige Kartenorganisation benachrichtigen.

i Sperrnummer

- Seit Herbst 2005 gibt es eine einheitliche Sperrnummer. Unter **Tel. 116 116** (aus dem Ausland mit Vorwahl 00 49) können Bank- und Kreditkarten, Handys und Krankenversicherungskarten gesperrt werden.

Gesundheit

Apotheken

Apotheken (farmacias) sind durch ein grünes Kreuz auf weißem Grund gekennzeichnet. In der Regel sind sie Mo. bis Fr. 9.30–13.30 und 16.30–20.00 sowie Sa. 9.00–12.30 Uhr geöffnet. Dienst habende Apotheken außerhalb dieser Zeiten nennt der in jeder Apotheke aushängende Anschlag **»Farmacia de Guardia«**, der auch in den Zeitungen abgedruckt ist.

Medizinische Versorgung

Eine ausreichende medizinische Versorgung ist an der Costa Blanca gewährleistet; nur in sehr ländlich-abgeschiedenen Gegenden kann der Weg zu einem Arzt länger werden. In akuten Krankheitsfällen wende man sich an die Notfallstation (urgencia) des nächstgelegenen Krankenhauses. Auch in den Gesundheitszentren (centro de salud), die es in fast jedem Ort gibt, wird man medizinisch behandelt, und sie verfügen in größeren Orten auch über Notaufnahmen.

Notdienste

►Notrufe

Mit Kindern unterwegs

Sehr kinderlieb

Die spanische Tourismusindustrie ist an der Costa Blanca gut auf Familien mit Kindern vorbereitet, am besten freilich entlang der Küste beim klassischen Badeurlaub am Strand. Aber auch im Hinterland bekommt man in den Restaurants und Unterkünften auf Anfrage alles, was man für die Kleinen braucht. Spezielle Einrichtungen wie Vergnügungs- oder Wasserparks, Tiergehege oder Kindermuseen ergänzen den Urlaub und bieten auch Freizeitgestaltung für schlechteres Wetter.

TIPPS FÜR KINDER

ALTEA

► **Cactus d' Algar**
Callosa d'en Sarrià
Tel. 965 88 10 95, Fax 965 88 26 16
www.cactusdalgar.com
Botanischer Garten mit 500 Sorten Kakteen und Sukkulenten.

BENIDORM

► **Aqualandia**
Sierra Helada
Rincón de Loix
Tel. 965 86 01 00
www.aqualandia.net
Im größter Wasserpark der Costa Blanca, der Wellenbad, Wasserfälle, Rutschbahnen und Shows bietet, ist Spass für die ganze Familie gesichert.

► **Festilandia**
Avda. Mediterráneo, 20
Tel. 965 85 41 26/96
Benidorm
Freizeitpark für die ganze Familie mit Jahrmarktsattraktionen mitten in der Stadt.

► **Mundomar**
Sierra Helada
Rincón de Loix
Tel. 965 86 01 00
www.mundomar.es
Tierpark mit zahlreichen Attraktionen, exotischen Vögeln und großer Delfinshow, die bei Groß und Kleine beliebt ist.

► **Terra Mítica**
Camino de Moralet, s/n
►Benidorm
Tel. 902 02 02 20
www.terramiticapark.com
Dieser größte Themen- und Freizeitpark seiner Art im Mittelmeerraum führt durch die Welt der Ägypter, Griechen, Römer und Iberer.

Begegnung mit einer »Mumie« in der Terra Mítica

► **Terra Natura**
►Benidorm
Tel. 902 52 23 33
Fax 902 52 234 44
Der Zoo verfolgt ein neues Konzept, bei dem die Tiere von den Besuchern ganz nah erlebt werden können.

JALÓN

► **Eselgestüt »Les Murtes«**
Axel und Edith Aretz
Cami Les Murtes, 17
Jalón
Tel. 965 97 32 44
www.eselweb.info
Wunderschön in den Bergen gelegenes Anwesen unter deutscher Leitung mit Gästehaus und etwa 60 Eseln, auf denen man auch reiten kann.

PENÁGUILA

► **Safari Aitana**
35 km von Benidorm entfernt, nahe Sella.
Tel. 965 52 92 73
Beliebter Safaripark mit Streichelzoo für die Kleinsten.

SAGUNT

► **El Pla d´Estivella**
Tel. 961 46 81 17
Geöffnet:
Feb. bis Juni, Sept. bis Nov.
So., Fei. 11.30–18.00 Uhr
Tiergehege, Streichelzoo und Kletterparcours erwarten die Besucher.

VERGEL

► **Safaripark Vergel**
10 km von Dénia entfernt an der N-332 gelegen
Abfahrt: Pego
Tel. 966 43 98 08
www.safaripark.es
Tierpark mit frei lebenden Löwen, Leoparden und Wölfen. Bei den Kindern besonders beliebt sind die Shows mit Seehunden und Papageien.

Knigge

Höflichkeit

Höflichkeit wird in Spanien groß geschrieben, manchmal versteht man allerdings etwas anderes unter Höflichkeit als wir. Wenn einer Bitte, einem Wunsch oder einer Forderung widersprochen werden muss, wird es für den höflichen Spanier schwierig. Ein schroffes »Nein!« wird man auch dann niemals hören. Fragt man z. B. in einem kleinen Ort nach einer Autovermietung, wird man selten hören: Hier gibt es keine, sondern eher so was wie: »das wird schwierig«, auch wenn der Befragte mit Sicherheit weiß, dass weit und breit keine Autovermietung existiert.

Kleidung

In Spanien legt man viel Wert darauf, eine **gute Figur** zu machen. Deshalb verlässt der Spanier, egal ob weiblich oder männlich, das Haus grundsätzlich wie aus dem Ei gepellt, selbst an schwülen Tagen. Strandkleidung hat dabei nichts in der Stadt zu suchen. Körperbehaarung jeglicher Art, etwa unter den Achseln oder an den Beinen, ist für Frauen ein absolutes Tabu. In Kirchen und Klöstern gelten Shorts und freie Schultern bei beiden Geschlechtern als ungehörig.

Im Restaurant Im Restaurant sucht man sich nicht einfach einen freien Tisch, sondern wartet, bis der Kellner einen Tisch vorschlägt. Völlig verpönt ist es, sich zu anderen Gästen an den Tisch zu setzen. Rechnungen werden immer für den gesamten Tisch ausgestellt und dann unter den Gästen geteilt. Penibel auseinander gerechnet wird nicht, **Großzügigkeit** ist gefragt. Bei nächtlichen Streifzügen durch Bars und Kneipen gibt jeder einmal eine Runde aus, auch hier wird nicht einzeln bezahlt.

Trinkgeld ▸ Im Allgemeinen ist in den Rechnungen ein Bedienungsgeld inbegriffen (Inklusivpreise), dennoch erwarten Hotelangestellte, Kellner, Taxifahrer, Fremdenführer und Platzanweiser in Kinos, Theatern und Stierkampfarenen ein Trinkgeld von etwa 5–10% des Rechnungsbetrages. In Bars und Restaurants lässt man das Trinkgeld nach dem Kassieren auf einem Tellerchen liegen.

Medien

Zeitungen Deutschsprachige Zeitungen sind vor allem in den Touristenhochburgen an der Mittelmeerküste erhältlich, es gibt sie meist einen Tag nach Erscheinen, manchmal sogar noch am selben Tag.

Für Urlauber besonders interessant ist die in den großen Feriengebieten erscheinende **deutschsprachige Touristenpresse**, z. B. die Wochenzeitung »Costa Blanca Nachrichten«, in der aktuelle Veranstaltungsprogramme, Ausflugstipps, Adressen deutschsprachiger Ärzte, Apothekennotdienste und die neuesten Nachrichten stehen.

Rundfunk Auf Wunsch erhält man von der Deutschen Welle kostenlos das jeweils aktuelle Programm der Sendungen mit genauen Sendezeiten und gültigen Frequenzangaben, die in Spanien empfangen werden können (Kurt-Schumacher-Straße 3, 53113 Bonn, Tel. 02 28/42 90, www.dw-world.de).

In den Touristenhochburgen strahlen – meist nur im Sommer – auch deutschsprachige Radiosender ihr Programm aus, z. B. Radio Benidorm International.

Fernsehen Das **staatliche spanische Fernsehen (Radio Televisión Espñola, RTVE)** bietet zwei Programme (La primera, La 2). Privatsender sind Antena 3, das Fernsehunternehmen der katalanischen Tageszeitung »La Vanguardia«, Telecino und der Sender Canal Plus, in deren Genuss man unweigerlich in vielen Bars kommt, denn dort läuft der Apparat oft ununterbrochen.

Via Satellit ist eine Reihe von Programmen aus Deutschland, Österreich und der Schweiz zu empfangen.

Notrufe

ZENTRALRUF

- **Tel. 112**
  Unter dieser Nummer erreicht man Arzt, Feuerwehr und Polizei. Anrufe werden rund um die Uhr in Spanisch, Deutsch, Englisch und Französisch entgegengenommen.

RETTUNGSDIENSTE

- **ADAC-Notrufzentrale München**
  Tel. 00 49/89 22 22 22
- **ACE-Notrufzentrale Stuttgart**
  Tel. 00 49/18 02 34 35 36
- **Deutsche Rettungsflugwacht Stuttgart**
  Tel. 00 49/711 70 10 70
- **DRK-Flugdienst Bonn**
  Tel. 00 49/228 23 00 23
- **Christophorus Flugrettungsverein Wien**
  Tel. 00 43/1 7 11 99 - 15 10
- **Schweizerische Rettungsflugwacht Zürich**
  Tel. 00 41/1 3 33 33 33 33

Post · Telekommunikation

Post

Der weitaus größte Teil der Briefe und Karten ins Ausland wird per Luftpost befördert; nach Mitteleuropa können Ansichtskarten oder Briefe dennoch bis zu einer Woche unterwegs sein.
Das **Porto** für Postkarten und Standardbriefe bis 20 g innerhalb Europas (auch Nicht-EU-Länder) beträgt 0,60 €. Auslandspost gehört in die Briefkästen mit der Aufschrift »extranjero« (Ausland). Briefmarken bekommt man sowohl in Postämtern als auch in den bis spät in die Abendstunden geöffneten Tabakgeschäften, die man an einem Schild mit einem stilisierten gelben Tabaksblatt und einem »T« erkennt. Im Übrigen verkaufen diese Geschäfte auch **Busfahrkarten und Telefonkarten**. Souvenir- und Postkartenläden verkaufen keine Briefmarken. Die **Postämter** (correos) sind in der Regel von Mo. bis Fr. 8.30–14.30 Uhr und Sa. 9.30–13.00 Uhr geöffnet. In größeren Orten gibt es teilweise auch durchgehende Öffnungszeiten von 8.30 bis 20.30 Uhr.

Telefonieren

Viele öffentliche Telefonzellen funktionieren sowohl mit Münzen als auch mit Telefonkarten. Die Bedienungsanweisungen sind in mehreren Sprachen verfasst. Die staatliche Gesellschaft **Telefónica** unterhält in größeren Städten und in den Urlaubszentren spezielle Telefonzentralen, gekennzeichnet mit einem grünen »T«, wo man bequemer als von den öffentlichen Münzfernsprechern aus telefonieren kann.

In privaten »locutorios« zu telefonieren oder von Münzfernsprechern in Bars, ist meist teurer. Um das Dreifache teurer als von öffentlichen Fernsprechern können Telefonate aus dem Hotel oder dem Ferienapartment sein.
Telefonkarten im Wert von 6 bzw. 12 Euro kann man in den Geschäftsstellen der Telefongesellschaft Telefónica oder in Tabakgeschäften kaufen. Zunehmend verbreitet sind Kreditkartentelefone. Wird ein **Handy** benutzt, das nicht in Spanien registriert ist, muss vor der Rufnummer die Ländervorwahl 00 34 eingegeben werden.

VORWAHLNUMMERN

- **Nach Spanien**
  Tel. 0034
- **Von Spanien**
  nach Deutschland: Tel. 0049
  nach Österreich: Tel. 0043
  in die Schweiz: Tel. 0041

TELEFONAUSKUNFT

- **national**
  Tel. 1 18 22
- **international**
  Tel. 1 18 25

Preise · Vergünstigungen

Bürger der Europäischen Union haben – gegen Vorlage ihres Ausweises – freien Eintritt in vielen staatlichen Museen und archäologischen Stätten. Auch Kinder profitieren bei Eintrittsgeldern von Preisnachlässen oder haben freien Eintritt. Die Unter-Vierjährigen haben freie Fahrt in spanischen Zügen und die Vier- bis Elfjährigen zahlen 60% des Normalpreises.

WAS KOSTET WIE VIEL?

Einfache Mahlzeit
ab 6 €

3-Gang-Menü
ab 15 €

Doppelzimmer
ab 60 €

100 km Busfahrt
ab 10 €

Tasse Kaffee
ab 1,50 €

0,5 l Bier
ab 1,50 €

1 l Benzin
ab 0,95 €

Reisezeit

Sonnig und trocken

Mit 2900 Sonnenstunden im Jahr gehört das mediterrane Klima der Costa Blanca zum Besten, was Spanien dem wettergeschädigten Mitteleuropäer zu bieten hat. Nur 60 Regentage (Alicante) im Jahr und eine mittlere Niederschlagssumme von 300 bis 350 l/m² machen die Küstenebene am Fuße der andalusischen Kordillieren zu einer der trockensten Regionen Europas.

Verantwortlich für die **Niederschlagsarmut** sind die vorherrschend westlichen Winde über der Iberischen Halbinsel sowie die abschirmende Wirkung der Küstengebirge, an deren Westhängen sich die vom Atlantik heranziehenden Tiefausläufer abregnen. Auch Tiefdruckgebiete, die über dem westlichen Mittelmeer entstehen, können die Küste kaum erreichen. Der meiste Niederschlag fällt im April und Oktober, wenn sich nach Kaltlufteinbrüchen aus Norden entlang der Küste kräftige Schauer und Gewitter entwickeln, die nicht selten unwetterartigen Charakter annehmen. Aber auch in dieser Zeit liegt die Regenwahrscheinlichkeit unter 20%.

Wärmster Monat ist der August, kühlster der Januar. Von Juni bis September klettert das Quecksilber an der Küste regelmäßig auf 29 bis 31 °C. Landeinwärts erreichen die Mittagswerte 33 °C. In Küstennähe macht der Seewind ab dem späten Vormittag die Hitze etwas erträglicher. Bei ablandigem Wind kühlt es bis zum frühen Morgen nur langsam auf 16 bis 21 °C ab. Weht im Juli oder August der **heiße »Leveche«** von Afrika herüber, kann das Thermometer auf unerträgliche 45 °C klettern (absolutes Maximum in Murcia 44,9 °C).

Im Winter ist die Costa Blanca durch den Riegel der Küstengebirge vor den kalten Nordwinden geschützt. Entsprechend mild bleibt es am Tag mit 16 bis 18 °C. Setzt sich der warme Wind aus der Sahara durch, können die Temperaturen im Januar auf 25, im Februar sogar auf 30 °C steigen. In den Winternächten sackt das Thermometer kräftig auf etwa 7 °C am Meer und 5 °C am Fuße der Berge ab. Leichte Nachtfröste sind an der Costa Blanca keine Seltenheit (absolutes Minimum in Murcia minus 10 °C). Nur unmittelbar an der

Alicante

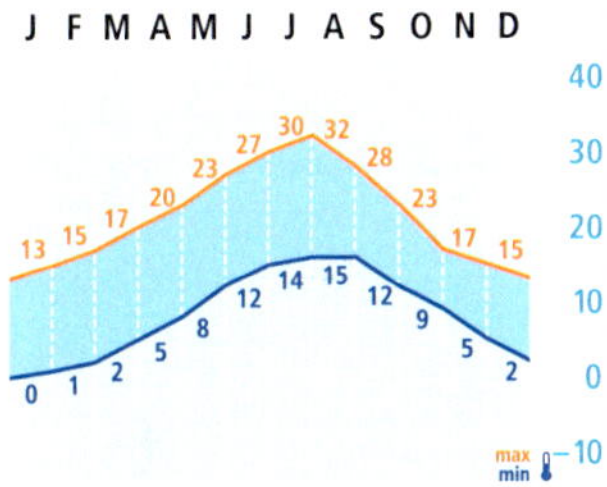

	J	F	M	A	M	J	J	A	S	O	N	D
T/Mon	8	9	8	8	7	4	2	2	5	8	10	10
Std/Tag	4	5	5	7	9	10	11	10	8	4	4	4
in °C	14	14	14	15	17	20	24	25	24	21	18	15

Murcia

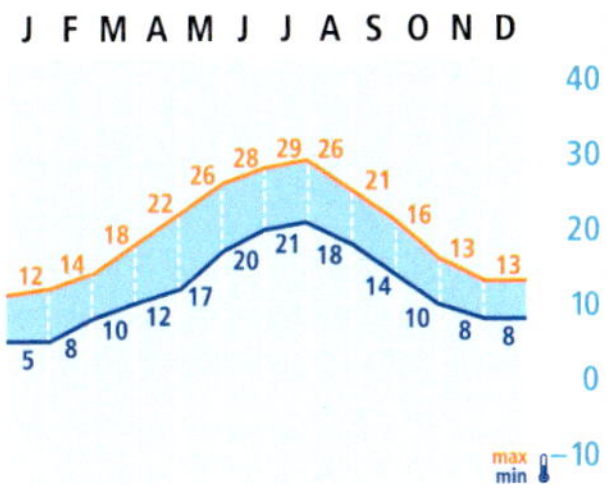

	J	F	M	A	M	J	J	A	S	O	N	D
T/Mon	8	9	8	8	7	4	2	2	5	8	10	10
Std/Tag	4	5	5	7	9	10	11	10	8	4	4	4

Küste ist es weitgehend frostfrei. Bei zunehmender Luftfeuchtigkeit kommt ab Juni leichte Schwüle auf, die im August ihren Höhepunkt erreicht und Ende September ausklingt.

Reisezeit

Als beste Zeit für eine Reise an die Costa Blanca empfehlen sich **Frühjahr und Herbst** (etwa von April bis Juni sowie von September bis Anfang November). Schon im Frühjahr lädt das Wetter mit Temperaturen bis zu 30 °C zum Baden ein. Ebenso herrscht an der Costa Blanca in der Nachsaison im Herbst ein mildes Klima mit angenehmen Wassertemperaturen. Der Sommer ist ausgesprochen trocken und heiß, vor allem im Hinterland der Costa Blanca. An der Küste macht der Seewind die Hitze erträglicher. Der Winter lädt mit milden Tagen und strahlendem Sonnenschein zu einem längeren Aufenthalt ein.

Shopping

Alicante und Valencia

Wer von der Costa Blanca ein Andenken mitnehmen will, wird beim Shopping in **Alicante**, vor allem in der Umgebung der Rambla de Méndez Núñez, oder in **Valencia**, in den Läden nahe der Kathedrale, bestimmt das Richtige finden. In beiden Städten gibt es ein breites Angebot an in der Region hergestellten Produkten wie Keramikartikel, Lederwaren oder Spielzeug. In den Spezialgeschäften ist für jeden Geschmack etwas dabei, vom traditionell gearbeiteten Kunsthandwerksartikel bis zum ultramodernen Designerobjekt.

! *Baedeker* TIPP

Kunsthandwerkszentrum in Valencia

Das Kunsthandwerkszentrum in Valencia organisiert regelmäßig Veranstaltungen und Ausstellungen, um das Kunsthandwerk der Region einem breiten Publikum vorzustellen (Centro de Artesanía de la Comunitat Valenciana, Calle del Hospital, 7, Tel. 963 51 30 90).

Kunsthandwerk

In den Regionen Valencia und Murcia gibt es eine reiche kunsthandwerkliche Tradition, deren Produkte qualitätsvolle Souvenirs darstellen, z. B. Keramik aus Biar und Lorca, geschliffenes Glas und Kristall aus L'Olleria, Stickereien und Spitzen aus Lorca und Guadalest, Decken und Ponchos aus Morella oder Korbflechtereien aus Gata de Gorgos, Moixent und Vallada. Bei seinen Einkäufen sollte man auf das **Markenzeichen »Artesanía Comunitat Valenciana«** achten, das für Qualität und Echtheit lokalen Kunsthandwerks steht.

Märkte

Mercado und Rastros

Delikatessen, z. B. Schokolade aus Villajoyosa, und frische Lebensmittel kauft man im Mercado, der Markthalle, die es in jedem größeren Ort gibt, und vor allem auf den Straßen- oder Wochenmärkten,

MÄRKTE IN DER REGION

- **Montag**
  Callosa d'En Sarrià, Dénia, Elche, La Nucía, San Pedro del Pinatar, Santa Pola
- **Dienstag**
  Altea, Benidorm
- **Mittwoch**
  Benidorm, Campello, Guardamar del Segura, Ondara, Petrer, Polop, Santiago de la Ribera, Teulada
- **Donnerstag**
  Alicante, Jávea, Villajoyosa
- **Freitag**
  Alfaz del Pi, Dénia, Gata de Gorgos, Moraira, La Nucía, Torrevieja
- **Samstag**
  Alicante, Benissa, Calpe, Elche, Santa Pola
- **Sonntag**
  Benidorm, Cabo de Palos, La Nucía

Begehrt: Filigrane Häkelarbeiten aus Benimantell

den Mercadillos. Die Rastros oder Rastrillos genannten Flohmärkte bieten neben Secondhandwaren Kunsthandwerk, Modeschmuck und Kleidung; Feilschen ist hier Pflicht. Rastros finden ein- oder mehrmals wöchentlich an immer gleichen Plätzen statt.

Sprache

Wichtigste romanishe Sprache

Die spanische Sprache ist die Muttersprache von über 220 Mio. Menschen und damit die wichtigste lebende romanische Sprache und **nach Englisch die bedeutendste Handelssprache der Welt**.
Die Mitarbeiter in den Informationsbüros und das Personal der größeren Hotels und Restaurants in den Touristenzentren sprechen meist entweder Deutsch oder Englisch. Dagegen kann vor allem in den kleineren Orten abseits der Touristenpfade die Verständigung schwierig werden, wenn man über keine Spanischkenntnisse verfügt. Doch manchmal helfen schon einige Wörter oder Redewendungen über das eine oder andere Problem hinweg.

Sprachkurse Die beste Adresse für Sprachkurse ist das **Instituto Cervantes**, das unter der Internetadresse www.cervantes.es Sprachzentren aufführt. Das Institut empfiehlt beispielsweise das Language Center in Dénia, Tel. 966 42 36 72.

Aussprache **c** vor »e«, »i« stimmloser Lispellaut, stärker als engl. »th«, Bsp.: gracias
ch stimmloses deutsches »tsch« wie in »tschüss«
g vor »e«, »i« wie deutsches »ch« in »Bach«
gue, gui/que, qui das »u« ist immer stumm, wie deutsches »g«/»k«
j immer wie deutsches »ch« in »Bach«
ll, y wie deutsches »j« zw. Vokalen, Bsp.: Mallorca
ñ wie »gn« in »Champagner«

SPRACHFÜHRER SPANISCH

Zahlen

0	cero	19	diecinueve
1	un, uno, una	20	veinte
2	dos	21	veintiuno, -a
3	tres	22	veintidós
4	cuatro	30	treinta
5	cinco	40	cuarenta
6	seis	50	cincuenta
7	siete	60	sesenta
8	ocho	70	setenta
9	nueve	80	ochenta
10	diez	90	noventa
11	once	100	cien, ciento
12	doce	200	doscientos, -as
13	trece	1000	mil
14	catorce	2000	dos mil
15	quince	10 000	diez mil
16	dieciséis		
17	diecisiete	1/2	medio
18	dieciocho	1/4	un cuatro

Auf einen Blick

Ja/Nein	Sí/No
Vielleicht	Quizás/Tal vez
In Ordnung! Einverstanden!	¡De acuerdo! ¡Está bien!
Bitte/Danke/Vielen Dank!	Por favor/Gracias/Muchas gracias.
Gern geschehen.	No hay de qué./De nada.
Entschuldigung!	¡Perdón!

Wie bitte?	¿Cómo dice/dices?
Ich verstehe Sie/dich nicht.	No le/la/te entiendo.
Ich spreche nur wenig …	Hablo sólo un poco de …
Können Sie mir bitte helfen?	¿Puede usted ayudarme, por favor?
Ich möchte …	Quiero …/Quisiera …
Das gefällt mir (nicht).	(No) me gusta.
Haben Sie …?	¿Tiene usted …?
Wie viel kostet es?	¿Cuánto cuesta?
Wie viel Uhr ist es?	¿Qué hora es?

Kennen lernen

Guten Morgen!	¡Buenos días!
Guten Tag!	¡Buenos días!/¡Buenas tardes!
Guten Abend!	¡Buenas tardes!/¡Buenas noches!
Hallo! Grüß dich!	¡Hola! ¿Qué tal?
Ich heiße …	Me llamo …
Wie ist Ihr Name, bitte?	¿Cómo se llama usted, por favor?
Wie geht es Ihnen/dir?	¿Qué tal está usted?/¿Qué tal?
Gut, danke. Und Ihnen/dir?	Bien, gracias. ¿Y usted/tú?
Auf Wiedersehen!	¡Hasta la vista!/¡Adiós!
Tschüss!	¡Adiós!/¡Hasta luego!
Bis bald!/Bis morgen!	¡Hasta pronto!/¡Hasta mañana!

Unterwegs

links/rechts	a la izquierda/a la derecha
geradeaus	todo seguido/derecho
nah/weit	cerca/lejos
Wie weit ist das?	¿A qué distancia está?
Ich möchte … mieten	Quisiera alquilar …
… ein Auto.	… un coche.
… ein Boot.	… una barca/un bote/un barco.
Bitte, wo ist …?	Perdón, ¿dónde está …
… der Bahnhof	… la estación (de trenes)?
… der Busbahnhof	… la estación de autobuses/ … la terminal de autobuses?
… die U-Bahn	… el metro?
… der Flughafen	… el aeropuerto?

Tankstelle

Wo ist bitte die nächste Tankstelle?	¿Dónde está la estación de servicio/la gasolinera más cercana, por favor?

Ich möchte 20 Liter …	Quisiera veinte litros de …
… Normalbenzin.	… gasolina normal.
… Super./ …Diesel.	… súper./ … diesel.
… bleifrei./ …verbleit.	… sin plomo./ … con plomo.
Voll tanken, bitte.	Lleno, por favor.

Panne/Unfall

Ich habe eine Panne.	Tengo una avería.
Würden Sie mir bitte einen Abschleppwagen schicken?	¿Pueden ustedes enviarme una grúa, por favor?
Gibt es in der Nähe eine Werkstatt?	¿Hay algún taller por aquí cerca?
Hilfe!	¡Ayuda!, ¡Socorro!
Achtung!Vorsicht!	¡Atención!/¡Cuidado!
Rufen Sie bitte schnell …	Llame enseguida …
… einen Krankenwagen.	… una ambulancia.
… die Polizei.	… a la policía.
… die Feuerwehr.	… a los bomberos.
Haben Sie Verbandszeug?	¿Tiene usted botiquín de urgencia?
Es war meine (Ihre) Schuld.	Ha sido por mi (su) culpa.
Geben Sie mir bitte Ihren Namen und Ihre Anschrift.	¿Puede usted darme su nombre y dirección?

Einkaufen

Wo finde ich …	Por favor, ¿dónde hay …
… einen Markt?	… un mercado?
… eine Apotheke?	… una farmacia?
… ein Einkaufszentrum?	… un centro comercial?
… eine Bäckerei?	… una panadería?

Bank/Post

Wo ist hier bitte …	Por favor, ¿dónde hay por aquí …?
… eine Bank?	… un banco?
… eine Wechselstube?	… una oficina/casa de cambio?
Ich möchte Schweizer Franken in Euro wechseln.	Quisiera cambiar francos suizos en euros.
Was kostet …	¿Cuánto cuesta …
… ein Brief/… eine Postkarte	… una carta/… una postal
… nach Deutschland?	… para Alemania?
Briefmarken/Telefonkarten	sellos/tarjetas para el teléfono

Arzt

Können Sie mir einen guten Arzt empfehlen?	¿Puede usted indicarme un buen médico?
Ich habe …	Tengo …
… Durchfall.	… diarrea.
… Fieber.	… fiebre.
… Kopfschmerzen.	… dolor de cabeza.
… Zahnschmerzen.	… dolor de muelas.
… Halsschmerzen.	… dolor de garganta.

Übernachtung

Können Sie mir bitte ein Hotel empfehlen?	¿Podría usted recomendarme un hotel?
… eine Pension?	… una pensión?
Ich habe ein Zimmer reserviert.	He reservado una habitación.
Haben Sie …	¿Tienen ustedes …?
… ein Einzelzimmer?	… una habitación individual?
… ein Zweibettzimmer?	… una habitación doble?
… mit Dusche/Bad?	… con ducha/baño?
… für eine Nacht?	… para una noche?
… für eine Woche?	… para una semana?
Was kostet das Zimmer	¿Cuánto cuesta la habitación con
… mit Frühstück?	… desayuno?
… mit Halbpension?	… media pensión?

Essen

Wo gibt es hier in der Nähe …	¿Dónde hay por aquí cerca …
… ein gutes Restaurant?	… un buen restaurante?
… ein nicht zu teures/ nettes Restaurant?	… un restaurante no demasiado caro/acogedor?
Reservieren Sie uns bitte für heute Abend einen Tisch für 4 Personen	¿Puede reservarnos para esta noche una mesa para cuatro personas?
Auf Ihr Wohl!	¡Salud!
Bezahlen, bitte!	¡La cuenta, por favor!
Hat es geschmeckt?	¿Le/Les ha gustado la comida?
Das Essen war ausgezeichnet.	La comida estaba excelente.
Haben Sie einen Veranstaltungskalender?	¿Tiene usted un agenda cultural?

Restaurante/Restaurant

desayuno	Frühstück
almuerzo	Mittagessen
cena	Abendessen
camarero	Kellner
cubierto	Gedeck, Besteck
cucharita	Teelöffel
cuchillo/tenedor/cuchara	Messer/Gabel/Löffel
carta del menú	Speisekarte
plato	Teller
taza/vaso	Tasse/Glas

Tapas

albóndigas	Fleischbällchen
boquerones en vinagre	kleine Sardellen in Essigmarinade
calamar	Kalamar
caracoles	Schnecken
chipirones	kleine Tintenfische
chorizo	Paprikawurst
ensaladilla rusa	russischer Salat (Art Kartoffelsalat)
jamón serrano	luftgetrockneter Schinken
morcilla	Blutwurst
pulpo	Tintenfisch
tortilla	Kartoffelomelette

Entremeses/Vorspeisen

aceitunas	Oliven
anchoas	Sardellen
ensalada	Salat
jamón	Schinken
mantequilla	Butter
pan	Brot
panecillo	Brötchen
sardinas	Sardinen

Spezielles

bocadillo	belegtes Brötchen
chorizo	rote Paprikawurst
churros	Brandteiggebäck
migas	geröstete Brotwürfel/-krumen

Sopas/Suppen

caldo	Fleischbrühe
gazpacho	kalte Gemüsesuppe
puchero	Eintopf
sopa de pescado	Fischsuppe
sopa de verduras	Gemüsesuppe

Platos de huevos/Eierspeisen

huevo	Ei
duro	hartgekocht
pasado por agua	weichgekocht
huevos a la flamenca	Eier mit Bohnen
huevos fritos	Spiegeleier
huevos revueltos	Rühreier
tortilla	Omelette

Pescado/Fisch

ahumado	geräuchert
a la plancha	auf heißer Eisenplatte gebraten
asado	gebraten
cocido	gekocht
frito	frittiert
anguila	Aal
atún	Tunfisch
bacalao	Stockfisch
besugo	Brasse
lenguado	Seezunge
merluza	Seehecht
salmón	Lachs
trucha	Forelle
almeja	Venusmuschel
bogavante	Hummer
calamar	Kalamar
camarón	Garnele
cangrejo	Krebs
gamba	Garnele
langosta	Languste
ostras	Austern

Carne/Fleisch

buey	Rind, Ochse
carnero	Hammel

cerdo/cochinillo, lechón	Schwein/Spanferkel
chuleta	Kotelett
conejo	Kaninchen
cordero	Lamm
ternera/vaca	Kalb/Rind
asado	Braten
bistec	Beefsteak
carne ahumada	Rauchfleisch
carne estofada	Schmorbraten
carne salada	Pökelfleisch
fiambre	Aufschnitt
jamón/tocino	Schinken/Speck
lomo	Lenden- oder Rückenstück
salchichón	Hartwurst
pato/pollo	Ente/Huhn

Verduras/Gemüse

aceitunas	Oliven
cebollas	Zwiebeln
col de Bruselas	Rosenkohl
coliflor	Blumenkohl
espárragos	Spargel
espinacas	Spinat
garbanzos	Kichererbsen
guisantes	Erbsen
habas, judías	Bohnen
lechuga	Kopfsalat
patatas	Kartoffeln
patatas fritas	Pommes frites
pepinos	Gurken
tomates	Tomaten
zanahorias	Karotten

Condimentos/Gewürze

vinagre/aceite	Öl/Essig
ajo/mostaza	Knoblauch/Senf
azafrán	Safran
pimienta/sal/salado	Pfeffer/Salz/gesalzen

Postres/Nachspeisen

bollo	süßes Brötchen
dulces	Süßigkeiten

flan	Pudding
helado	Eis
miel/mermelada	Marmelade/Honig
pastel/tarta	Kuchen/Torte
queso	Käse

Frutas/Obst

cerezas	Kirschen
chumbos	Kaktusfeigen
dátiles	Datteln
fresas	Erdbeeren
higos	Feigen
limón	Zitrone
mandarinas/naranjas	Mandarinen/Orangen
manzana/pera	Apfel/Birne
melocotón	Pfirsich
melones	Honigmelonen
sandías	Wassermelonen
membrillo	Quitte
nueces	Nüsse
piña	Ananas
plátano	Banane
uvas	Weintrauben

Bebidas/Getränke

agua mineral con/sin gas	Mineralwasser mit/ohne Kohlensäure
aguardiente	Schnaps
amontillado	trockener Sherry
anís	Anisschnaps
brandy	Weinbrand
caña	kleines gezapftes Glas Bier
cerveza	Bier (Flaschenbier)
café con leche	Milchkaffee
café solo	Espresso
café cortado	mit wenig Milch
fino	trockener Sherry
leche	Milch
limonada	Limonade
la Manzanilla	Kamillentee
oloroso	süßer Sherry
té	Tee
vino	Wein
blanco/tinto	weiß/rot

rosado	rosé
trocken/süß	seco/dulce
zumo	Fruchtsaft

Valencianisch

An der Costa Blanca stellt man schnell fest, dass viele Orte einen spanischen und einen valencianischen Namen haben (z. B. Spanisch: Alicante, Valencianisch: Alacant). Valencianisch ist einer von sechs Dialekten des Katalanischen (»català«), das neben dem Spanischen bzw. Kastilischen (»español« bzw. »castellano«), Galicischen (»gallego«) und Baskischen (»euskara«) eine der vier Sprachen Spaniens ist, ja neben Spanisch und Portugiesisch sogar die **wichtigste Sprache** der Iberischen Halbinsel.
Wer sich für die valencianische bzw. katalanische Sprache interessiert, wendet sich am besten an die örtlichen Fremdenverkehrsämter, wo es kostenlos einen Deutsch-Katalanischen Sprachführer gibt.

EIN WENIG VALENCIANISCH

Spanisch	Valencianisch	Deutsch
¡Bienvenido!	Benvingut!	Willkommen!
¡Buenos días!	Bon dia!	Guten Tag!
¡Buenas tardes!	Bona vesprada!	Guten Tag!
¡Buenas noches!	Bona nit!	Guten Abend!
¡Adiós!	Adéu!	Auf Wiedersehen!
¡Hasta luego!	Fin després!	Tschüss!
por favor	per favor	bitte
gracias	gràcies	danke
de nada	de res	keine Ursache
perdón	perdó	Verzeihung
¿De dónde eres?	D'on ets?	Woher stammst du?
¿Cómo estás	Com estás?	Wie geht es dir?
¿Cómo te llamas?	Com et diuen?	Wie heißt du?
No entiendo.	No entenc.	Ich verstehe nicht.
¿Cuánto vale?	Molt costa?	Wie viel kostet...?
¿Dónde está?	A on està?	Wo ist...?
yo	Jo	ich
Usted	Vostè	Sie (Anrede)
Soy de Alemania.	Soc d'Alemanya.	Ich bin aus Deutschland.
Yo no sé hablar valenciano.	Jo no sé parlar valenciá.	Ich spreche kein Valencianisch.

SPRACHSALAT

Wer sich für die Ferienzeit an der Costa Blanca etwas Spanisch angeeignet hat, wird in der Regel damit gut durchs Land kommen. In den Tourtistenorten, von Cullera bis zum Mar Menor, hört man allenthalben Deutsch – der Kellner bringt das Bier auch dann, wenn man es nicht mit »Cerveza« geordert hat.

In den Dörfern des Hinterlandes sieht es schon etwas anders aus. Zwar spricht und versteht jeder dort Kastilisch, also sozusagen Hochspanisch, doch man bevorzugt als **Umgangssprache Valencianisch**. Das ist einer von sechs Dialekten des Katalanischen, das von rund sechs Millionen Menschen im Südwesten Frankreichs, in Katalonien und und in der Region Valencia gesprochen wird. Auch die Balearen gehören zum katalanischen Sprachgebiet, und in dem Kleinstaat Andorra ist Katalanisch offizielle Amtssprache.

Seit dem Ende der **Franco-Diktatur**, als der Gebrauch des Valencianischen unerwünscht, wenn nicht sogar verboten war, hat dieser katalanische Dialekt wieder Hochkonjunktur, nicht nur bei älteren Menschen. Heute ist in Katalonien und Valencia Katalanisch bzw. Valencianisch neben Spanisch Amtssprache und beherrscht die regionalen Medien vom Rundfunk bis zu Zeitschriften und Tageszeitungen. Kenntnisse des Valencianischen werden zumindest bei Spaniern vorausgesetzt.

»Don« oder »Dona«?

Ausländer haben es da natürlich leichter, von ihnen wird nicht erwartet, dass sie Valencianisch sprechen. Dennoch kann es für Touristen nützlich sein, die Bedeutung einiger Begriffe zu kennen; Speisekarten, Veranstaltungsplakate oder sonstige Hinweise sind eben manchmal nur auf Valencianisch geschrieben. Und selbst für jemanden mit Spanischkenntnissen hat diese Sprache so ihre Tücken. Die Aufschrift »Dona« an der Toilettentür eines Restaurants bedeutet auf Valencianisch beispielsweise nicht Herr, obwohl es wie das spanische Wort für Herr, »Don«, klingt, sondern Dame.

Das erste **valencianisch-kastilische Wörterbuch**, das »Liber Elegantorium« stammt übrigens aus dem Jahr 1489. Das umfangreiche »Breve Diccionario Valenciano-Castellano« wurde 1739 in Valencia veröffentlicht. Und das 1964 von Manule Joaquín Sanelo herausgegebene »Diccionario del Lemosin y Valenciano antiguo y moderno« gilt heute als valencianisch-kastilisches Standardwerk.

Übernachten

Hoteles, Hostales, Pensiones

Neben Hotels (H) mit eigenem Restaurant unterscheidet man in Spanien folgende Beherbergungsbetriebe: Hoteles-Apartamentos (HA) verfügen über eine Kochgelegenheit auf den Zimmern, haben aber auch ein Restaurant oder ein Café; Hostales (HS) sind einfachere Hotels, oft ohne Restaurant; die meist kleineren Pensiones (P) bieten Unterkunft und Verpflegung komplett; Paradores de Turismo (PT) sind Hotels der staatlichen Paradorkette; »Casas rurales« ähneln Pensionen oder Apartmenthotels, werden aber meist nur für mehrere Tage vermietet. An den Landstraßen gewähren Moteles Unterkunft. Bezeichnungen wie Albergue, Fonda, Cortijo, Finca, Hospedería, Palacio oder Posada weisen auf bestimmte architektonische oder historische Eigenarten des Betriebs hin. Reklamationsbücher (Libros oder Hojas de Reclamación) müssen in jedem Hotel ausliegen.

i Preiskategorien

- Luxus: ab 180 €
- Komfortabel: 120–180 €
- Günstig: 60–120 €

Doppelzimmer pro Nacht ohne Frühstück

Hotels und Pensionen ►Reiseziele von A bis Z

Paradores

Paradestücke der spanischen Hotellerie sind die an touristisch wichtigen Punkten eingerichteten Paradores de Turismo, vorwiegend in historischen Gebäuden wie maurischen Palästen, mittelalterlichen Schlössern oder alten Klöstern. Diese Hotels sind geschmackvoll und komfortabel ausgestattet, haben hervorragend geschultes Personal und oft vorzügliche Restaurants, die Gerichte der entsprechenden Region servieren. Sie sind preislich meist etwas günstiger als »normale« Hotels der gleichen Kategorie und bieten oft mehr als diese. Wer einen Aufenthalt in einem Parador plant, sollte unbedingt **rechtzeitig reservieren**.

Kategorien

Die Beherbergungsbetriebe sind entsprechend ihrer Ausstattung **mit Sternen** gekennzeichnet: 1 Stern steht für Unterkünfte mit zumindest einem Waschbecken auf dem Zimmer, 2 Sterne für Zimmer mit Bad und Frühstück, 3 Sterne für Zimmer mit Telefon und Fernseher, 4 Sterne für Komfort und 5 Sterne für Luxus. Die höchste Kategorie trägt 5 Sterne mit dem Zusatz GL (Gran Lujo).

Preise ▸ Die Hotelpreise variieren je nach Jahreszeit erheblich. In der Osterwoche etwa können sie auf das Doppelte ansteigen, allerdings sinken sie auch in den besucherschwachen Zeiten. Die verbindlichen Preise müssen in den Zimmern ausgehängt sein. Sie beinhalten in der Regel weder das Frühstück noch die Mehrwertsteuer (IVA). Diese wird übrigens in vielen Hotels erst dann aufgeschlagen, wenn man die Rechnung verlangt. Der Preis für ein Einzelzimmer liegt 20–30% unter dem eines Doppelzimmers.

Zwischen Dénia und Alicante reihen sich unzählige Hotels und Apartmenthäuser aneinander – Blick vom Peñón de Ifach auf Calpe.

Urlaub auf dem Lande

Der »Turismo Rural« genannte ländliche Landtourismus ist eine oft preiswerte Urlaubsalternative für diejenigen, die abseits von den meist am Meer gelegenen Touristenhochburgen Ruhe und Erholung suchen und dabei Land und Leute kennen lernen wollen. Es gibt ein ganzes Netz solcher Unterkünfte, z. T. in wunderschönen Landhäusern. Den bebilderten Katalog »Guía de Alojamiento Rural« erhält man kostenlos bei der Tourist Info Valencia..

Campingplätze

An der Costa Blanca gibt es über 150 Campingplätze, die in der Hauptsaison sehr stark besucht sind. Voranmeldungen sind daher empfehlenswert.

◄ Wildes Campen

Wildes Campen ist generell verboten, doch ist meist ein einmaliges Übernachten auf Park- oder Rastplätzen erlaubt; es ist aber ratsam, sich vorher zu erkundigen, ob nicht dennoch ein örtliches oder regionales Verbot besteht. Mitgebrachte **Gasflaschen** zu füllen ist in Spanien nicht erlaubt. Campingurlauber sollten daher ihre Ausrüstung auf spanische Anschlüsse umrüsten lassen. Die geeigneten Anschlussventile (regulador) sind im Handel, bei Installateuren und in manchen Tankstellen erhältlich.

Campingführer

Die Federación Española gibt den Campingführer »Guía Oficial de Campings« heraus, den man an Tankstellen und in Buchhandlungen bekommt oder direkt bei der Federación bestellen kann.

WICHTIGE ADRESSEN ÜBERNACHTEN

PARADORES

▸ **Ibero Tours**
Immermannstraße 23
D-40210 Düsseldorf
Tel. 02 11/8 64 15 20
Fax 02 11/8 64 15 29
www.ibero.com

▸ **SIERRAMAR**
Freischützgasse 3
CH-8021 Zürich
Tel. 0 44/2 95 91 77
Fax 0 44/2 95 91 70
www.sierramar.ch

▸ **Paradores de Turismo**
Requena, 3
E-28013 Madrid
Tel. 915 16 66 66
Fax 915 16 66 57

Buchungszentrale:
Tel. 902 54 79 79
Fax 902 52 54 32
www.parador.es

AGROTOURISMUS

▸ **Asociación Española de Turismo Rural**
C. Angustias, 4–2°
E-47003 Valladolid
Tel. 902 19 79 72
Fax 983 39 20 82
www.ecoturismorural.com

▸ **Asociación TURCAROIG**
Casa de la Cultura
Plaza Manuel Tolsá, s/n
E-46810 Enguera (Valencia)
Tel. 962 22 48 16, 962 22 47 60
Fax 962 22 40 73
www.turcaroig.com

▸ **Tourist Info Valencia**
Paz, 48
E-46003 Valencia
Tel. 963 98 64 22
Fax 963 98 64 21

CAMPING

▸ **Federación Espanola de Empresarios de Campings y Parques de Vacaciones**
c/Valderribas, 48, Ese 3, 1° C
E-28007 Madrid
Tel. 914 48 12 34
Fax 914 48 12 67
www.fedcamping.com

▸ **Tourist Info Valencia**
► Valencia

▸ **Tourist Info Alicante**
►Alicante

▸ **Internet der einzelnen Provinzen**
www.campingsvalencia.es
www.campingsalicante.com
www.castelloncampings.net
www.campingsmurcia.es

JUGENDHERBERGEN

▸ **Red Española de Albergues Juveniles**
Calle José Ortega y Gasset, 71
E-28006 Madrid
Tel. 915 22 70 07
Fax 915 22 80 67
www.reaj.com

▸ **Deutsches Jugendherbergswerk**
Bismarckstraße 8
D-32756 Detmold
Tel. 052 31/74 01 - 0
Fax 052 31/74 01 - 74
www.djh.de

Jugendherbergen gibt es in den meisten mittleren und größeren Orten an der Costa Blanca. Sie stehen grundsätzlich allen Reisenden offen, bevorzugt aufgenommen werden aber Personen unter 26 Jahren und Mitglieder einer nationalen Jugendherbergsorganisation, die dem Internationalen Jugendherbergsverband angeschlossen ist. Die spanischen Jugendherbergen sind im Allgemeinen von 7.00 bis 22.30 Uhr (Winter) bzw. 23.30 Uhr (Sommer) geöffnet.

Jugendherbergen

Urlaub aktiv

Angeln, Sportfischerei

Sowohl an der Küste als auch in den Flüssen und Seen des Hinterlandes der Costa Blanca finden Sportangler **ergiebige Fanggründe**. Gegen Vorlage des Personalausweises oder Reisepasses und eine Gebühr erhält man die »Licencia de Pesca«, mit der ein Jahr lang in Flüssen, Seen und Stauseen geangelt werden darf. Die Lizenz zum Angeln auf dem Meer (Licenia de Pesca Maritima de Recreo), die Genehmigung zum Hochseeangeln, die Pesca Recreativa desde Embarcación (das Mindestalter: 14 Jahre) und die Lizenz zum Harpunieren, die Pesca Recreativa Submarina (Mindestalter: 16 Jahre), werden ebenfalls gegen Vorlage des Personalausweises und gegen eine Gebühr für die Dauer von zwei Jahren erteilt.

Baden, Schwimmen

Unter der Telefonnummer 900 21 07 63 (Juni bis Mitte Sept. vormittags) erhält man in den Sommermonaten Informationen über einzelne ▸ Badestrände. Darüber hinaus verfügen fast alle größeren Hotels über Swimmingpools. Eine Alternative zum Strandleben und Badespaß für die ganze Familie bieten die immer mehr verbreiteten **Wasserparks** mit Rutschbahnen, Wellenbad, Kinderbecken sowie Restaurants und Eisdielen, u. a. bei Valencia, San Juan und Benidorm.

Taucher an der Küste bei Jávea

Der abwechslungsreiche Meeresgrund so wie das klare Wasser der Costa Blanca sind geradezu ideal für einen **Tauchurlaub**. Die interessantesten Tauchgründe befinden sich vor Aguilas, Cabo de Palos, Cartagena, Dénia und am Cabo de la Nao, südlich von Jávea, mit einer äußerst vielfältigen Meeresfauna und -flora. Entlang der gesamten Küste gibt es eine ganze Reihe von Tauchclubs, die Anfängerkurse anbieten, Tauchgänge organisieren und Ausrüstungen vermieten.

Surfen Die Costa Blanca bietet die allerbesten Bedingungen zum Wellenreiten, besonders an den Stränden von **Altea, Calpe und Dénia.** Bei Surfern beliebt sind auch die **Strände von Santa Pola und El Saler bei Valencia**. Fast überall findet man Surfschulen, die zumeist auch Ausrüstung und Boards verleihen.

Boostsport Mit rund 40 teilweise sehr modernen Sport- und Jachthäfen gehört die Costa Blanca zu den beliebtesten Revieren für **Segel- und Motorjachten** an der Mittelmeerküste.

Bergsteigen, Wandern Spanien ist nach der Schweiz das gebirgigste Land Europas; allein im Gebiet der Costa Blanca wurden ausgeschilderte **Wanderwege** mit einer Gesamtlänge von bislang rund 2500 km angelegt. Informationen zu Wanderungen findet man in der deutschen Wochenzeitung »Costa Blanca Nachrichten«. Auch die Casas Rurales (► Übernachten) bieten geführte Touren an.

Golf Mit mehr als 20 Golfanlagen, von denen einige zu den besten Platzen Europas zählen, bietet die Costa Blanca optimale Voraussetzungen für den Golfsport.

Tennis Entlang der gesamten Costa Blanca gibt es unzählige Tennisplätze von internationalem Rang (Auskünfte erteilen die örtlichen Fremdenverkehrsämter, ►Reiseziele von A bis Z).

WICHTIGE ADRESSEN SPORT

ANGELN

► **Federación Española de Pesca**
Calle Navas de Tolosa, 3
E-28013 Madrid
Tel. 915 32 83 53
www.fepyc.es

► **Federación de Pesca de la Comunidad Valenciana**
Tel. 963 55 90 55

BERGSTEIGEN, WANDERN

► **Alicante**
Centro Excursionista
C/. Olozaga, 3
Tel. 965 25 36 53
www.cealicante.org

► **Calpe**
Grupo Muntanya Calp
C/. Pintor Murillo, 2, Ap. 99

► **Dénia**
Centro Excursionista
Men'n Fot Denia
Collegio S. Vicente Ferrer
Tel. 966 42 53 55

► **Ondara**
Centro Excursionista d'Ondara

Ptda. Mallons, 185 B
Tel. 965 76 71 37

▶ **La Nucia**
Centro Excursionista Tossal
Ctra. General
Antigua Casa Metge
Tel. 965 84 02 44

▶ **Valencia**
Federación Territorial
Valenciana de Muntanyisme
Carrer Marià Luiña, 9
Fax 965 43 65 70
www.femecv.com

Centro Excursionista de València
Tel. 963 91 16 43
www.centroexcursionista.org

▶ **Elche**
Baixos 3 i 4
Apartat de Correus, 3
E-03201 Elche
Tel. 965 43 97 47

GOLF

▶ **Real Federación Española de Golf**
Calle Provisional Arroyo del Fresno Dos, 5
E-28035 Madrid
Tel. 915 55 26 82
www.golfspainfederacion.com

▶ **Real Club de Golf Campoamor**
Ctra. Cartagena–Alicante, km 48
E-03189 Orihuela
Tel. 965 32 13 66
Fax 965 32 05 06
www.lomasdecampoamor.com
Für Profisportler, aber auch für Amateure bestens geeigneter Platz.

▶ **Club de Golf Villamartín**
Ctra. Cartagena–Alicante, km 7,6
E-03300 Orihuela
Tel./Fax 966 76 51 70
www.golfvillamartin.com
Der exzellente Platz, der sich immer in einem hervorragenden Zustand befindet, garantiert ein abwechslungsreiches Spiel.

▶ **Club de Golf Bonalba**
Partida de Bonalba, s/n
E-03110 Mutxamel
Tel. 965 95 59 55
Fax 965 95 53 37
www.golfbonalba.com
Die enormen Greens des Platzes machen das Spiel zum Vergnügen.

▶ **Club de Golf Jávea**
Ctra. Jávea-Benitatxell, km 4
E-03730 Jávea
Tel. 965 79 25 84
Fax 966 46 05 54
www.clubdegolfjavea.com
Der Platz zeichnet sich durch seine breiten Spielbahnen und großen Greens aus.

▶ **Golf & Country Club El Bosque**
Ctra. Godelleta, km 4,1
E-46370 Chiva
Tel. 961 80 80 09
Fax 961 80 80 08
www.elbosquegolf.com
Der für internationale Turniere genutzte Platz mit seinen schnellen Greens und der Vielzahl an Seen verlangt dem Golfer viel ab.

▶ **Club de Golf Escorpión**
Ctra. San Antonio
Benagéber–Bétera, km 3
E-46117 Bétera
Tel. 961 60 12 11, Fax 961 69 01 87
www.clubescorpion.com
Fünf Seen bereichern den in die hügelige Landschaft eingebundenen Platz; die dort nistenden

Seevögel lassen sich durch die Golfspieler nicht stören.

SEGEL- UND BOOTSSPORT

- **Federación Española de Vela**
  Calle Luis de Salazar, 12
  E-28002 Madrid
  Tel. 915 19 50 08
  www.rfev.info

- **Federación de Vela de la Comunidad Valenciana**
  Tel. 963 53 01 20

- **Federación Española de Motonaútica**
  Avda. de América, 33
  E-28002 Madrid
  Tel. 914 15 37 69
  www.rfem.org

TAUCHEN

- **Federación de Actividades Subacuáticas de la Comunidad Valenciana**
  Tel. 963 15 44 91

TENNIS

- **Club de Tenis**
  Partida Marjal, 19
  Dénia
  Tel. 965 78 21 90
  Besonders attraktive Anlage mit elf Sandplätzen, Tennis- und Squash-Halle, Swimmingpool, Fitnessraum, Sauna und Restaurants.

Verkehr

Bahn

Das Eisenbahnnetz ist in Spanien zwar nicht so weit ausgebaut wie in den Ländern Mitteleuropas, doch sind alle größeren Städte mit der Bahn zu erreichen, wenn auch meist mit etwas **größerem Zeitaufwand**. Bei den Beschreibungen der Orte im Kapitel »Reiseziele von A bis Z« ist jeweils angegeben, in welche nächstgrößere Stadt eine Bahnverbindung besteht.

Die Hauptstrecken der spanischen Eisenbahnen werden von dem **staatlichen Unternehmen RENFE** (Red Nacional de los Ferrocarriles Españoles) betrieben. Bei Fahrten mit den RENFE-Fernzügen sollte man in der Hochsaison rechtzeitig Plätze reservieren (Stehplätze gibt es nicht). Die regionale **Schmalspurbahn Trenet** pendelt zwischen Dénia und Alicante.

> **! *Baedeker* TIPP**
>
> **Touristenausweis**
>
> Saisonal bietet RENFE eine Reihe von Sondertarifen an. Mit dem Touristenausweis (tarjeta turística) können ohne Kilometerbegrenzung alle Linien der RENFE benutzt werden. Den Ausweis gibt es für 8, 15 oder 22 Tage.

Spurweiten

Wegen der größeren Spurweite der spanischen Eisenbahnhauptstrecken gegenüber dem mitteleuropäischen Standard – mit Ausnahme einiger internationaler Züge mit verstellbaren Fahrgestellen – muss man an der französisch-spanischen Grenze umsteigen.

Busverkehr

An der Costa Blanca besteht ein ausgezeichnetes Busnetz, das durch verschiedene private Busgesellschaften aufrechterhalten wird. Alle größeren und die meisten kleineren Orte sind mit dem Bus zu erreichen. Auch längere Strecken lassen sich im Fernverkehr problemlos zurücklegen.

Straßenverkehr

Die **Autobahnen** (Autopistas) sind gebührenpflichtig (peaje/peatge), die autobahnähnlichen **Schnellstraßen** (Autovías) können jedoch kostenlos befahren werden. Die nummerierten **Nationalstraßen**, die Carreteras Nacionales (N-...), die etwa den deutschen Bundesstraßen entsprechen, sind vielfach vierspurig ausgebaut, ansonsten sind an Steigungen meist Kriechspuren für Lkw eingerichtet.
Die ebenfalls nummerierten **Landstraßen** (Carreteras autonomas; A... bzw. Kürzel der Provinz) sind, soweit es sich um wichtigere Verbindungen handelt, in der Regel in gutem Zustand. Nicht nummerierte Nebenstraßen können jedoch Überraschungen bereithalten.

i Höchstgeschwindigkeiten

- innerhalb von Ortschaften: 50 km/h
- außerhalb von Ortschaften: 90 km/h
- Straßen mit mind. zwei Fahrspuren: 100 km/h
- Autobahnen: 120 km/h
- Pkw mit Wohnanhängern:
  außerhalb von Ortschaften: 70 km/h,
  auf Autobahnen: 80 km/h

Innenstadtverkehr

Wenn nicht unbedingt nötig, sollte man Fahrten in die Innenstädte vermeiden, insbesondere in Altstadtkerne hinein, wo es oft so eng zugeht, dass auch mit Wagen der unteren Mittelklasse kaum ein Durchkommen ist. Die **Einbahnstraßenregelung** tut ein Übriges, um Fahrten in Innenstädte länger als gedacht werden zu lassen.

◀ Parken

In den meisten Städten ist das Parken auf blau gekennzeichneten Plätzen gebührenpflichtig, an gelb bezeichneten Stellen verboten. Die Bezahlung erfolgt bei Parkwächtern oder am Parkscheinautomaten. Der Parkschein muss im Auto sichtbar ausgelegt werden.

◀ Fußgänger

In den am Abend sehr belebten Städten teilen sich die Fußgänger meist die engen Straßen mit den Autos. Rote Ampeln und Zebrastreifen werden oft missachtet, deshalb ist beim Überqueren der Straße Vorsicht geboten.

◀ Zweiradfahrer

Höchste Aufmerksamkeit sollte man den zahlreichen Zweiradfahrern – ob Mofa, Moped oder Motorrad – widmen, die manchmal in wildem Fahrstil mit hoher Geschwindigkeit und großer Lautstärke die Straßen, vor allem in den Städten, bevölkern.

Verkehrsregeln

Vorfahrt hat grundsätzlich das von rechts kommende Fahrzeug, auch bei Nebenstraßen in Städten (Ausnahmen sind ausgeschildert). Der Kreisverkehr allerdings hat Vorfahrt vor dem sich eingliedernden Verkehr (Ausnahmen sind auch hier ausgeschildert).

◀ Abbiegen

Beim Linksabbiegen außerhalb der Ortschaften gibt es auf größeren Straßen eigene Fahrspuren, die zunächst nach rechts ausweichen und dann die Hauptstraße kreuzen.

WICHTIGE ADRESSEN VERKEHR

FLUGVERKEHR

▶ **Iberia**
Avda. Dr. Gadea, 12, Alicante
Calle Paz, 14, Valencia
Auskunft und Buchungen:
Tel. 9 02 40 05 00
www.iberia.com

▶ **Air Berlin**
Alicante
Tel. 965 68 37 80
Informationen, Reservierungen:
Tel. 902 32 07 37, Fax 966 91 95 49

▶ **Lufthansa**
Valencia
Tel. 913 84 26 00
Informationen, Reservierungen:
Tel. 902 88 38 82, Fax 913 84 26 04

▶ **Swiss**
Valencia
Tel. 901 11 67 12, Fax 917 88 09 15

BAHNVERKEHR

▶ **RENFE**
Tel. 902 24 02 02
www.renfe.es

AUTOVERMIETER

▶ **Reservierung in Deutschland**
Avis
Tel. 0 18 05/21 77 02
www.avis.de
Europcar
Tel. 0 18 05/80 00
www.europcar.de
Hertz
Tel. 0 18 05/93 88 14,
www.hertz.de
Sixt, Tel. 0 18 05/25 25 25
www.e-sixt.de

▶ **Reservierung in Spanien**
Avis
Alicante, Tel. 965 68 27 79
Europcar
Valencia, Tel. 961 52 18 72
Hertz
Alicante, Tel. 966 68 27 60
Valencia, Tel. 961 52 37 91
Sixt
Benidorm, Tel. 966 81 32 22

PANNENHILFE

▶ **Real Automóvil Club de España (R.A.C.E.)**
José Abascal, 10, E-28003 Madrid
Tel. 902 40 45 47
(allgemeine Infos)
Tel. 902 30 05 05
(Pannenhilfe)
www.race.es

▶ **ADAC**
Tel. 915 93 00 41 (Madrid)

▶ **Deutschsprachiger Notruf**
Tel. 1 12

▶ **Zentralnotruf der Autoversicherer**
Tel. 01 80 2 50 26

Überholen ▶ Sowohl beim Aus- als auch beim Einscheren muss der Blinker gesetzt werden. Überholen vor Kuppen und auf Straßen, die nicht auf mindestens 200 m übersehbar sind, ist verboten.

Licht ▶ Vorsicht vor unbeleuchteten Fahrzeugen! **Ersatzglühbirnen** müssen mitgeführt werden.

Einen Reservekanister mitzuführen ist **nicht erlaubt**. Wird bei einer Verkehrskontrolle dennoch ein Kanister entdeckt, muss man mit einer hohen Geldbuße rechnen. ◄ Reservekanister

Das Anlegen der Sicherheitsgurte – sowohl auf den Vorder- als auch auf den Rücksitzen – ist Pflicht. ◄ Sicherheitsgurte

Die Höchstgrenze für den Blutalkoholgehalt liegt bei **0,5 Promille**. Bei Verstößen drohen hohe Geldstrafen. ◄ Promillegrenze

Im Auto mit dem Handy ohne Freisprecheinrichtung zu telefonieren kann bis 600 Euro Bußgeld kosten. ◄ Autotelefon

Panne

Bei einer Panne oder einem Unfall muss das Fahrzeug mit zwei Warndreiecken nach vorn und hinten gesichert werden, außerdem muss man eine reflektierende Schutzweste anziehen. Wer nur mit einem Warndreieck angetroffen wird, muss mit einem Bußgeld rechnen. Entlang der Autobahnen stehen in regelmäßigen Abständen Notrufsäulen. Abschleppen durch Privatfahrzeuge ist verboten!

Taxi

Die meisten Taxis sind mit Taxametern ausgestattet, allerdings gelten für längere Strecken festgesetzte Tarife. Um Unstimmigkeiten zu vermeiden, sollte man sich vorher nach dem Fahrpreis erkundigen. Die jeweils gültigen **offiziellen Preislisten** können auch in den Tourismusbüros (►Reiseziele von A bis Z) eingesehen werden. Wartezeiten, Gepäck- und Haustierbeförderung werden extra berechnet.

Mietwagen

Die Mietverträge der Autovermieter werden in der Regel mit unbegrenzter Kilometerzahl abgeschlossen. Die Preise der internationalen Autovermieter werden von zahlreichen kleineren Leihwagenfirmen vor Ort oft erheblich unterboten, deren Adressen man z. B. im Anzeigenteil der »Costa Blanca Nachrichten« findet. Interessante Angebote haben auch so genannte **Car-Broker**, beispielsweise www.holidayautos.de, www.sunnycars.de oder www.drivefti.de.

Zeit

Von Ende Oktober bis März gilt die Mitteleuropäische Zeit (MEZ), im Sommerhalbjahr (Ende März bis Ende Oktober) die Sommerzeit (MEZ + 1 Std.).

PAX

Touren

IMMER NUR AN EINEM ORT ZU BLEIBEN, IST MANCH EINEM ZU WENIG IM URLAUB. FÜR DIE »HERUMTREIBER« HIER EINIGE VORSCHLÄGE FÜR TOUREN DURCH GANZ VERSCHIEDENE LANDSCHAFTEN, STÄDTE UND KÜSTENABSCHNITTE.

TOUREN AN DER COSTA BLANCA

Wonach steht Ihnen eher der Sinn: Grüne üppige Landschaften, in denen der Hobbybotaniker seine Kenntnisse erprobt, oder mittelalterliche Burgen meist maurischen Ursprungs? Oder bevorzugen Sie einen »waschechten« Strandurlaub mit Sonnenbaden, Wassersport und nächtlichem Beach-Vergnügen?

TOUR 1 **Garten der Costa Blanca**
Palmen sowie Obst- und Gemüseplantagen sind die »Protagonisten« auf dem ersten Abschnitt dieser Tour. Am südlichen Küstenabschnitt bis Alicante dreht sich die Reise dann um Sand, Salz und Seebäder. ▸ **Seite 115**

TOUR 2 **Berge, Burgen, Brücken**
Dass die Costa Blanca auch ohne Strände und Meer etwas zu bieten hat, beweist die Fahrt durchs Hinterland. Im Mittelpunkt stehen hier die zahlreichen mittelalterlichen Burgen zwischen Novelda und Alcoy. ▸ **Seite 117**

TOUR 3 **Das Land, wo die Mandeln blühen**
Besonders im Frühjahr, wenn die Mandelbäume in Blüte stehen, lohnt eine Fahrt durch die Region zwischen Benidorm und Alcoy. Hier sollte man gelegentlich das Auto stehen lassen und die Gegend erwandern. ▸ **Seite 118**

TOUR 4 **Von Benidorm bis Valencia**
Am Wasser entlang von Süd nach Nord: Baden, Wassersport und nächtliche Vergnügungen werden bei dieser Tour groß geschrieben. Malerische Fischerdörfer wechseln sich ab mit touristischen Hochburgen. ▸ **Seite 120**

Das Land, wo die Orangenbäume blühen – die Region Valencia bietet abwechslungsreiche Landschaften wie hier bei Altea la Vieja.

Reispfanne
Das bekannteste Gericht der Region ist wohl die Paella, Valencias Beitrag zur internationalen Küche.

Trubel
Das Strandleben in Benidorm lässt keine Wünsche offen. Ruhiger geht es in den idyllischen Badebuchten nördlich davon zu.

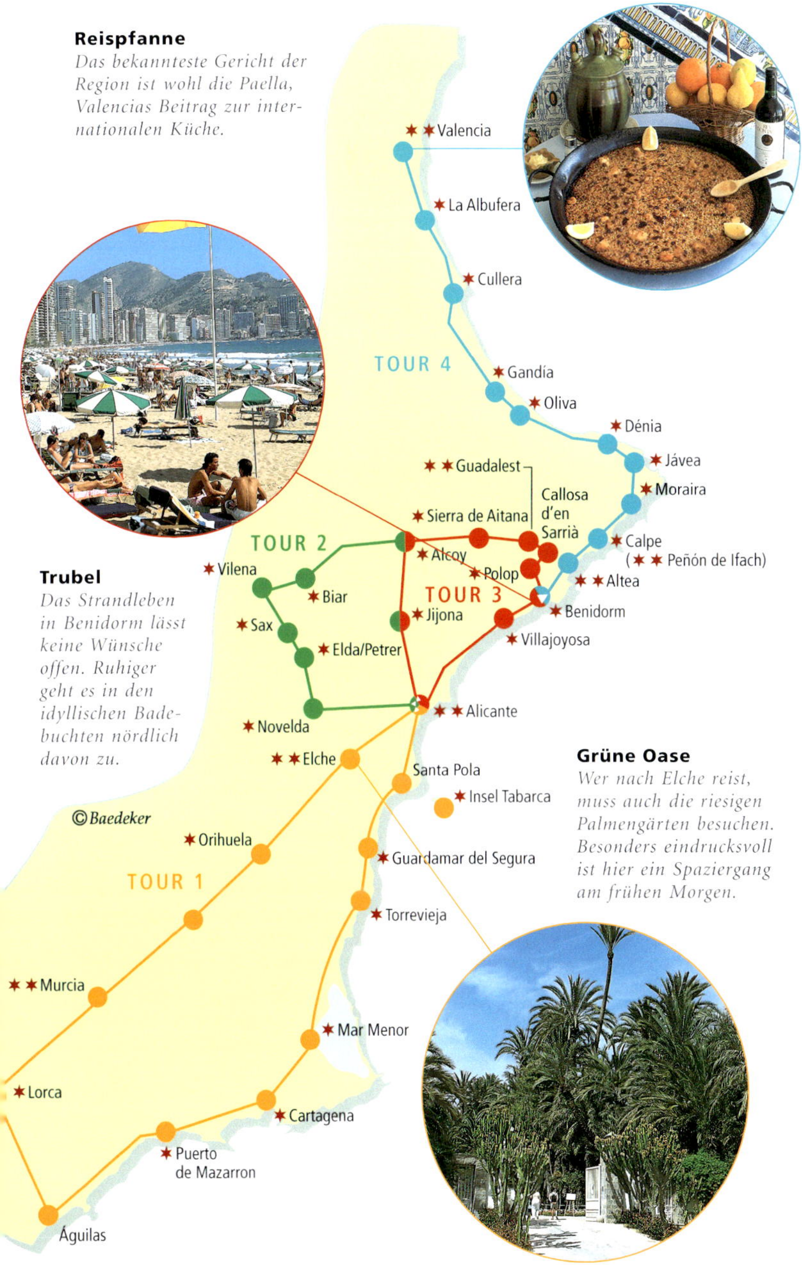

Grüne Oase
Wer nach Elche reist, muss auch die riesigen Palmengärten besuchen. Besonders eindrucksvoll ist hier ein Spaziergang am frühen Morgen.

Unterwegs an der Costa Blanca

Baden! Wer von Urlaub in Spanien spricht, meint damit in aller Regel Badeferien. Und dafür ist die Costa Blanca ja auch bestens geeignet: Die **220 km Küste** bieten ausreichend Gelegenheit, um sich im Wasser zu tummeln. Spaniens Urlaubsmaschine läuft in der Levante auf Hochtouren. Wer hier Urlaub macht, muss wissen, worauf er sich einlässt: Hotelhochhaus reiht sich an Bungalowsiedlung und Apartmentanlage, »Spanien« findet hier kaum statt. Andererseits: Die Pauschalangebote sind sehr günstig, die Infrastruktur ist perfekt, Ausflüge ins Hinterland sind nicht verboten und zwischendurch gibt es durchaus noch ruhigere Ecken.

Hinterland Oft überrascht das Hinterland der Costa Blanca schon wenige Kilometer weg von der Küste mit einer **außerordentlich artenreichen Landschaft**, wie z. B. dem Naturschutzgebiet La Albufera oder den Bergen der Sierra de Aitana oder der Sierra de Espuña. Wer also den Badeurlaub mit Wandern in den Bergen kombinieren will, findet in der Provinz Alicante beste Voraussetzungen. Die malerische Landschaft ist dabei oft nicht der einzige Reiz, sondern sie lockt zusätzlich mit vielfältigen Zeugnissen vergangener Kulturen, wie z. B. die an den Hängen klebenden Terrassen für Mandel- und Olivenbäume, oder die Norias, große Wasserschöpfräder zur Bewässerung höher gelegener Anbauflächen.

Baudenkmäler Und auch Liebhaber kunstvoller Baudenkmäler müssen nicht auf ihre Leidenschaft in den Regionen **Murcia und Valencia**verzichten. Besonders in den beiden Hauptstädten zieren zahlreiche imposante Gebäude die Straßen, allen voran die gotische Kathedrale von Murcia mit ihrer üppigen Barockfassade, oder die Lonja de Seda und der Palacio del Marqués Dos Aguas in Valencia. Man muss aber nicht zwingend in die großen Städte, wenn man kunsthistorisch interessiert ist. Das kleine Dorf Guadalest am Rand der Sierra de Aitana z. B. kann es durchaus mit den Metropolen der Region aufnehmen, zumindest wenn man die Anzahl der Touristen vergleicht. Wer Gelegenheit dazu hat, sollte diese schönste Bergfestung der Costa Blanca deshalb frühmorgens oder am späten Nachmittag besuchen. Typisch für die Region sind auch die mittelalterlichen Burgen, meist maurischen Ursprungs, die von den Kämpfen im Zug der Reconquista zeugen. Elda, Sax oder Biar sind drei der interessantesten Festungsanlagen.

Festliches Spanien Ein weiterer Grund, die Costa Blanca zu besuchen, sind ihre Feste. Es vergeht kaum ein Tag, an dem nicht irgendwo in der Region gefeiert wird. Überall begeht man mit großer, für Außenstehende schwer fassbarer, aber sehr nahe gehender Inbrunst die **Osterwoche (Semana Santa)**. Bestes Beispiel ist Lorca, wo die Konkurrenz zweier Bruderschaften die Prachtentfaltung bei der berühmten Karfreitagsprozession auf die Spitze treibt. Eine Besonderheit an der Costa Blanca ist das in vielen Orten begangene Fest »Moros y Cristianos«, außerordentlich sehenswert in Alcoy im April. Ebenfalls im Frühjahr werden die Fallas, Freudenfeste, bei denen riesige Pappmachépuppen verbrannt werden, gefeiert.

Verkehrsmittel

Aus diesen Empfehlungen ergibt sich die Antwort auf die Frage nach dem Verkehrssmittel fast von selbst: Wer pauschalen Badeurlaub macht, bucht das feste Hotel selbstverständlich mit und braucht für Ausflüge ab und an einen Mietwagen oder nutzt das ausgezeichnete Busnetz an der Costa Blanca. Wer die Region erkunden will und von Stadt zu Stadt fährt, sollte mit dem Auto unterwegs sein, denn das Bahnnetz ist nicht sehr eng und manche Bahnhöfe, besonders kleinere, können durchaus einige Kilometer außerhalb des angepeilten Zielorts liegen.

Tour 1 Garten der Costa Blanca

Länge: ca. 430 km **Dauer:** 3 Tage

Diese Tour führt durch die weitläufigen Huertas, Gartenbaugebiete, im Hinterland von Alicante und Murcia zu den historischen Städten Elche, Orihuela, Murcia und Cartagena. Auf dem letzten Abschnitt dieser Rundfahrt wird der Reisende die Salinen am Mar Menor bei Torrevieja und Santa Pola, lange Strände und die kleine Insel Tabarca kennen lernen.

Die Fahrt beginnt in ❶ ** **Alicante/Alacant** und führt auf der E 15 nach ❷ ** **Elche/Elx**, das von weitläufigen Palmenhainen umgeben ist. Berühmt wurde Elche auch wegen der iberischen Skulptur Dama de Elche, die hier gefunden wurde, und deren Original nun im Archäologischen Museum von Madrid zu sehen ist (in Elche gibt es eine Kopie). Nach weiteren 30 km erreicht man die alte Bischofsstadt ❸ * **Orihuela**. Von hier gelangt man auf der Landstraße N 325, vorbei an den vom Río Segura gespeisten Gemüseanbauflächen, zur Provinzhauptstadt ❹ ** **Murcia**. Mehrere Baudenkmäler, wie die prächtige Kathedrale oder das mit maurischen Stilelementen gestaltete Casino, sind hier zu besichtigen. Weiter geht die Fahrt auf der N 340 (E 15) bis ❺ * **Lorca**. Zahlreiche Wappen an alten Palästen erinnern an die bewegte Zeit des Mittelalters.
Nun folgt man der vierspurigen Landstraße Richtung Küste und gelangt zu dem Ferienort ❻ **Águilas**. Der gesamte Küstenabschnitt der Provinz Murcia, von Águilas über ❼ **Puerto de Mazarrón** bis zum Mar Menor, wird Costa Cálida genannt. Nordöstlich von ❽ * **Cartagena**, dem wichtigsten Kriegshafen Spaniens, trifft man jenseits des

Fassadenschmuck
Virtuos gestaltetes Wappen am Palast des Herzogs von Granja.

Siesta
Auf der kleinen Isla de Tabarca herrschen noch Ruhe und Gemächlichkeit.

Geschützt
Die Dünen bei Guardamar wurden zum Naturschutzgebiet erklärt, sehr zur Freude der Sonnenanbeter.

ehemaligen Bergarbeiterdorfs La Unión auf den flachen Meerbusen 9 ★ **Mar Menor**, der vom offenen Meer durch den schmalen Landstreifen La Manga getrennt wird. Etwa 20 km nördlich der Salinen von San Pedro del Pinatar liegt das moderne Seebad 10 ★ **Torrevieja**, das gleichzeitig der größte Salzproduzent Europas ist. Die Lagunen von Torrevieja und La Mata kann man besichtigen. Entlang gut besuchter Strände gelangt man zu den Dünen von 11 ★ **Guardamar**, die von einem schattigen Pinienwald begrenzt sind. Auf der Küstenstraße N 332 geht es weiter nordöstlich zum Hafenort 12 **Santa Pola**. An den Salzseen von Santa Pola nisten zahlreiche Wasservögel, u. a. auch Flamingos. Lohnend ist ein Tagesausflug mit dem Schiff zu der vorgelagerten 13 ★ **Insel Tabarca**, bevor man auf der N 332 wieder zurück nach Alicante fährt.

Tour 2 Berge, Burgen, Brücken

Länge: ca. 160 km **Dauer:** 2 Tage

Im Hinterland der Costa Blanca gibt es eine Vielzahl mittelalterlicher Burgen, die meist während der Reconquista, der Rückeroberung des Landes von den Mauren, gebaut oder erweitert wurden. Auf dieser Route werden die interessantesten Castillos im Gebiet zwischen der N 330 im Westen, der CV 795 im Norden und der N 340 im Osten berührt.

Bollwerk
Zwei zinnenbewehrte Türme prägen die Burg von Sax.

7 ✶ Alcoy
38 km
29 km
✶ Biar 6
10 km
5 ✶ Villena
13 km
✶ Sax 4
10 km
Elda/Petrer 3
12 km
✶ Novelda 2
28 km
✶ ✶ Alicante 1
27 km
8 Jijona

Überbrückt
Über die Schluchten von Alcoy führen zum Teil spektakuläre Brücken, die darüber hinaus einen fantastischen Blick auf die Stadt bieten.

Flanieren
Beim Spaziergang entlang der Hafenpromenade genießt man das mediterrane Flair von Alicante.

Von ❶ ✶✶ **Alicante/Alacant** fährt man landeinwärts auf der N 330 bis nach ❷ ✶ **Novelda** mit dem idyllisch auf einem Hügel gelegenen Santuario de Santa Magdalena und den Ruinen des Castell de Mola. In den zu einer Stadt zusammengewachsenen Orten ❸ **Elda und Petrer** gibt es nicht nur eine prosperierende Schuhindustrie, sondern auch eine restaurierte Burg aus der Maurenzeit. Nächste Station ist die auf einem 500 m hohen Felsen gelegene ❹ ✶ **Burg von Sax**, die bereits von den Römern angelegt und von den Mauren ausgebaut wurde. Nach 12 km erblickt man in ❺ ✶ **Villena** die Burg Atalaya. Sehenswert in der Altstadt sind die Iglesia de Santiago und ein wertvoller Goldschatz aus der Bronzezeit im Archäologischen Museum. Ein lohnenswerter Abstecher führt zu der 8 km östlich gelegenen, stattlichen Burg ❻ ✶ **Biar**, die aus der Maurenzeit stammt.
Von Villena folgt man nun der Landstraße C 81 ostwärts und biegt dann auf die CV 795 zu dem höchstgelegenen Ort der Provinz Alicante ab, Banyeres de Mariola (816 m ü. d. M.), wo es ebenfalls eine mittelalterliche Burg gibt. Nun windet sich die C 795 entlang der Provinzgrenze und der Sierra de Mariola bis nach ❼ ✶ **Alcoy/Alcoi**. Fünf Flüsse fließen durch und um diese Stadt, und die vielen, teils spektakulären Brücken zeugen von früherem Wohlstand, als die Textilindustrie im 19. und in der ersten Hälfte des 20. Jh.s florierte. Alcoy ist ein guter Ausgangspunkt für Wanderungen in die Sierra de Mariola, wo bei Agres noch zahlreiche Schneebrunnen zu sehen sind. Von Alcoy geht es dann auf der N 340 über ❽ **Jijona/Xixona** zurück nach Alicante.

Tour 3 Wo die Mandeln blühen

Länge: ca. 160 km **Dauer:** 2 Tage

Die trockene Bergregion nordöstlich von Alcoy mit geschützten Berghängen und einem relativ warmen Klima bietet ideale Voraussetzungen für den Anbau von Mandel- und Olivenbäumen. Im Frühjahr verwandelt sich diese Landschaft in ein duftendes, rosa-weißes Meer blühender Mandelbäume. Dann ist die Fahrt auf den kurvigen Landstraßen vorbei an abgelegenen Dörfern am schönsten.

Von ❶ ✶✶ **Alicante/Alacant** fährt man auf der N 340 über die Industriestadt ❷ **Jijona/Xixona** nach ❸ ✶ **Alcoy/Alcoi** und biegt ostwärts zu dem kleinen Bergdorf Benasau ab. Ein Abstecher führt zu dem 2 km entfernten Dorf Alcolecha, das bereits von den Mauren gegründet wurde. Von beiden Orten aus kann man Wanderungen in die umliegenden Berge unternehmen. Über den 966 m hohen Arespass gelangt man schließlich nach Confrides in der ❹ ✶ **Sierra de Aitana**. Hier entspringt der Guadalest, der bei Altea als Rio Algar ins

Meer mündet. In dem auf einem steilen Berghang gelegenen Dorf Benimantell kann man in der Kooperative günstig Olivenöl kaufen. Kurz danach gelangt man zu dem von Touristen am häufigsten besuchten Dorf in der Sierra de Aitana, **5 ✶✶ Guadalest,** das man nur zu Fuß durch den in den Kalkstein geschlagenen Eingangstunnel betreten kann. Auch die typisch spanische Kleinstadt **6 Callosa d'en Sarrià** mit ihren verwinkelten Straßen und Gässchen empfiehlt es sich zu Fuß zu erkunden. Einige Kilometer südwärts auf der CV 70 gelangt man zu den malerisch gelegenen Dörfern **7 ✶ Polop** und La Nucía. Bis zur Autobahn A 7 sind es von hier nur noch 12 km. Nach weiteren 50 km erreicht man wieder den Ausgangspunkt der Rundfahrt, Alicante. Oder man wählt die Fahrt an der Küste entlang über **8 ✶ Benidorm** und **9 ✶ Villajoyosa/La Vila Joiosa** zurück nach Alicante.

Anziehend
Ein wahrer Besuchermagnet ist der alte Ortskern des winzigen Bergdorfes.

✶ Alcoy
3
29 km
4
✶ Sierra de Aitana
20 km
✶✶ Guadalest
5
11 km
Callosa d'en Sarrià
6
5 km
7
✶ Polop
12 km
8
✶ Benidorm
17 km
9
✶ Villajoyosa
36 km
1
✶✶ Alicante
28 km
2
Jijona
28 km

Farbenrausch
Ab Februar hüllen sich die Mandelplantagen in ein Meer von Blüten.

Einladend
Bunt leuchten die Hausfassaden in der Altstadt von Villajoyosa.

Tour 4 Von Benidorm bis Valencia

Länge: ca. 170 km **Dauer:** ca. 2 Tage

Die Buchten und Landzungen eingeschlossen, ist die Costa Blanca 220 km lang. Mit einer durchschnittlichen Jahrestemperatur von 20 °C, kilometerlangen Stränden und einer ausgezeichneten Infrastruktur zieht die »Weiße Küste« jährlich drei bis vier Millionen Urlauber an. Trotz Massentourismus im Hochsommer findet man aber auch ruhige Badebuchten und intakt gebliebene, alte Ortskerne.

Die touristische Hochburg der Costa Blanca, ❶ * **Benidorm**, wird mit ihren zwanzigstöckigen Apartmenthäusern oft mit Manhattan verglichen. Lange feinsandige Strände, ein riesiges Angebot an Restaurants und Unterkünften jeder Kategorie, ein reges Nachtleben und zahlreiche Vergnügungseinrichtungen bieten gute Voraussetzungen für einen unbeschwerten Badeurlaub. Ein lohnender Abstecher führt zu der 10 km südwestlich gelegenen Stadt * **Villajoyosa/La Vila Joiosa**, die sich durch ihre bunt getünchten, ehemaligen Fischerhäuser auszeichnet. Auch hier gibt es zahlreiche Apartmenthäuser und mehrere Strände, doch geht es bedeutend gemächlicher zu als in Benidorm.

> **!** *Baedeker* TIPP
>
> **Auf schmaler Spur**
>
> Die regionale Schmalspurbahn Trenet ist eine ideale und preisgünstige Alternative zum Mietauto. Mit dieser kleinen Bahn kann man von Alicante die Küste entlang bis nach Dénia fahren. Sie hält in allen Orten und fährt in kurzen Abständen von 6.00 Uhr an bis spät am Abend.

Von Benidorm fährt man nun auf der N 332 entlang der Küste bis zu dem malerisch auf einem Hügel gelegenen Dorf ❷ ** **Altea**. Die weite Bucht von ❸ * **Calpe/Calp** wird im Osten von dem steil aufragenden Kalksteinfelsen ** **Peñón de Ifach/Penyal d'Ifach**, dem Wahrzeichen der Costa Blanca, begrenzt. Die schmale Küstenstraße CV 746 windet sich nun vorbei an mehreren Buchten bis zum einstigen Fischerdorf ❹ * **Moraira,** das heute einen schönen Jachthafen hat und zu dem im 6 km landeinwärts gelegenen Ort Teulada gehört. Über Benitatxell fährt man weiter nördlich zu dem Badeort ❺ * **Jávea/Xàbia**. Unterhalb der gut erhaltenen Altstadt liegen feinsandige Strände, die von einer belebten Seepromenade gesäumt werden. Zahlreiche kleine Buchten wie etwa am * **Cabo de la Nao/Cap de la Nao** befinden sich in der Umgebung. Über Gata de Gorgos mit seinen weißen Häusern fährt man dann auf der N 332 nach Norden und nimmt jenseits des weithin sichtbaren Berges Montgó, die Abzweigung zu dem Küstenort ❻ * **Dénia**, der von einer Burg aus maurischer Zeit gekrönt wird. Anders als in Benidorm sind die Hotelbauten hier nicht so hoch, und die Strände sind vielfach von Familien besucht.

Von Dénia Richtung Valencia kann man, je nach Zeitplan, direkt auf der A 7 weiterreisen oder aber der Küste entlang, vorbei an der malerischen Kleinstadt 7 * **Oliva** und an 8 * **Gandía**, wo der gut erhaltene Palacio del Santo Duque einen Besuch lohnt. Vorbei an dem vor allem bei Spaniern beliebten Ferienzentrum 9 * **Cullera** gelangt man durch zahlreiche neue Siedlungsviertel zum größten Binnensee Spaniens, 10 * **La Albufera**, der unter Naturschutz steht. Von Cullera sind es noch insgesamt 40 km bis zur drittgrößten Stadt Spaniens, 11 ** **Valencia**.

Entdeckungsfahrt
mit dem Holzboot im fisch- und vogelreichen Seengebiet

Sand und Sonne satt
Von Valencia bis Dénia ist die Küste ein einziger langer Strand.

Pause
auf dem Cabo de la Nao, dem östlichsten Punkt der Costa Blanca

Nachtschwärmer
in der Hochburg des Vergnügens

Reiseziele von A bis Z

WEISSE SANDSTRÄNDE, HELLES LICHT AN 300 SONNENTAGEN IM JAHR UND WEISS GETÜNCHTE HÄUSER – KEIN WUNDER, DASS DIE REGION UM ALICANTE COSTA BLANCA HEISST. ABSEITS DES MASSENTOURISMUS AN DER KÜSTE FINDET MAN IM HINTERLAND EINE JAHRHUNDERTEALTE KULTURLANDSCHAFT.

Águilas

G 15

Provinz: Murcia
Einwohnerzahl: 33 000
Höhe: 6 m ü. d. M.

Am südlichen Ende der Golfs von Mazarrón liegt 35 km von Lorca entfernt das gerade noch zur Provinz Murcia gehörende Städtchen Águilas. Es wird überwiegend von einheimischen Touristen besucht, die an einigen Stränden baden und Segelsport treiben können. Nur im Hochsommer herrscht in dem angenehmen Ferienort reger Betrieb. Dann steigt die Bewohnerzahl auf bis zu 150 000 an.

Geschichte

Schon die **Römer** hatten hier einen Stützpunkt, den sie Urcis nannten. Unter Philip II. erhielt der Ort im 16. Jh. den Namen Águilas. Nachdem es zuvor unter der Gerichtsbarkeit von Lorca gestanden hatte, bekam Águilas im Jahr 1834 volle Stadtrechte. An einer von Bergen umgebenen Bucht gelegen, diente der Hafen lange Zeit der Erzverladung, wovon noch immer eine vor sich hin rostende, ins Meer zeigende Stahlkonstruktion zeugt.

ÁGUILAS ERLEBEN

AUSKUNFT

Oficina Municipal de Turismo
Plaza de Antonio Cortijo, s/n
30880 Águilas
Tel. 968 49 31 73
Fax 968 44 60 82
www.aguilas.org

ANREISE

Busverbindungen stehen von Lorca und Cartagena für die Besucher zur Verfügung

VERANSTALTUNGEN

Im Juli und bis August finden die *Fiestas de Verano*, die Sommerfeste, statt, die Theater, Konzerte und sportliche Wettkämpfe im Programm haben.
Das Fest der Stadtpatronin *Virgen de los Dolores* wird am Freitag vor der Osterwoche von den Einwohnern festlich begangen.

ESSEN & ÜBERNACHTEN

► Komfortabel

Don Juan
Avda. del Puerto Deportivo, 1
Tel. 968 49 34 93
Fax 468 41 49 49
www.hoteldonjuan.es
Schön am Meer gelegen, geräumige Zimmer, z. T. wie Appartements gestaltet. Im Restaurant bedient man sich vom Büfett; außerdem gibt es eine rustikale Tapas-Bar.

► Günstig

Hotel El Paso
Calle Cartagena, 13
Tel. 968 44 71 25
Fax 968 44 71 27
www.hotelelpasoaguilas.com
Gepflegtes Hotel mit angenehmen Aufenthaltsräumen. Gutes Preis-Leistungs-Verhältnis. Im nett gestalteten Restaurant kommt traditionelle Küche auf den Tisch.

Sehenswertes in Águilas

Das älteste Bauwerk der Stadt ist das Castillo San Juan de las Águilas, das auf das 16. Jh. zurückgeht und 1754 neu erbaut wurde. Die Festung, die Bauern und Fischern der Umgebung immer wieder Zuflucht bei Piratenüberfällen bot, befindet sich in beherrschender Lage auf einem Berggipfel, von dem man einen herrlichen Rundblick auf Stadt, Hafen und Bucht hat. Unterhalb des Castillos liegt die Plaza España mit einem kleinen Park aus dem Jahr 1874. An dem Platz steht das Rathaus mit einer Fassade im Mudéjar-Stil. **Castillo**

Über 30 kleine Buchten mit weitgehend unverbauten Stränden gibt es nördlich und südlich des Ortes. Nach Norden hin gelangt man zuerst zur Playa Hornillo mit der Erzverladebrücke, die um 1900 von einer britischen Bahngesellschaft gebaut wurde, und einigen Bars und Cafés. Von hier kommt man zu Fuß zu dem abgelegenen und wohl schönsten Strand von Águilas, der Playa Amarillo. Am bekanntesten und am meisten besucht ist der Strand von Calabardina weiter nördlich, den man mit dem Bus erreichen kann. Nach Süden zu fährt ein Bus die Playa Las Palomas an. Weiter geht es zu Fuß zur Playa Matalentisco mit einem flach abfallenden Strand, der besonders für Familien mit Kindern gut geeignet ist. **Strände**

★ La Albufera

L/M 12/13

Provinz: Valencia **Höhe:** Meereshöhe

Dass die Araber die Lagune südlich von Valencia einst La Albufera, das »kleine Meer« nannten, ist heute kaum noch nachvollziehbar. Denn der im Mittelalter größte Binnensee Spaniens ist auf eine Fläche von 2500 ha geschrumpft. Weil das gesamte Gebiet um die Lagune einschließlich der Dünenlandschaft 1986 unter Naturschutz gestellt wurde, tummeln sich hier viele Fische und Vögel.

Die Lagune La Albufera bzw. der gleichnamige Naturpark liegen rund 12 km südlich von Valencia; sie sind über die Küstenstraße Valencia – Cullera zu erreichen. Der fisch- und vogelreiche See bedeckte im Mittelalter eine Fläche von rund 30 000 ha; damals war der Hauptort El Palmar noch eine Insel, auf der Fischer in ärmlichen, schilfbedeckten Häusern wohnten. **Fisch- und vogelreich**

Über kleine Brücken erreicht man den Ort El Palmar, dessen Bewohner auch heute noch vom **Fischfang** leben. Schon im Jahre 1250 wurde per königlichem Dekret genau festgelegt, wer in El Palmar fischen durfte: Man musste in El Palmar geboren, der Sohn eines Fischers, verheiratet und älter als 22 Jahre sein. **★ El Palmar**

LA ALBUFERA ERLEBEN

AUSKUNFT

Centro de Información
Ctra. del Palmar
E-46012 El Palmar
Tel. 961 62 73 45
www.albufera.com

ANREISE

Busverbindungen mit Valencia und Cullera

BOOTSFAHRTEN

Wer den fisch- und vogelreichen See genauer unter die Lupe nehmen möchte, der kann mit den typischen Holzbooten der Albufera, den »barquitas«, über das Wasser schippern. Informationen zu Bootsrundfahrten erhält man in den Parkbüros in Saler (Avinguda dels Pinars) sowie in El Palmar (Carretera del Palmar).

ÜBERNACHTEN

▸ Komfortabel

Parador de El Saler
Avda. de los Pinares, 151
Tel. 961 61 11 86
Fax 961 62 70 16
saler@parador.es
Das Hotel ist für Golfer geeignet, da es wunderschön an einem Golfplatz liegt. Es bietet außerdem besten Service und überaus komfortabel eingerichtete Zimmer.

Abendstimmung über der Lagune, die Tausenden Wasservögeln einen Lebensraum bietet

Eine große Auswahl an Restaurants bieten vornehmlich traditionelle valencianische Reisküche an. Niedrige Häuserzeilen säumen Straßen und Kanäle. Typisch für El Palmar sind die so genannten **barracas**, die schilfgedeckten alten Fischerhäuser, die heute teure Feriendomizile für Wochenendpendler sind. Weit über die Grenzen der Region Valencia hinaus bekannt wurden diese Häuschen durch die Novelle »La Barraca« von Blasco Ibañez (►Berühmte Persönlichkeiten).
Ein kleines ethnologisches Museum in Palmar informiert über die Flora und Fauna im Naturschutzgebiet La Albufera.

La Dehesa del Saler

La Dehesa del Saler wird die etwa 10 km lange und 1 km breite Landzunge zwischen der Lagune La Albufera und dem Meer genannt. Diese idyllische Landschaft mit Dünen, Pinienwäldern und schönen Stränden ist ebenfalls naturgeschützt, und man kann hier Wasservögel beobachten und lange **Wanderungen** machen.

✶ Alcoy · Alcoi

L 9

Provinz: Alicante
Einwohnerzahl: 61 000
Höhe: 562 m ü. d. M.

Am besten kommt man im April nach Alcoy, denn dann ist die kleine Stadt nordöstlich von Alicante mittelalterliche Kulisse für das Spektakel »Moros y Cristianos«. Bei dem farbenprächtigen Fest lebt die düstere Altstadt auf und nicht mehr nur die renovierten Bürgerhäuser in der Calle Sant Nicolau mit ihren schönen Jugendstilfassaden erinnern an den Glanz der einst reichen Stadt.

Stadt der Brücken

Gleich fünf Flüsse, mehr oder weniger wasserführend, fließen durch und um diese Stadt der Brücken: Serpis, Riquer, Uxola, Molinar und Benisaido. Einige dieser Brücken sind sehenswerte Zeugnisse einheimischer Ingenieurskunst und bieten darüber hinaus einen fantastischen Blick auf die Stadt, wie z. B. die **Puente Cristina**. Sie verbindet die Straßen Pais Valencia und Els Alçamora im Westen der Stadt. Über sie fährt man, von Alicante kommend, in die Innenstadt.

? WUSSTEN SIE SCHON …?

- Die Alcoyanos gelten als eigensinnig, mit einem Hang zur Starrsinnigkeit, was zu dem in Spanien bekannten Ausspruch führte: Er hat mehr Grundsätze als einer aus Alcoy.

Sehenswertes in Alcoy

Plaza de España

Im Zentrum liegt die verkehrsreiche Plaza de España, die vom Autoverkehr umbrandet wird, mit dem Ayuntamiento (Rathaus) von 1861 und der Iglesia de Santa María. In wenigen Minuten erreicht man vom Rathaus die umliegenden Geschäftsstraßen, wobei in der **Calle Sant Nicolau** ehemals elegante, nun z. T. etwas heruntergekom-

mene Bürgerhäuser mit schönen schmiedeeisernen Balkonen stehen. Unterhalb der Plaza de España hat der **Architekt Santiago Calatrava**, der die Ciudad de las Artes y las Ciencias in ► Valencia entworfen hat, einen Kultursaal errichtet, der, laut Volksmeinung, mit seiner Wölbung an einen Saurier erinnert.

Archäologisches Museum

An der Stelle, wo die große Brücke Richtung Plaza de España führt, biegt man gleich nach links in die Calle San Miguel zum Archäologischen Museum (Nr. 29) ab. Es ist in einem Renaissance-Gebäude aus dem 16. Jh. untergebracht und beherbergt eine Sammlung von Ausgrabungsfunden aus iberischer und römischer Zeit, z. B. eine Terrakottafigur mit dem Namen »Maternidad« (»Mutterschaft«).

★ **Museo Alcoià de la Fiesta**

Schräg gegenüber, ebenfalls in der Calle San Miguel (Nr. 60), befindet sich das valencianisch Casal de Sant Jordi genannte Haus mit dem Museo Alcoià de la Fiesta (Festmuseum). Hier werden die **prachtvollen historischen Kostüme**, die bei dem Fest Moros y Cristianos getragen werden, diverse Fotos und sonstige Objekte, die bei den Umzügen verwendet werden, gezeigt. Wer also keine Gelegenheit hat, an dem großen Fest teilzunehmen, bekommt in diesem Museum eine Ahnung von dem Treiben in den Straßen der Stadt (Öffnungszeiten: Di. bis Fr. 11.00–13.00, 17.30 bis 19.30, Juli auch Mo., Aug. Mo. bis Fr. 10.30–13.30, Sa., So., Fei. 10.30–13.30 Uhr).

Umgebung von Alcoy

Cocentaina

Mit seinem mittelalterlichen Altstadtviertel macht das Städtchen Cocentaina an den Hängen der Sierra Mariola dem nahen Alcoy durchaus Konkurrenz. Die Grafschaft Cocentaina mitsamt der Stadt wurde 1442 dem Grafen Ximén Pérez de Corella vom König Aragoniens zugesprochen. Der alte Grafenpalast, **Palacio Condal** (valencianisch Palau Comtal), ist heute noch ein prächtiges Symbol des alten Herzogtums. Der Palast wurde ursprünglich im 13. Jh. im gotischen Stil errichtet und im 17. Jh. mit Stilmerkmalen der Renaissance umgebaut. Man erkundige sich bei dem Touristenbüro im Eingangsbereich des Palastes, wann die Führungen stattfinden. Besonders schön ist das »goldene Zimmer«, das mit prachtvollen Deckengemälden aus dem 17. Jh. geschmückt ist. Das **Kloster Mare de Déu del Miracle** mit einer reich geschmückten Barockkirche ist in den Palast integriert. Die Befestigungsanlage mit einem quadratischen Turm oberhalb von Cocentaina stammt aus dem 14. Jahrhundert.

★ **Agres**

Agres (10 km weiter nordwestlich von Cocentaina) mit seinen engen Gässchen schmiegt sich malerisch an einen recht steilen Berghang und ist von weitläufigen Pinienwäldern umgeben. Von hier aus kann

← *Die Plaza de España in Alcoy ist bei dem großen Fest Moros y Cristianos im April Mittelpunkt des Geschehens.*

ALCOY ERLEBEN

AUSKUNFT

Tourist Info Alcoy
Calle Sant Llorenç, 6, E-03803 Alcoy
Tel. 965 53 71 55
Fax 965 53 71 53
www.alcoiturisme.com

ANREISE

Bahnverbindung von Valencia
Busverbindung von Alicante

VERANSTALTUNG

Moros y Cristianos
Wer vom 22. bis 24. April als Besucher in Alcoy weilt, glaubt sich in einer mittelalterlichen Stadt, viele Bewohner

haben sich mit Kostümen der Zeit gekleidet. Dann herrscht in der Stadt Ausnahmezustand. In den Straßen und auf der Plaza ist ein Höllenlärm, Böller krachen und zischen. Waffengeklirr vermischt sich mit dröhnenden Trommeln zu einer rasenden Kakophonie. Trompetenstöße liegen in der Luft, lautes Rufen, Kommandos, Getrappel.
In der Stadt ist ein Kampf entbrannt. Man erkennt Uniformierte. Dunkelhäutige Männer mit Turbanen, in gelben und violetten Gewändern, Krummschwerter schwingend, gehen auf andere Männer in Rüstungen und Kettenhemden mit befederten Helmen und Hellebarden, los. Eine unübersehbare Menge säumt die Straßen und die Plaza Mayor. Dort ist eine Burg aus Pappmaché errichtet, sie ist hart umkämpft.
Mit diesem Spektakel, das von keinem Fest in der Provinz an Farbenpracht übertroffen werden dürfte, feiern die Alcoyaner ihr Fest »Moros y cristianos«. Ursprünglich galt dem Stadtheiligen San Jorge das Aprilfest, denn er hatte geholfen, die Mauren zu besiegen. Aus dem rein religiösen Fest des 16. Jh.s wurde bald ein ausgelassenes Straßenschauspiel, eine spektakuläre Theatervorführung, bei der die Stadt als Kulisse dient und die gesamte Bevölkerung die Zuschauer sind. Die Akteure teilen sich in maurische Krieger und christliche Soldaten auf, und es ist klar, wer schließlich besiegt auf der Strecke bleibt: die Mauren.

ESSEN

Baedeker-Empfehlung

► Fein & Teuer
Lolo
Camino Font de la Salud
Ctra. Alcoy – Banilloba
Tel. 965 54 73 73
Mo. und Sept. geschl.
Einladendes Haus auf dem Land mit Holzdecken und freiliegenden Steinbögen, Wintergarten und Patio. Verschiedene Reisgerichte und köstliche saisonale Küche.

► **Erschwinglich**

Venta del Pilar
Richtung Cocentaina, km 2,3
Tel. 965 59 23 25
So. geschl.
Das Restaurant ist wie ein ethnologisches Museum eingerichtet. Traditionelle Gerichte, z. B. Pericana, ein Wintersalat aus rotem Paprika, bacalao (Trockenfisch), Olivenöl, Knoblauch und Gewürzen.

Venta La Montaña
In Benimatell an der Straße nach Alcoy
Tel. 965 88 51 41
Mo. geschl.
Gute, traditionelle Küche; der Lammbraten ist weithin berühmt, weshalb eine Reservierung empfohlen wird.

ÜBERNACHTEN

► **Komfortabel**

Hotel Reconquista
Puente San Jorge, 1
Tel. 965 33 09 00, Fax 965 33 09 55
www.hotelodon.com
Erstes Haus am Ort, nur wenige Schritte ins Stadtzentrum. Die Zimmer sind praktisch und bequem eingerichtet, großzügiger Aufenthaltsbereich, eigene Tiefgarage. Cafeteria mit landestypischer Küche.

► **Günstig**

Hostal Savoy
C/ Casablanca, 9
Tel. 965 54 72 72, Fax 965 54 89 67
www.hostalsavoy.com
Etwas einfach, doch zentral und ruhig; moderne Zimmer mit Bad; eine Café-Bar.

man bequem die Sierra de Mariola erkunden. Zu empfehlen ist eine Wanderung zur **Cava Arqueada**, einem Schneebrunnen, der aus einem 12 m tiefen Gewölbe besteht. Die Schneebrunnen dienten als Kühlräume in der warmen Jahreszeit. Im Winter wurde der Schnee angesammelt, durch Stampfen verdichtet und so über Monate konserviert. Die steile, unbefestigte und kurvenreiche Straße hinauf zu dem Schneebrunnen sollte man nur zu Fuß oder mit einem geländegängigen Fahrzeug zurücklegen!

? WUSSTEN SIE SCHON ...?

- Benimarfull ist eines jener zahlreichen Dörfer der Gegend, deren erste Silben im Namen auf maurischen Ursprung schließen lassen: Beni heißt »Sohn des ...«.

Benimarfull

Benimarfull ist geprägt vom Mandel- und Kirschanbau. Die **Kirche Santa Ana** aus dem 16. Jh. steht auf dem Fundament einer Moschee. In der Umgebung ziehen der **Barranco del Sofre** (Schwefelschlucht) und die **Fuente de la Colina de l'Albacar** Ausflügler an (Auskunft im Rathaus). Das 400 Seelen zählende Dorf liegt an der Landstraße CV 700 von Alcoy nach Pego, eine landschaftlich schöne Strecke mit kleinen Dörfern am Weg.

Alcolecha

Etwa 15 km östlich von Alcoy bietet das kleine, von den Mauren gegründete Gebirgsdorf Alcolecha (295 Einw.) in der ►Sierra de Aitana gute Ausflugsmöglichkeiten in die waldreiche Umgebung. Hier gibt es zwei bescheidene Unterkünfte, die Pensionen San Chochim

Uniforme Einheitlichkeit: Dachlandschaft von Cocentaina

und El Palau. Philip III. vertrieb die Mauren aus dem Dorf, das später unter die Gerichtsbarkeit der Grafen von Malferit kam. Sehenswert in Alcolecha ist der Rest des **Grafenpalastes von Malferit**, der einen eigenartigen Turmanbau in Form eines fast ebenmäßigen Zylinders hat. Dieser ist vom restlichen Gebäude nur durch einen kleinen Zwischenraum getrennt, und man bekommt den Eindruck, als würde er jeden Moment umfallen. Wanderfreunde kommen in der umliegenden Landschaft auf ihre Kosten, etwa bei **Wanderungen** zu dem südlich auf 1000 m Höhe gelegenen Pass von Tudons, zu der Quelle des Flüsschens Frainos oder zur Schlucht von Partagat.

Parque Natural del Carrascal de la Font Roja

Wenn man Alcoy auf der N 340 Richtung Alicante verlässt, erreicht man nach wenigen Kilometern den 2450 ha großen Parque Natural del Carrascal de la Fuente Roja (valencianisch Parc Natural del Carrascal de la Font Roja; ausgeschildert). Eine Reihe von Wanderwegen führen durch die bewaldete Landschaft, besonders reizvoll die Strecke auf den 1352 m hohen **Berg Menejador**. Am Parkeingang gibt es ein Restaurant und einen Informationskiosk.

Ibi

Dass ausgerechnet das Städtchen Ibi ein **Spielzeugmuseum** (Museo valencià del Joguet, Calle Aurora Pérez Caballero) hat, liegt an einem gewissen Rafael Payá, Klempner seines Zeichens. Wohl aus Bastlerfreude fertigte er um 1900 für seine Enkel einen kleinen zweirädrigen Pferdewagen aus Blech an. Plötzlich war der Bedarf geweckt, jeder wollte solch ein schönes Spielzeug für seine Kinder haben. Und Rafael Payá fing an zu produzieren und zu verkaufen: Motorräder, Flugzeuge, Eisenbahnwaggons, Karussells, Pferdekutschen und alles aus bemaltem Blech. Diese ersten Spielzeugtypen können im Museum bewundert werden und lassen nicht nur die Herzen der Kinder höher schlagen (Öffnungszeiten: Di. bis Sa. 10.00–13.00, 16.00 bis 19.00, So., Fei. 11.00–14.00 Uhr).

★ Alicante · Alacant

K/L 7

Provinz: Alicante
Einwohnerzahl: 320 000
Höhe: 3 m ü. d. M.

Die Provinzhauptstadt Alicante, ihrer Helligkeit wegen schon von den Mauren »Lecant« oder »Al-Lucant« genannt, ist mit Hochhäusern modern geprägt. Als Seebad und Winterkurort ist sie der Mittelpunkt der Costa Blanca. Das schönste Panorama bietet sich vom Hafenkai aus: Weiße Segelboote schaukeln sanft im Jachthafen, der von einer palmengesäumten Hafenpromenade begrenzt wird.

Flair des Südens

Die Provinzhauptstadt Alicante (valencianisch Alacant) liegt in einer malerischen Bucht, die sich zwischen dem Cabo de la Huertas und dem Cabo de Santa Pola erstreckt. Palmen säumen den Paseo Explanada de España, Alicantes **Flaniermeile**. Zusammen mit dem Blau des Meeres und einer milden Brise vermitteln sie das Flair des Südens. Die relativ gleichmäßige Skyline wird von zehn- bis zwölfgeschossigen Gebäuden und einigen Hotel-Hochhauskästen überragt. Blickfang ist jedoch der blanke Benacantil-Felsen mit der **Burg Santa Bárbara**.

? WUSSTEN SIE SCHON ...?

- Der in Alicante geborene Schriftsteller Gabriel Miró (Baedeker Special S. 49) besingt seine Stadt folgendermaßen: »Sie ist vom Mittelmeer erfüllt. Der Geruch des Meeres salbt die Steine, die Fenstergitter, die Tischtücher, die Bücher, die Hände und das Haar.«

◀ Wirtschaft

Die Stadt hat eine vielseitige Industrie (Chemie und Aluminium) und eine große wirtschaftliche Bedeutung als Hafenplatz: Ausfuhr von Wein, Rosinen, Südfrüchten, Frühgemüse, Öl und Espartogras. Obwohl hier alle Fäden von Verwaltung, Wirtschaft und Verkehr der Provinz Alicante zusammenlaufen, geht es in der Stadt vergleichsweise ruhig zu. Der alles beherrschende Straßenverkehr und die Hektik anderer spanischer Großstädte wirken hier gedämpft, sicherlich trägt dazu auch das sonnige Ambiente von Palmen und Stränden bei.

Highlights Alicante

Explanada
Schlendern über die beliebte Flaniermeile mit Palmen, Restaurants und Meerblick
▶ Seite 135

Altstadt
Zwischen Rathaus und mehreren Kirchen gibt es idyllische Gässchen und Winkel.
▶ Seite 137

Castillo
Von der einstigen Maurenfestung hat man einen fantastischen Rundblick.
▶ Seite 139

Hogueras de San Joan
Bei dem Volksfest zur Johannisnacht muss man einmal dabei gewesen sein.
▶ Seite 141

Geschichte

713	Araber dringen in das Gebiet um Alicante vor.
1479	Alicante kommt zum neuen spanischen Königreich.
1490	König Ferdinand verleiht Alicante das Stadtrecht.
1609	Die letzten Mauren werden ausgewiesen.
1691	Durch Bombardements der Franzosen im Pfälzischen Erbfolgekrieg wird die Stadt stark beschädigt.
18. Jh.	Alicante wird Tor für den Export spanischer Güter in die Neue Welt.
1938	Alicante wird von den Faschisten eingenommen.
1958	Die Explanada mit ihrem dreifarbigen Marmorboden wird zum Wahrzeichen der Stadt.

Iberer, Griechen, Karthager, Römer und Araber, sie alle haben dort, wo sich heute die Stadt ausbreitet, ihre Spuren hinterlassen. Unter den Arabern erfuhr Alicante erstmals eine kulturelle und wirtschaftliche Blüte. Das heutige Viertel Santa Cruz unterhalb des Monte Benacantil entstand in dieser Zeit. Im Jahre 1296 wurde Alicante Grenzgebiet zwischen Aragonien und Kastilien, und kam mit der Vereinigung der beiden Königreiche Aragonien und Kastilien im Jahre 1479 zum neuen Reich.

König Ferdinand, der Katholische, verlieh Alicante das **Stadtrecht**, mit der Begründung, der Ort habe »eine vortreffliche Bucht und einen ausgezeichneten Hafen; außerdem Märkte, Bauern, Handwerker, bewaffnete Männer und Leute, die die Sicherheit der Stadt gewährleisten, die Stadt auf Leben und Tod verteidigen und gut beherrschen können«.

Alicante entwickelte sich zu einem bedeutenden Hafen an der Mittelmeerküste. Kaufleute aus Genua ließen sich nieder und beflügelten Handel und Export der kastilischen Wolle, die Einwohnerzahl stieg beträchtlich. Doch mit der Ausweisung der letzten Mauren ging es wirtschaftlich bergab. Auch blieb die Stadt nicht vom Krieg verschont, 1691 wurde sie von einem Schiffsgeschwader Ludwigs XIV. bombardiert und erheblich beschädigt.

Mit dem Vertrag über den **Freihandel mit Amerika** im Jahre 1778 wurde Alicante zu einem Tor für den Export spanischer Güter in die Neue Welt. Ein weiterer Meilenstein in der Stadtgeschichte war der Bau der Eisenbahnlinie zwischen Alicante und Madrid im 19. Jahrhundert.

Zu Beginn des 20. Jahrhunderts wurden die Stadtmauern abgerissen, um Platz zu schaffen für neue Wohnquartiere. Die Explanada wurde auf einem dem Meer abgewonnen Streifen angelegt, die Stadt bekam ein Theater und die Markthalle. Während des spanischen Bürgerkrieges war Alicante zunächst der Republik treu, wurde letztlich aber, wie das ganze Land, von den Faschisten unterworfen. In den 1950er-Jahren begann Alicantes Aufstieg zur Touristenmetropole der Costa Blanca.

Sehenswertes in Alicante

★★ Explanada

Einen ersten schönen Eindruck von der Meereslage Alicantes bekommt man bei einem Spaziergang entlang der ca. 700 m langen Explanada, die zwischen Hafen und Zentrum verläuft und zu jeder Zeit von Einheimischen und Touristen bevölkert wird. Alicantes Dichter **Juan Gil-Albert** (1906 – 1994) schrieb über die Explanada: »In Alicante sein heißt auf der Explanada sein. Alles andere zählt nicht!« Ein Gefühl, man gehe auf dem Meer, erzeugt das Bodenmosaik in wellenförmigen Streifen in den Farben Blau, Rot und Elfenbein. Es besteht aus fast sieben Millionen Mosaiksteinen aus Marmor und ist zu einem Wahrzeichen Alicantes geworden. Gesäumt wird die Explanada auf beiden Seiten von vierhundert Palmen; Cafés und Restaurants reihen sich aneinander. Auf halbem Wege befindet sich ein Auditorium, wo im Sommer an Sonn- und Festtagen eine Band die Passanten unterhält.
Die Verlängerung der Explanada nach Süden ist der **Canalejos-Park** mit uralten, großen Gummibäumen. Hier liegt auch die einstige Lonja, die Fischversteigerungshalle, in der nun Ausstellungen stattfinden.

Unter Palmen flanieren die Menschen über das dreifarbige Bodenmosaik der Explanada, der beliebtesten Promenade der Stadt.

Puerta del Mar Das Nordende der Explanada bildet die Plaza Puerta del Mar, von wo aus rechts eine Landzunge zur Estación Maritíma führt. Hier legen die Fähren nach Algerien und zu den Balearen sowie mitunter Kreuzfahrtschiffe ab. Auch das Boot zur Insel Tabarca (►Torrevieja) startet hier. Unterhalb des Platzes gibt es eine bewachte Tiefgarage.

Alicante Orientierung

Essen

① Darsena
② Jumillano
③ Govana
④ Paco
⑤ Lo de Reme

Übernachten

① Hotel Sidi San Juan
② Hotel Meliá Alicante
③ NH Hotel Cristal
④ Tryp Gran Sol
⑤ Leuka
⑥ Hotel Bahia

✶ Altstadt

Durch kleine idyllische Winkel, vorbei an den beliebtesten Nachtlokalen, schlendert man nördlich der Explanada durch die Altstadt Alicantes. Bunt gestrichene Häuser mit unzähligen Blumentöpfen und dicken Katzen auf den Gesimsen säumen die verwinkelten Gassen durch das zum Teil restaurierte Quartier hinauf zum Aussichtspunkt Mirador de la Umbria.

✶ **Ayuntamiento**

Im Mittelpunkt des Viertels steht das Rathaus (Ayuntamiento) im Barockstil. Es wurde 1668 errichtet, dann von den Franzosen schwer beschädigt und schließlich im 18. Jh. neu erbaut. Das Haus wird von zwei 35 m hohen viereckigen Türmen flankiert und besitzt eine schöne churriguereske Fassade. Eine Gedenktafel aus weißem Marmor auf dem ersten Treppenabsatz erinnert an das Jahr 1490, als Ferdinand II. Alicante die Stadtrechte verlieh. Im Gebäudeinneren ist der **Salón Azul** mit seiner Spiegelgalerie sehenswert. Hinter dem Rathaus liegt die kleine Plaza de Santísima Faz, einer der idyllischen, mit Palmen bestandenen Winkel in der Altstadt.

✶ **Concatedral de San Nicolás de Bari**

Von hier sind es nur wenige Schritte durch die Calle San Nicolás zur Concatedral de San Nicolás de Bari, die 1616 bis 1662 an der Stelle einer Moschee gebaut wurde und dem Schutzheiligen der Stadt geweiht ist. Im Jahre 1959 erhielt die Kirche von

Kontaktfreude und Kommunikation bestimmen auch im Altstadtviertel Santa Cruz von Alicante das soziale Leben.

Papst Johannes XXIII. den Status einer Concatedral (etwa: Nebenkathedrale), denn der Bischofssitz und damit die Kathedrale der Provinz Alicante befindet sich in Orihuela. Das schlichte dorische Hauptportal der im Renaissancestil gehaltenen Kirche betritt man von der Plaza del Abad Penalva aus. In einer eingelassenen Nische über der Tür ist das Bildnis der Virgen del Remedio, der Jungfrau der immer währenden Hilfe, zu sehen. An dem Seiteneingang an der Calle Miguel Soler befindet sich das Bildnis des heiligen Nikolaus in schwarzem Marmor. Zu der einschiffigen Kirche gehören ein **Kreuzgang** mit zwei Barocktüren, die Kommunionskapelle und die Sakristei. Die blaue Kuppel im Schiff ist 45 m hoch. Der Hauptaltar stammt aus dem 17. Jh. und besitzt vergoldete Aufsätze aus geschnitztem Holz.

? WUSSTEN SIE SCHON ...?

- An der Treppe des Rathauses wird der »Nullpunkt« über Meereshöhe gemessen, auf den sich alle Höhenangaben Spaniens beziehen.

Iglesia de Santa Maria

Die älteste Kirche Alicantes, die Iglesia de Santa María, östlich des Rathauses wurde im 14. Jh. auf den Grundmauern der früheren Hauptmoschee errichtet. Im Lauf der Jahrhunderte wurde die Marienkirche wiederholt zerstört: zuerst 1484 durch einen Brand und später durch Kanonenbeschuss, 1691 von Seiten der Franzosen und 1709 durch die Engländer. Schließlich entstand um 1720 die heutige Form mit barocker Fassade und drei Skulpturen am Portal; sie stellen die Jungfrau Maria sowie die Heiligen Jakob und Andreas dar. Das im 16. Jh. aus Carrara-Marmor in Italien gearbeitete **Taufbecken** war eigentlich für einen Kirchenbau in Kastilien gedacht. Doch als es den Hafen von Alicante erreichte, kapitulierte man vor seinem Gewicht, verzichtete auf den Weitertransport und ließ es kurzerhand in der Stadt zurück. Es ist mit Szenen aus dem Heiligen Sakrament dekoriert. Ein kleiner Raum in der Kirche, der durch das Fenster im rechten Turm sein Licht bekommt, diente häufig politisch Verfolgten als Unterschlupf.

Museo de la Asegurada

Gegenüber dieser Kirche befindet sich das Museo de la Asegurada (Plaza de Santa Maria, 3). Früher wurde in dem Gebäude aus dem 17. Jh. Getreide gelagert. Das Museum ist zurzeit geschlossenn, nach der Wiedereröffnungs wird es Museo de Arte Contemporáneo (MACA) heißen. Die Räume beinhalten moderne Plastiken und Bilder von Pablo Picasso, Salvador Dalí, Joan Miró und Georges Braque.

ALICANTE ERLEBEN

AUSKUNFT

Avda. Rambla Mendez Nuñez, 23
E-03002 Alicante
Tel. 965 20 00 00
Fax 965 20 02 43
www.alicanteturismo.com
www.alicante-ayto.es

ANREISE & VERKEHR

Flughafen:
El Altet, ca. 11 km südwestlich gelegen und über die A 7 zu erreichen; Stadtverkehr Bus C 6
Bahnhöfe:
Bahnhof der staatlichen Eisenbahn *RENFE* (Überlandzüge): Avenida de la Barca, im westlichen Teil des Stadtzentrums
Bahnhof der *FGV*, Ferrocarrils de la Generalitat Valenciana (regionale Kleinzüge): Avenida Villajoyosa, am Ende der Playa del Postiguet, für die Züge zwischen Alicante und Dénia
Busbahnhof: Calle Pintor Lorenzo/ Pintor Aparicio (Überland- und Europabusse)
Fährhafen:
Estación Maritíma für die Fähren und Schiffe nach Oran (Algerien) und zur Insel Tabarca

VERANSTALTUNGEN

In Alicante gibt es nahezu jeden Monat etwas zu feiern. Viele Feste haben lokalen Charakter und beschränken sich oft nur auf einen Stadtteil.
In der Karwoche finden zahlreiche Feierlichkeiten statt, mit über zwanzig

Die kunstvollen Ninots gehen bei den Hogueras de San Joan in Flammen auf.

Umzug zur Johannisnacht in typisch alicantischer Festtracht

Prozessionen, Umzügen, Konzerten und Passionsspielen, gefolgt von *»La Peregrina«*, der Wallfahrt zum Schweißtuch der heiligen Veronika, das im Klarissinnenkloster des nahe gelegenen Ortes Santa Faz aufbewahrt wird (2. Do. nach Ostersonntag).

»Hogueras de San Joan«

Das für Touristen wohl sehenswerteste Fest sind die Hogueras de San Joan (Johannisfeuer) vom 20. bis 29. Juni. Ursprünglich ein heidnisches Fest, das der Sonnenwende und dem beginnenden Wachstumszyklus gewidmet war, ist es seit 1928 zum größten Volksfest der Stadt geworden. Dann ist ganz Alicante auf den Beinen, und in den einzelnen Stadtteilen werden die Hogueras errichtet, große Scheiterhaufen, die später nacheinander in Flammen aufgehen werden. Damit einher gehen Umzüge in den Straßen, mit verschiedenen, von den einzelnen Stadtteilvereinen hergestellten Ninots, den übermannsgroßen Figuren, die verschiedene Themen darstellen. Es hat etwas Karnevaleskes, wenn diese Ninots mit großem Pomp durch die Straßen getragen werden.
Dort sind überall Buden aufgebaut, an denen sich die Nachtschwärmer mit »cocas« (süße, flache Kuchen) und »churros« (Schmalzkringel) sowie Wein und heißer Schokolade stärken können. Feuer, Musik, Tanz und der Geruch nach Schießpulver liegen in der Luft. Aus Feuerwehrschläuchen wird Wasser in die Menge verspritzt. Später werden die Ninots und Feuerwerke prämiert, was für weiteren festlichen Aufruhr sorgt. Der Höhepunkt folgt in der Johannisnacht, dann wird über der Stadt ein spektakuläres Feuerwerk veranstaltet.

EINKAUFEN

Bücherbasar

Für Freunde alter Münzen, Postkarten, Bücher und Briefmarken findet jeden Sonntagmorgen auf der Plaza del Ayuntamiento ein Markt statt.

Mercadillo

Im Paseo Campoamor, werden jeden Samstag- und Donnerstagmorgen beim Wochenmarkt Flohmarktartikel, Kleidung, Kunsthandwerk, Obst und Gemüse feilgeboten.

Mercado Central

Bunte Vielfalt von Früchten, Gemüse, Fisch und Fleisch in der Markthalle an der Calle Calderón de la Barca.

ESSEN

Als Provinzhauptstadt bietet Alicante dem Feinschmecker natürlich alle kulinarischen Besonderheiten der gesamten Region, als Küstenstadt selbstverständlich auch Spezialitäten aus Fisch und Meeresfrüchten sowie die typischen Reisgerichte.

► Fein & Teuer

② ***Jumillano***
Calle César Elguezábal, 64
Tel. 965 21 29 64, So. geschl.
Im Jumillano gibt es erstklassige Küche und eine noch größere Weinauswahl. Es hat sich mehrere gastronomische Preise erkocht, berühmt ist die Gazpacho Jumillano oder der Stierschwanz.

► Erschwinglich

① ***Darsena***
Muelle de Levante, 6
Tel. 965 20 75 89
www.darsena.com
Das große Restaurant am Hafen ist berühmt für seine zahlreichen Reisgerichte.

③ ***Govana***
C/ Doctor Gómez Ulla, 5
Tel. 965 21 82 50
Aug., Sonntag-, Montag- und Dienstagabend geschl.
Liebevoll geführtes, typisches Restaurant in zentraler Lage.

⑤ ***Lo de Reme***
C/ Isabel La Católica 6
Tel. 965 12 39 02
Das in der Nähe des Bahnhofs gelegene kleine Restaurant bietet bodenständige Küche aus saisonalen Zutaten.

► Preiswert

④ ***Paco***
Plaza Santísima Faz, 3
Tel. 965 14 03 79
So. geschl.
Preiswert, doch sehr appetitlich. Hier kann man günstig essen.

ÜBERNACHTEN

Baedeker-Empfehlung

► Luxus

① ***Sidi San Juan***
Playa de San Juan
Tel. 965 16 13 00
Fax 965 16 33 46
www.sidisanjuan.com
Etwas abseits vom Zentrum liegt direkt am Strand das 5-Sterne-Hotel. Alle Zimmer des familienfreundlichen Hauses bieten Meerblick und verfügen über einen Balkon. Auch sonst bleiben kaum Wünsche offen: Beauty Farm, Restaurants und Bars verwöhnen die Gäste, es gibt ein Hallenbad und Tennisplätze und außerdem einen Golfplatz in der Nähe.

► Komfortabel

② ***Meliá Alicante***
Plaza del Puerto, 3
Tel. 965 20 50 00
Fax 965 14 26 33
www.solmelia.com
Nur 100 m vom Stadtzentrum entfernt, und trotzdem direkt am Strand gelegen, viele Zimmer mit Meerblick. Restaurant und Cafeteria, Pool, Wellness-Center.

③ ***NH Hotel Cristal***
Calle Lopez Torregrosa, 9
Tel. 965 14 36 59
Fax 965 20 66 96
www.nh-hotels.com
Mitten im Geschäftszentrum gelegenes, angenehmes Hotel mit guter Ausstattung.

④ ***Tryp Gran Sol***
Rambla de Méndez Nuñez, 3
Tel. 965 20 30 00
Fax 965 21 14 39
www.solmelia.com
An der Uferpromenade gegenüber vom Sporthafen gelegen. Modern eingerichtete Zimmer, gutes Restaurant mit herrlichem Panoramablick in der 26. Etage, Spa-Bereich.

⑤ ***Leuka***
C/ Segura 23
Tel. 965 20 27 44
Fax 965 14 12 22
Zentral am Rand der Altstadt gelegenes kleines Hochhaus mit ordentlichen Zimmern..

► **Günstig**

⑥ ***Bahia***
Gravina, 14
Tel. 965 20 65 22
Fax 965 20 65 02
Zentral gelegen, bescheiden, aber preiswert.

Pozos de Garrigós

Wenn man die engen Gassen Richtung Monte Benacantil hochläuft, erreicht man bei der Plaza del Puente die Pozos de Garrigós. Diese Brunnen sind Beispiele **maurischer Ingenieurskunst** und zeigen, wie die Stadt in früheren Zeiten der Wasserknappheit begegnen wollte. Es sind gewaltige, unterirdische, aus Lehm gemauerte Wasserbehälter mit einem Zulauf für das vom Berg strömende Wasser bei Regen. Einer dieser Wasserbehältnisse fasst mehr als 800 000 Liter. Weitere Informationen zum Thema Wasserbehältnisse erhält man im Keramikmuseum von Agost (siehe nachfolgend).

✶ Castillo de Santa Bárbara

Öffnungszeiten:
tgl. 10.00–20.00

Für den Aufstieg zum Benacantilberg mit dem Castillo de Santa Bárbara empfiehlt sich der **Fahrstuhl**, der am Ostende des Paseo de Gómiz gegenüber der Playa del Postiguet abgeht. Mit dem Auto kann man die Burg von der Nordseite aus erreichen. Das Castillo verdient einen Besuch schon wegen des weiten Rundblicks aus über 200 m Höhe. Die ursprünglich von den Mauren angelegte Festung ging im Lauf der Jahrhunderte durch die Hände aller Besatzer Alicantes und wurde ständig umgebaut, sodass man ihren ursprünglichen Charakter eher erahnen als sehen kann. Ab 1893 fungierte sie als **Gefängnis**, bis Alfons XIII. die Burg der Stadt übergab.

Der Name Santa Bárbara geht übrigens darauf zurück, dass am Tag der heiligen Barbara, am 4. Dezember 1248, die Burg von Alfons X. den Mauren abgenommen wurde. Der ganze Burgfelsen wird im Volksmund »cara del moro« (»Maurengesicht«) genannt. Wenn man den Felsen von der Playa del Postiguet betrachtet, soll seine Form an ein Gesicht erinnern, was allerdings nur mit ausreichender Fantasie erkennbar ist.

Museo de las Fogueres

Wer keine Gelegenheit hat, das spektakuläre Volksfest in der Johannisnacht (24. Juni) zu erleben, der kann in dem im Castillo de Santa

Bárbara untergebrachten Museo de las Fogueres die schönsten Ninots – überlebensgroße Figuren, die bei den Umzügen gezeigt werden – sowie Fotos zum Thema betrachten (Öffnungszeiten: Apr. bis Sept. Di. bis Sa. 10.00 bis 14.00, 18.00–21.00, So., Fei. 10.00–14.00, Okt. bis März Di. bis Sa. 10.00–14.00, 17.00 bis 20.00, So., Fei. 10.00 bis 14.00 Uhr).

Castillo de Santa Bárbara: von hier ließ sich die Küste gut überwachen.

Das neuere Alicante und Strände

Die wichtigsten **Geschäftsstraßen** in den neueren Vierteln zwischen der Altstadt und dem Bahnhof sind die Rambla Méndez Nuñez mit der Touristeninformation und die Avenidas Doctor Gadea, Maisonnave und Alfonso X El Sabio mit zahlreichen Geschäften und Schnellrestaurants und dem Kaufhaus Corte Ingles. Als Gegenstück zum Castillo Santa Bárbara erhebt sich auf einem kleinen Hügel in einer Parkanlage im Norden der Stadt das im 19. Jh. errichtete, aber nie fertig gestellte **Castillo de San Fernando**. Östlich des Castillo liegt an der Plaza de España die **Stierkampfarena**, Plaza de Toros. Sie wurde 1888 gebaut und fasst 15 000 Besucher.

Museo Arqueológico Provincial (MARQ)

Prunkstück des Archäologischen Museum (Plza. Dr. Gómez Ulla, s/n) ist die an die Dame von Elche erinnernde Steinstatue »Dama de Cabezo Lucera«. Die Sammlung wurde zum europäischen Museum des Jahres 2004 ernannt (Öffnungszeiten: Mitte Juli bis Aug. Di. bis Sa. 11.00–14.00, 18.00–24.00, So., Fei. 11.00–14.00, Sept bis Mitte Juli Di. bis Sa. 10.00–19.00, So., Fei. 10.00–14.00 Uhr, Internet: www.marqalicante.com).

Strände

Nördlich des Viersternehotels Meliá am Jachthafen beginnen schon die Strände der Stadt. Die **Playa del Postiguet** erstreckt sich unterhalb des Paseo de Gómiz bis zum Bahnhof der regionalen Schmalspurbahn Trenet. Der Strand mit feinem, weißem Sand ist im Sommer wegen der Stadtnähe dicht von Einheimischen bevölkert.
Etwas weiter nördlich – mit den Autbussen 9, 21 und 22 zu erreichen – dehnt sich in einer Bucht die **Playa de la Albufereta** (= »klei-

Baedeker TIPP

Blaue Flagge

Von den Stränden um Alicante sind mehrere mit der Blauen Flagge der EU ausgezeichnet worden. Demnach findet man an den Stränden Playa de San Juan, Playa del Postiguet und Playa des Saladar besondere Umweltschutz- und Serviceleistungen vor.

ne Lagune«) aus. Hier gibt es Duschen, Kinderspielplätze, Toiletten und Restaurants. Dieser Strand liegt relativ geschützt vor Nordwinden, und das Meer ist meistens ruhig. Weiter nördlich schließen sich die kleinen Badebuchten Palmera, Cantalares und de los Jidiós an.

Der feinsandige, 7 km lange **Strand von San Juan** beginnt 8 km nordöstlich von Alicante, jenseits des Cabo de las Huertas. Der mit allen nötigen Badeeinrichtungen ausgestattete Strand ist im Sommer stark besucht. Die hier entlangführende Avenida de Niza wird von vielen Restaurants und Cafés gesäumt (Busse 9, 21 und 22).

Umgebung von Alicante

El Campello Recht familiär geht es noch in dem 14 km nördlich von Alicante gelegenen Strandort El Campello zu, der sich einen gewissen Charme an der Promenade bewahrt hat. Kleine Restaurants bieten hausgemachte Kost. Am Fischereihafen kann man montags bis freitags von 13.00 bis 17.00 Uhr in der Lonja, der **Fischversteigerungshalle**, zusehen, wie der frische Fang an den Mann gebracht wird. Wer sich nicht mit Parkplatzproblemen abgeben will, kann mit der Trenet in zwanzig Minuten von Alicante nach Campello fahren und erblickt dabei die wenig ansprechenden Hinterhöfe von San Juan.

Monasterio de Santa Faz Etwa 8 km nördlich von Alicante liegt das Kloster Monasterio de Santa Faz an der Hauptstraße N 332 Richtung Valencia; es ist auch mit dem Autobus 20 H zu erreichen. Einen Besuch lohnt das Kloster, denn es besitzt eine schöne Barrockfassade und zwei Verteidigungstürme (16. Jh.). Auch die schönen Steinmetz- und Holzschnitzarbeiten sowie der Reliquienschrein aus Gold und Silber sind sehenswert (Öffnungszeiten: Di. bis Sa. 8.00–13.00, 17.00–20.00, So. 8.00 bis 13.00 Uhr).

Agost In Agost, 18 km nordwestlich von Alicante, werden **»botijos«**, Trinkbehälter aus weißem Ton, hergestellt, ein Symbol alicantinischer Kultur. So verkehrte der so genannte Tren Botijo Mitte des 19. Jh.s von Madrid über Zaragoza nach Alicante, in dem die Leute mit ihren wassergefüllten »botijos« fuhren. Heute gibt es noch 17 Töpfereien in Agost. In einer ehemaligen Töpferei wurde das **Keramikmuseum** (Museo de Alfarería) eingerichtet. Zu sehen sind die Originaleinrichtung wie Drehscheibe und Brennofen und unterschiedliche Formen dieser Wasserkrüge (Öffnungszeiten: Apr. bis Sept. Di. bis Sa. 11.00–14.00, 17.00–20.00, Okt. bis März Di. bis Sa. 11.00–14.00, Sept bis Mai So. 11.00–14.00, Juni bis Aug. 17.00–21.00 Uhr).

Eine Spezialität aus Jijona ist der köstliche Turrón, der auf keinem Weihnachtstisch spanischer Familien fehlt.

Jijona/Xixona

An der N 340, 26 km nördlich von Alicante, liegt die Industriestadt Jijona (valencianisch Xixona). Ein wichtiger Wirtschaftszweig ist die Herstellung von Nougat und Marzipan, unverzichtbare Ingredenzien auf den Weihnachtstischen spanischer Familien. Mehr als 30 Betriebe stellen den »turrón« her, ein süßes Naschwerk aus ganzen oder klein gehackten Mandeln, Honig, Zucker, Nüssen und Eiweiß.
In den Lebensmittelfirmen El Lobo und 1880 (Poligono Industrial Ciudad del Turrón, Sectot 10,2, Ctra. Busot, km 1) wurde das firmeneigenes Museum **Museo del Turrón** eingerichtet. Bei der Führung erhält man einen Einblick in die Herstellung und die Geschichte des Turrón. Die Süßigkeit kann man natürlich auch probieren und kaufen (Öffnungszeiten: Mo.–Fr. 10.00–19.00, Sa., So. 10.00–13.00 Uhr; stündliche Führungen auf Englisch; Internet: www.museodelturron.com).

Cuevas de Canelobre

Höhlenfreunde finden ein schönes Revier bei Busot, nämlich die Cuevas de Canelobre. Man erreicht die Höhlen, indem man von Alicante der N 340 Richtung Alcoy folgt und von hier die Abzweigung zu dem 8 km von der N 340 entfernten Ort Busot nimmt. Die Höhlen liegen dann knapp 5 km nördlich von Busot auf etwa 700 m Höhe am Hang des Berges Cabeçó d'Or. Die Cuevas de Canelobre ähneln mit ihren großen Räumen und **eindrucksvollen Kalkformationen** einer Basilika. Wegen der vorzüglichen Akustik werden hier gelegentlich musikalische Aufführungen veranstaltet (Öffnungszeiten: Juli–Mitte Sept., Osterwoche 10.30–19.50, Mitte Sept. bis Juni Mo. bis Fr. tgl. 10.30–16.50, Sa., So., Fei. 10.30–17.50, Uhr).

Ein Stück unverfälschtes Spanien findet man in dem »weißen Dorf« Altea. Die blauen Kuppeln der Pfarrkirche setzen farbige Akzente.

★★ Altea

N 8

Provinz: Alicante
Einwohnerzahl: 22 000
Höhe: 61 m ü. d. M.

Malerisch liegt der alte Ortskern von Altea mit der weithin sichtbaren, blauen Kirchenkuppel auf einer Hügelkuppe. Von oben schweift der Blick über die weißen Häuser der Unterstadt bis zum Meer hinunter. Und umgekehrt: Von der äußeren Hafenmole aus bietet sich ebenfalls ein wundervoller Ausblick auf die kulissenhaft ansteigende Altstadt und die Gebirgszüge am Horizont.

Sehenswertes in Altea

★ **Altstadt**

Der Altstadtkern unterhalb der Pfarrkirche Nuestra Señora del Consuelo macht mit seinen steingepflasterten, steilen Gassen und den weiß getünchten, gepflegten Häusern einen idyllischen Eindruck. Hier sind nicht nur Restaurants, Cafés und Bars zu finden, sondern auch eine Reihe von **Kunstgalerien**, in denen ortsansässige Künstler ausstellen. Zwischen dem alten Ortsteil und dem Strandviertel braust der Durchgangsverkehr auf der Hauptstraße N 332, doch einige Schritte weiter stößt der Besucher auf eine lange Promenade am Meer, wo zahlreiche Restaurants ihre Stühle draußen stehen haben.

Fischerhafen

Im Hafen ankern neben Jachten nach wie vor Fischerboote. Gegen 17.00 Uhr kommen sie von ihrer täglichen Ausfahrt zurück. In der Lonja werden die Fänge dann versteigert.

Auf dem Gemeindegebiet von Altea gibt es Strände unterschiedlicher Qualität von rund 6 km Länge. Zum unmittelbaren Ort gehört **La Roda**, ein mit weißen Kieselsteinen bedeckter Strand. Weiter südlich liegt **Cap Blanc** mit einem Campingplatz der ersten Kategorie und einem weniger steinigen Strand. Auch der **Strand von Cap Negret** ist

Strände

ALTEA ERLEBEN

AUSKUNFT

Tourist Info
Carrer Sant Pere, 9
E-03590 Altea
Tel. 965 84 41 14
Fax 965 84 42 13
altea@touristinfo.net

ANREISE

Busverbindung von Alicante und Valencia, Bahnverbindung mit der FGV von Alicante
Man erreicht Altea über die Autobahn A 7 Valencia–Alicante. Die Abfahrt Nr. 64, etwa 13 km nördlich von Benidorm, führt nach L'Olla, von dort sind es nur noch 3 km bis Altea.

EINKAUFEN

Trödelmarkt
Die Strandpromenade Sant Pere ist dienstags Schauplatz für einen vielbesuchten Trödelmarkt.

ESSEN

Zahlreich sind die Restaurants an der Promenade. Italienische, österreichische und chinesische Küche haben jedoch nicht die auf Fisch spezialisierten Lokale verdrängen können.

▸ Erschwinglich

San Miguel
Calle Mar, 65
Tel. 965 84 04 00
Sa., So.abends und Di. geschl.
In dem von Geschäftsleuten und Sommerfrischlern aus Madrid besuchten Restaurant des gleichnamigen Hotels sind Reisgerichte jeder Art und speziell Paella Trumpf. Die hausgemachten Nachspeisen, z. B. die Zitronencreme, sind der krönende Abschluss eines vorzüglichen Menüs.

ÜBERNACHTEN

▸ Luxus

Meliá Altea Hills Resort
Urb. Altea Hills, C/ Suecia s/n
Tel. 966 88 10 06
Fax 966 88 10 24
www.sh-hoteles.com
Traumhafte Lage, mit luxuriösem Komfort ausgestattete Zimmer im mediterranen Stil, die keine Wünsche offen lassen.

▸ Komfortabel

Hotel Altaya
Sant Pere, 28
Tel. 965 84 08 00
Fax 965 84 06 59
www.hotelaltaya.com
An der Strandpromenade gelegen, schöne geräumige Zimmer mit Bad; Restaurant mit frischer Mittelmeerküche.

Hotel Cap Negret
Ctra. Alicante–Valencia
Tel. 965 84 12 00
Fax 965 84 16 00
www.hotelcapnegret.com
Große Hotelanlage direkt am Strand. Alle Zimmer haben Balkone mit wunderbarer Aussicht auf die Küstenlandschaft. Animationsprogramm sowie Schwimmbad und Gärten.

Blick von La Nucía auf das malerisch gelegene Bergdorf Polop

eher steinig. An diesem und dem Strand von Olla finder am zweiten Samstag im August um Mitternacht das spektakuläre **Feuerwerk Castillo del la Olla** statt. Etwas weiter, beim Pueblo Mascarat mit seinem mondänen Jachthafen, gibt es einige kleine Buchten, die sich zum Baden eignen. Die Strände sind dem Nordwind ausgesetzt, im Winter fallen die Temperaturen nicht selten unter 10 °C.

Umgebung von Altea

Wandern Altea La Vella, etwa 5 km entfernt, bietet sich als Ausgangspunkt für Wanderungen in der **Sierra de Bérnia** an, ein Gebirge, das bis zu 1130 m über Meereshöhe ansteigt. Startpunkt ist ein Wanderweg bei Font del Garroferet am Ortsrand, der bis zur Font del Runar auf 700 m Höhe etwa zwei Stunden dauert. Von dort zweigen weitere Wanderpfade ab (Auskunft erhält man im Touristenbüro von Altea).

Alfáz del Pi Direkt an Altea grenzt, auf halbem Weg nach Benidorm, im Südwesten der beliebte Wohnort La Alfáz del Pi. Die Strandpromenade an der zum Ort gehörenden Playa del Albir wird »Paseo de las Estrellas« (»Filmstarpromenade«) genannt. Die Namen verschiedener Filmstars sind in Sternform im Marmor der Promenade eingelassen. Sie erinnern an Schauspieler, die bei den jährlich im Juli hier stattfindenden **Filmfestspielen** dabei waren.

La Nucía Etwa 13 km nordwestlich von Altea kann man die zwei ruhigen, landschaftlich schön gelegenen Dörfer La Nucía und Polop besuchen. La Nucía ist für seinen am Sonntagmorgen stattfindenden Flohmarkt bekannt. Hier treffen sich nicht nur die Händler der Gegend, sondern auch die vielen hier lebenden Ausländer, die sich über die neuesten Nachrichten austauschen.

Von La Nucía aus bietet sich ein schönes Panorama auf das benachbarte Polop, das malerisch auf einem Hügel liegt und von Apfelsinenterrassen umgeben wird. Das Dorf war einst Wohnsitz des **Schriftstellers Gabriel Miró** (► Baedeker Special S. 49). Zum Castillo geht ein Weg hinauf, an dem auf Kacheln die 14 Leidensstationen Jesu Christi dargestellt sind. Bekannt ist die valencianisch **Fonts dels Xorrets** genannte Quelle in Polop, die aus 221 Rohren das Wasser sprudeln lässt.

✶ **Polop**

✶ Benidorm

N 8

Provinz: Alicante
Höhe: 15 m ü. d. M.
Einwohnerzahl: 69 000

Obwohl die Touristenhochburg Benidorm wegen ihrer an Manhattan erinnernden Skyline einen zweifelhaften Ruf hat, ist die Anziehungskraft vor allem bei spanischen und britischen Urlaubern ungebrochen. Je nach Sichtweise seiner Besucher, die jährlich zu Millionen den Badeort aufsuchen, ist Benidorm Moloch, Traum, Paradies, Lust und Laster.

»Manhattan des Mittelmeers«

In der seriösen spanischen Tageszeitung »El País« hieß es einmal über Benidorm: »... ein Paradies der Sklaven der Sonne und des Sex, wo sich 70 000 Sardinen im Sand rösten ...« Einige Jahrzehnte zuvor hingegen sah der Schriftsteller Gabriel Miró sein Benidorm noch so: »Aber Benidorm hatte etwas Vertrautes. Man ging auf zwischen dem Blau des Himmels und des Wassers. Sein Meer, sein Klima waren wie geschaffen für sein privates Vergnügen ...« Wie auch immer – aus dem beschaulichen Dorf begann in den 1960er-Jahren ein enormer Bauboom. Sicherlich haben dazu die malerische Lage, das milde Klima und die beiden langen Sandstrände beigetragen, die heute jedoch im Sommer unter den unzähligen Badetüchern regelrecht verschwinden. Mit 5 Mio. Besuchern ist Benidorm das **meistbesuchte Badeziel Europas**. Die bis zu 1558 m hohen Berge schirmen Benidorm von kalten Nordwinden ab, sodass es bei einer Durchschnittstemperatur von 19 °C selbst im Winter nie kalt wird.

Benidorm macht seinem Titel alle Ehre.

Benidorm Orientierung

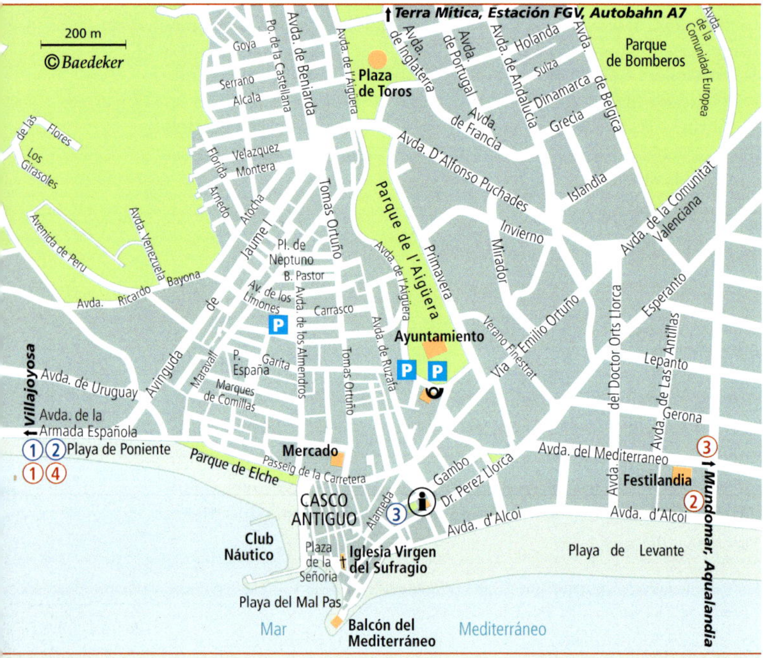

Essen
① La Torreta
② Ulia
③ Meson las Tapas

Übernachten
① Gran Hotel Bali
② Hotel Cimbel
③ Hotel Don Pancho
④ Gran Hotel Delfin

Geschichte Ausgrabungen haben Benidorms Ursprung ans Licht gebracht. Iberer und Römer haben hier gesiedelt. Später errichteten die Mauren ein Castillo, legten Gärten und einen Fischereihafen an. Zu Beginn des 17. Jh.s, als bereits das spanische Imperium am Niedergang war, erlebte Benidorm eine **Blütezeit**. Dank seiner Meereslage entwickelte sich ein lebhafter Handel, schon damals hatte der Ort 8000 Bewohner. Doch im 19. Jh. führte der Kampf gegen die napoleonischen Besatzer und die Karlistenkriege zu einem wirtschaftlichen Rückgang. Nur noch der Oliven- und Mandelanbau bestand weiter.

Sehenswertes in Benidorm

Altstadt Vom Altstadtviertel (»casco antiguo«) ist nicht mehr viel übrig geblieben. Die Straßen San Lorenzo, San Vicente, Alicante und Santa Fez bilden einen bescheidenen Rest vergangener Zeiten. Der vom Touristenbüro herausgegebene Stadtplan zeigt zwar die Lage von 142

Hotels und zehn Campingplätzen an, die im 18. Jh. erbaute Kirche Virgen del Sufragio hingegen nicht. Sie liegt an der Plaza de la Señoría, am Fuß der Calle Vicente. Unweit der Kirche, am Passeo de Colón, hat man im **Centro Cultural Marítimo** ein kleines Museum eingerichtet. Anhand von Zeichnungen und Fotos wird eine nicht mehr praktizierte Art des Thunfischfangs erklärt.

★ **Playa de Poniente**

Vom sogenannten Balcón del Mediterráneo, einer sechseckigen Aussichtsterrasse auf einem Landvorsprung zwischen den Avenidas de la Armada Española und d'Alcoy, hat man einen guten Blick über die beiden wichtigsten Strände der Stadt: im Westen die Playa de Poniente und im Osten die Playa de Levante. Beide Strände teilt die kleine **Playa del Mal Pas**, eine geschützte Bucht unter Palmen mit 110 m feinstem Sandstrand.

An der 3100 m langen Playa de Poniente führt eine palmengesäumte Promenade entlang. Der Strand hat einen Zugang für Behinderte, Duschen, Erste-Hilfe-Stationen, Bushaltestellen, Spielplätze, Telefonzellen und Restaurants in der Nähe. Die Fortsetzung der Playa de Poniente im Westen ist die Cala Finestrat mit grobkörnigem Sand.

★★ **Playa de Levante**

Beliebter und noch besser besucht ist jedoch der immer gepflegte, 2100 m lange Levante-Strand mit feinem, weißen Sand. Hier gibt es keinen Durchgangsverkehr, und man kann auf einer breiten Prome-

Exponierte Lage und gute Aussicht: Balcón del Mediterráneo

Terra Mítica Orientierung

nade vorbei an Restaurants und Bars schlendern und die angenehme Ferienatmosphäre genießen.

Wandern Wanderungen führen in das bergige Hinterland von Benidorm, zum Beispiel nach La Cruz, einem Aussichtspunkt 240 m oberhalb der Punta de la Escaleta, die am südlichen Ende des Levante-Strands in das Meer hinausragt. Die leichte Wanderung umfasst eine Gesamtstrecke von etwa 5 km.

Bucht von Benidorm Es lohnt sich, mit dem Auto die Bucht von Benidorm abzufahren. Im Süden, am Ende der Playa de Poniente, trifft man auf verschwiegene Wohnanlagen, und von dort oben hat man einen majestätischen Blick über Benidorm, die Bucht und die vorgelagerte Isla L'Illa, die ein versunkener Teil des Gebirges von Puig Campana sein soll.

Freizeitparks

Mehrere Freizeitparks in Benidorm und Umgebung bieten den Besuchern Unterhaltung. Unweit der Playa de Levante liegt an der Avenida d'Alcoy der Rummelplatz Festilandia. Sehenswert sind die exotischen Meerestiere im **Marine Park Mundomar**, wo man an Vorführungen mit Delfinen und Seerobben teilnehmen kann. Der **Water Park Aqualandia** bietet mit seinen Spaßbädern nicht nur Kindern eine angenehme Abwechslung (▶ Mit Kindern unterwegs, S. 82).

✶ Terra Mítica

In der Terra Mítica gibt es zahlreiche Restaurants und **Europas größte Achterbahn** (etwa 1 km lang und 50 m hoch). Nachbildungen historischer Bauten und mythologischer Begebenheiten geben Einblick in die ältesten Kulturen im Mittelmeerraum, dargestellt sind zum Beispiel der Flug des Phönix, die Rettung des Odysseus, das Labyrinth des Minotaurus oder die Geheimnisse der gewaltigen Cheops-Pyramide (Öffnungszeiten: Mitte März bis Juni tgl. 10.00–20.00, Juli bis Mitte Sept. bis 1.00, Mitte Sept.–Okt. Fr.–Sa. 10.00–20.00 Uhr).

Terra Natura

Im neuen Zoo neben der Terra Mítica sollen die Besucher Kontakt mit den Tieren aufnehmen. Von den 200 Tierarten gelten 50 als vom Aussterben bedroht. Auch gut 160 Arten von Bäumen und Pflanzen erwarten die Besucher (Öffnungszeiten: tgl. 10.30–17.00 Uhr).

Umgebung von Benidorm

Callosa d'En Sarrià

Etwa 17 km landeinwärts von Benidorm liegt Callosa d'En Sarrià an der Kreuzung der Landstraßen CV 755 und CV 70. Zwei Flüsse, der Río Algar und der Río Guadalest, umfließen den aus der maurischen Epoche stammenden Ort. Reich an Wasser ist auch die Gegend, und

BENIDORM ERLEBEN

AUSKUNFT

Avda. Martínez Alejos, 16
E-03500 Benidorm
Tel. 965 85 13 11, Fax 966 80 88 58
www.benidorm.org

ANREISE

Busverbindung von Valencia und Alicante

ESSEN

Benidorm bietet seinen Gästen alles, von Schnitzel und Kartoffelsalat über Bratwurst mit Sauerkraut, von Pizza und Spaghetti über Nasi Goreng bis hin zur regionalen Küche. Die Anzahl der Restaurants und Bars ist so riesig, dass man jeden Tag im Jahr woanders essen gehen könnte.

► Fein & Teuer

① ***La Torreta***
L'Alfàs del Pi
Tel. 966 86 65 07
Sa.nachmittag und So. geschl.
Restaurant mit internationaler Menükarte in angenehmer Umgebung. Gute Weinauswahl.

► Erschwinglich

② ***Ulia***
Av. Vicente llorca Alós, 15
So.abends, Mo. geschl.
Tel. 965 85 68 28
Geplegtes Restaurant an der Playa de Poniente mit Terrasse; große Auswahl an Reisgerichten und Meeresfrüchten. Rustikales Ambiente, gute Lammgerichte und ein gepflegter Weinkeller.

► Preiswert

④ ***Meson Las Tapas***
C/ del Pintor Lozano, 6
Tel. 966 80 85 13
Beliebte Tapasbar mit einem großen Angebot an Tapasspezialitäten.

ÜBERNACHTEN

► Luxus

① ***Gran Hotel Bali***
Calle Luis Prendes, s/n
Tel. 966 81 52 00
Fax 966 81 52 08
www.granhotelbali.com
Mit 186 m Höhe ist das futuristische Gebäude Spaniens höchstes Feriendomizil. Health & Beauty Center, zwei Restaurants, traumhafte Pool-Lagune und Gartenanlage; Strand nur 5 Min. entfernt.

► Komfortabel

② ***Hotel Cimbel***
Avda. Europa, 1
Tel. 965 85 21 00
Fax 965 86 06 61
www.hotelcimbel.com
Direkt am Strand gelegen, angenehme Atmosphäre, geräumige Zimmer, teilweise mit Meerblick; Restaurant, Pool und Solarium. Für Behinderte geeignet.

③ ***Hotel Don Pancho***
Avda. Mediterráneo, 39
Tel. 965 85 29 50
Fax 965 86 77 79
www.don-pancho.com
Nobel eingerichtetes Haus, komfortable Zimmer mit Meerblick, Restaurant.

④ ***Gran Hotel Delfin***
Av. Vicente Llorca Alós, 19
Tel. 965 85 34 00, Fax 965 85 71 54
www.granhoteldelfin.com
Am Poniente-Strand in La Cala gelegen, dem ruhigsten Winkel von Benidorm. Das Hotel ist von einer außerordentlich schönen Parkanlage umgeben. Die Aufenthaltsräume sind mit Antiquitäten und Kunsthandwerk eingerichtet.

das zeigen endlose Mispel- und Orangenplantagen. Aber auch Kiwis, Avocados und Chirimoyas (wohlschmeckende Früchte eines tropischen Baumes) gedeihen dank des milden Klimas prächtig.
Callosa ist eine typische spanische Kleinstadt mit sehr engen, verwinkelten Straßen und Gässchen. Ein Rundgang durch die lebhafte Altstadt führt zur **Iglesia de San Juan Bautista**, die Kirche Johannes des Täufers. Sie wurde im 14. Jh. erbaut und durch diverse Piratenüberfälle so beschädigt, dass sie im 18. Jh. wieder erneuert werden musste. Nun hat sie eine neoklassizistische Fassade. Im **Cactus d´Algar** gedeihen 500 Arten an Kakteen und Sukkulenten (Öffnungszeiten: Sommer 10.00–20.00, Winter bis 18.00 Uhr.

Fuentes del Algar

Drei Kilometer von Callosa d'En Sarriá entfernt, auf der C 3318 in Richtung Pego, plätschern die Fuentes del Algar, die Algar-Quellen. Algar kommt aus dem Arabischen und bedeutet »Loch.« Naturschwimmbecken laden zur Erfrischung ein. Umgeben von einer reichen Vegetation gibt es hier auch einige kleine Wasserfälle und einen Picknickplatz mit Grillstellen.

★ Biar

J 8

Provinz: Alicante
Höhe: 700 m ü. d. M.
Einwohnerzahl: 3700

Am Platz der Bienen, lat. »Apiarium«, etwa 8 km östlich von Villena, »besticht« der kleine Ort Biar durch sein malerisches Dorfbild und seine restaurierte Burg aus dem 13. Jahrhundert. Obstbaumhaine, Mandelbäume und wild blühende Pflanzen bieten heute noch vielen Imkern in Biar und Umgebung eine wirtschaftliche Grundlage.

Typische Kleinstadt

Auch die umliegende Landschaft mit den sanften Hügeln, die alsbald in Berge übergehen, den Olivenhainen, dunklen Zypressen und struppigen Kiefern machen den Reiz von Biar aus.
Der Ort hat sich viel von einer typisch spanischen Kleinstadt bewahrt. Tante-Emma-Läden, in denen die Nachbarsfrauen schwatzen, und ruhige Gassen mit spielenden Kindern beleben das Bild. Eile scheint man hier nicht zu verspüren. Die Menschen sind freundlich und immer für ein Schwätzchen zu haben.

Sehenswertes in Biar und Umgebung

★ Burg

Durch enge Gassen, vorbei an gepflegten Häusern, steigt man zur stattlichen Burg aus dem 13. Jh. hinauf, die das Dorf krönt. Wegen Renovierungsarbeiten ist sie innen leider nicht zu besichtigen. Um die Außenanlage in Augenschein zu nehmen, muss man sich im Rat-

! Baedeker TIPP

Wandern

Zu empfehlen ist eine Wanderung auf dem PR-V 155 (Pequeño Recorrido = Kleiner Weg) zum 1044 m hohen Gipfel der südlich von Biar liegenden Sierra del Fare. Auskunft erteilt das Touristenbüro (►Biar erleben).

haus den Schlüssel für das Tor geben lassen. Von oben gibt es einen grandiosen Rundblick über die Landschaft und das Dorf. Die aus der Maurenzeit stammende Burg ist nun Nationalmonument. Biar wurde im Jahr 1245 der Krone Aragóns unterstellt, nachdem König Jaime I. die Burg fünf Monate lang belagert hatte. Den besten Blick auf die **Iglesia de la Asunción** hat man vom Burgberg aus. Die Himmelfahrtskirche besitzt eine reich verzierte Fassade im gotischen Stil und eine barocke Sakristei.

Santuario de la Nuestra Seora de Gracia

Wenn man Biar auf der Hauptstraße Richtung Ibi verlässt, folgt man nach etwa 4 km der Ausschilderung zum kleinen Santuario de la Nuestra Señora de Gracia. Dieses Kirchlein aus dem 17. Jh. liegt an einem beschaulichen, von Zypressen gesäumten Platz. Sie beherbergt die Figur der **Ortspatronin von Biar** und ist ein beliebtes Ausflugsziel der Einheimischen.

Biar wird von einer aus der Maurenzeit stammenden Burg überragt.

BIAR ERLEBEN

AUSKUNFT

Tourist Info
Avda. de Villena, s/n
E-03410 Biar
Tel. 965 81 11 77

ANREISE

Busverbindung von Villena

VERANSTALTUNG

Sehenswert ist die *Fiesta Rey Paixaró* (»Fest des Vogelkönigs«) zu Ehren des San Antonio de Abad. Am 16./17. Januar werden auf dem Kirchplatz Hunde, Katzen und Kanarienvögel gesegnet, denn der hl. Abad ist der Patron der Haustiere. Anschließend versteigert man ein Schwein, das in einem großen Gelage mit Wein, Tanz und Musik gemeinsam verzehrt wird.

ESSEN

► Erschwinglich

Fuente El Pájaro
Camino de la Virgen
Tel. 965 81 09 02
Rustikal eingerichtetes Restaurant, das Fleisch- und Fischgerichte aus marktfrischen Produkten sowie leckere Nachspeisen anbietet; zuvorkommender Service.

ÜBERNACHTEN

► Komfortabel

Mas Fontanelles
Carretera Biar-Bañeres, km 4
Tel. 686 42 61 26
www.masfontanelles.com
Wer das Besondere liebt, dem sei das hübsches Landhotel Mas Fontanelles empfohlen, das über einen großen Garten verfügt.

★ Calpe · Calp

08

Provinz: Alicante
Einwohnerzahl: 27 000
Höhe: 58 m ü. d. M.

Schon weit vor Calpe fällt der gewaltige, spitz zulaufende Felsblock, Peñon de Ifach, ins Auge, wo sich Calpes Fischerei- und Jachthafen sowie seine weißen Stränden erstrecken. Hier ist man verwöhnt von einem milden Klima, genießt das Grün der in der Brise raschelnden Palmen und hat majestätische Fernblicke auf die Berge im Hinterland und das Meer.

Namensherkunft

Der Ortsname »Calpe« bedeutet »Fels« und ist dem von Herkules benannten Felsen von Gibraltar entlehnt. Dort soll der Legende nach Herkules mit ungeheurer Kraft das Mittelmeer zwischen Gibraltar und Tanger zum Atlantik hin geöffnet haben – eine mythische Erklärung für die Entstehung der Iberischen Halbinsel. Die Phönizier nannten den Felsen »Ifach« (»Norden«) im Gegensatz zum Felsen von Gibraltar, der im Süden des phönizischen Reiches lag.

CALPE ERLEBEN

AUSKUNFT

Oficina de Turismo
Plaza del Mosquit, s/n
E-03710 Calpe
Tel. 965 83 85 32
Fax 965 83 85 31
calpecentro@touristinfo.net

ANREISE

Busverbindung von Alicante und Valencia
Bahnverbindung mit der FGV (Trenet) von Benidorm und Dénia

ESSEN

An der Hafenpromenade gibt es eine Reihe von Restaurants, die in erster Linie Fischgerichte servieren. Die Gerichte kann man vorab anschauen, denn sie werden, auf Eis ausgebreitet, vor den Restaurants dargeboten.

► Erschwinglich

① ***El Minarete***
Playa la Fossa
Tel. 965 83 88 73
Das auch von Spaniern geschätzte Restaurant El Minarete liegt direkt an der Strandpromenade. Die Gäste erwarten hier leckere Tapas und Reisgerichte.

ÜBERNACHTEN

► Komfortabel

① ***Hotel Apartamentos Galetamar***
Urb. La Galeta, 28
Tel. 965 83 23 11
Fax 965 83 23 28
www.galetamar.com
Großes Hotel mit angenehmen Zimmern, Restaurant und Pool. Viele Sportmöglichkeiten in der näheren Umgebung (Minigolf, Tennis, Wassersport). Besonders bei Familien ist das Hotel beliebt.

► Günstig

② ***Hotel Porto Calpe***
Avda. del Puerto, 7
Tel. 965 83 73 22
Fax 965 83 73 11
www.portocalpe.com
Einfaches, aber angenehmes Hotel beim Peñon de Ifach, nur 100 m vom Strand entfernt.

③ ***Hotel Gran Sol***
3 km nördlich von Calpe
Tel. 965 83 62 82
www.hotelgransolcalpe.com
Hübsches Hotel mit Pool und Garten; sehr gutes Preis-Leistungsverhältnis; Live Musik.

Sehenswertes in Calpe

Iglesia Antigua

Im Altstadtkern, nahe der Plaza de la Villa, steht die Iglesia Antigua aus dem 15. Jahrhundert. Sie wurde einfach »Alte Kirche« genannt, weil direkt daneben die moderne, 1973 erbaute **Kirche Nuestra Señora de las Nieves** steht. Fünf Säulen und Bögen trennen die beiden Kirchenschiffe voneinander. Die einst in die Stadtmauer integrierte und wiederholt renovierte Kirche erinnert an die Zeit, als die Küstengebiete im Mittelalter immer wieder von Piraten überfallen wurden. Aus der Gründungszeit stammen noch die Gemälde der Heiligen Antonio Abad, Cosme und Damián (15. Jh.).

Auf der gegenüberliegenden Seite des Platzes wurde 1996 das Archäologische Museum der Stadt im früheren Rathausgebäude von 1926 eingerichtet. Es enthält Ausgrabungsstücke aus Calpe und Umgebung aus der Zeit vom 3. und 7. Jh. bis in unsere Tage.

Museo Arqueológico

Nördlich der Plaza de la Villa, nahe der Calle Miguel Roselló, sieht man einen Rest der früheren **Festungsmauer** aus dem 15. Jh. mit dem Verteidigungsturm Torreón de la Peça. Zwei Kanonen schwedischer Herkunft aus dem 18. Jh., die im Hafen gefunden wurden, sind heute bei diesem in der Zeit der Piratenüberfälle strategisch wichtigen Turm ausgestellt.
An die alte Stadtmauer erinnert auch das Tor **Forat de la Mar** östlich des Turms. Bei dem Einfall französischer Truppen im Jahre 1813 wurde die Mauer an dieser Stelle gewaltsam durchbrochen.

Torreón de la Peça

Wer an den Festgebräuchen Calpes interessiert ist, findet im **Festmuseum** (Museo Fester) in der Calle José Antonio zahlreiche Ausstellungsstücke, insbesondere Kostüme, die bei den Festen Moros y Cristianos verwendet werden.

Vom Festmuseum geht man die Calle Purísima bis zum Ende und biegt links in die Calle García Ortiz. Hier gibt es noch ein malerisches altes Viertel aus der Maurenzeit, **El Arrabal**, mit engen Gassen und weiß getünchten Häusern, die mit Blumen geschmückt sind.

Wenn man die Calle Ermita südlich des Touristenbüros hinaufgeht und die Avenida Masnou passiert, führen einige Stufen zur Einsiedelei San Salvador aus dem 18. Jahrhundert. Von hier hat man eine wunderbare Aussicht auf die Stadt.

Ermita de San Salvador

Calpe Orientierung

Essen
① El Minarete

Übernachten
① Hotel Apartamentos Galetamar
② Hotel Porto Calpe
③ Hotel Gran Sol

Neben der Avenida de Europa wurden am Strand die Reste einer römischen Villa freigelegt, die zur **antiken Fischmanufaktur** Baños de la Reina, den Königinnenbädern, gehörte.

Ruinen

Der Parque Natural del Peñón de Ifach (valencianisch Penyal d'Ifac) ist mit 35 ha der kleinste Naturpark Spaniens. Er wurde 1987 ins Le-

★★ Parque Natural del Peñón de Ifach / Penyal d'Ifac

ben gerufen, um Flora und Fauna zu schützen, die auch durch das Vordringen von Neubausiedlungen gefährdet waren. Im Mittelpunkt steht der imposante Felsen, der bestiegen werden kann. Der Aufstieg ab Informationshäuschen dauert je nach Kondition bis zu zwei Stunden. Wegen des Andrangs werden zu bestimmten Zeiten nicht mehr als 150 Besucher gleichzeitig hinaufgelassen. Der **Rundblick** von oben ist unübertrefflich, zusammen mit der Meeresbrise, dem Gekreisch der Seevögel und dem Blau des Himmels und des Meeres bietet er ein unvergessliches Erlebnis. Im Infohäuschen am Eingang gibt es eine interessante Ausstellung zur Geschichte sowie zur Flora und Fauna des Naturparks. Informationen: Tel. 965 97 20 15.

Strände

Südlich des Peñón breitet sich jenseits des Boothafens der feinsandige Strand **Cantal Roig** aus, der in die 2 km lange, ebenfalls feinsandige **Playa Arenal** übergeht. Letztere verfügt über alle nötigen Einrichtungen, auch über Zugang für Behinderte. Zum Gebiet Calpes gehört auch die ganz im Süden gelegene **Bucht Gasparet**, die nur vom Meer aus erreichbar und ein beliebtes Tauchrevier ist. Nördlich des Peñon dehnt sich die 2 km lange **Playa La Fossa** (Levante) aus, die mit dem Stadtbus gut erreichbar ist. Auch hier gibt es alle Einrichtungen.

Umgebung von Calpe

Benissa

Wer einmal der Sonne und dem Strandleben entfliehen möchte, findet landeinwärts Abstand davon. Auf der nach Norden führenden Hauptstraße trifft man nach 9 km auf den Ort Benissa mit einem

Westlich vom Peñón de Ifach, dem Wahrzeichen der Costa Blanca, erstreckt sich der feinsandige Strand Cantal Roig.

! Baedeker TIPP

Frische Sardinen

In den Lonjas der Hafenorte haben die Fischer ihre Stammbars. Diese meist sehr schlichten Etablissements servieren häufig ein einziges Fischgericht, z. B. gegrillte Sardinen, »sardinas a la plancha«. Dazu eine Flasche vom weißen Hauswein, und spätestens nun merkt man, dass der Urlaub beginnt.

schönen, gepflegten Altstadtkern. Die Häuser schmücken schmiedeeiserne Balkone und Fenstergitter, und häufig entdeckt man in den Fensterbänken alte, handbemalte Kacheln.

Jalón

Von Benissa führt die CV 750 nördlich nach Jalón/Xaló. Berühmt ist der Ort für seine **Bodegas**, in denen Wein verköstigt wird, z. B. die Weinkellerei Cooperativa Valenciana Virgen Pobre in der Xaló-Alcalali. Die 1961 gegründete Kellerei stellt hauptsächlich Moscatell und eine dunkle Garnachasorte her.
Südlich von Jalón haben Edith und Alexander Aretz das **Eselsgestüt »Les Murtes«** aufgebaut. 60 Tiere, insbesondere spanische Riesenesel, freuen sich auf mitgebrachte Leckereien, wie z. B. Melone. Es gibt ein Gästehaus mit Pool und einer wunderbaren Aussicht.

★ Cartagena

F 19

Provinz: Murcia
Einwohnerzahl: 214 000
Höhe: 3 m ü. d. M.

Geschützt zwischen den schroffen Felshöhen Cabo del Agua und Cabo Tiñoso breitet sich eine weite Bucht aus, an deren Scheitelpunkt Cartagena liegt. Den Naturhafen und die Erzvorkommen in den umliegenden Bergen wussten bereits Karthager, Römer und Araber zu schätzen. Mehrere Ausgrabungsstätten und historische Bauten erinnern an die bewegte Vergangenheit von Cartagena.

Geschichte

Die von den Iberern angelegte Siedlung Mastia wurde 223 v. Chr. von dem Karthager Hasdrubal, einem Onkel des berühmten Hannibal, erobert und Qart Hadassat genannt. Sie wurde die wichtigste karthagische Bastion auf der Iberischen Halbinsel. Doch bereits 209 v. Chr. vertrieben die Römer unter Publius Cornelius Scipio die Karthager und nannten den Ort Carthago Nova, Neu-Kathargo. Um die reiche Ausbeute der geförderten Edelmetalle nach Rom zu verschiffen, entwickelte sich der Ort zu einem **wichtigen Handelshafen**. Nach einer byzantinischen Periode, die bis zum 6. Jh. n. Chr. währte, eroberten die Mauren die Stadt, die sie in Qartana al Halfa oder auch Cartadjanah umbenannten. Sie begründeten Cartagenas Ruf als Werft für Kriegsschiffe und verbesserten die Landwirtschaft entscheidend. Die Stadt wurde 1242 von Ferdinand II. von Kastilien erobert.

Im Jahre 1588 floh der Rest der vor England gesunkenen Armada nach Cartagena, wohin sie von englischen Schiffen unter Sir Francis Drake verfolgt wurden, der die Stadt plündern ließ. Die spanische Kriegsflotte, die sich 1936 auf die Seite der Volksfrontregierung stellte, konnte die Landung von aus Afrika kommenden Truppen Francos in Cartagena nicht verhindern; die Stadt erlitt schwere Zerstörungen.

Seit die Erzminen in der Umgebung wegen mangelnder Rentabilität stillgelegt wurden, hat Cartagena seine einstige Bedeutung als Handelshafen eingebüßt.

Vor dem Rathaus erinnert das Hafendenkmal an die Gefallenen im Spanisch-Amerikanischen Krieg.

Sehenswertes in Cartagena

Im **Hafen** von Cartagena sieht man nicht wie an anderen Küstenabschnitten Sport- und Fischerboote, sondern ausschließlich Kriegsschiffe. Am westlichen Ende erhebt sich das Monumento de los Heroes de Cavite, mit dem der Toten des Spanisch-Amerikanischen Krieges 1898 gedacht wird. Südlich davon kann man an einem Kai eines der **ältesten U-Boote der Welt** besichtigen, das 1888 von Isaak Peral aus Cartagena (►Berühmte Persönlichkeiten) konstruiert wurde und dessen Namen trägt. Parallel zur Hafenpromenade verläuft die 1775 auf Geheiß von Karl III. erbaute **Wehrmauer Muralla del Mar**.

Plaza del Ayuntamiento

Nördlich vom Denkmal weitet sich die Plaza de Ayuntamiento, der Rathausplatz. Hier steht der 1907 im Jugendstil erbaute Palacio Consistorial (Rathaus) mit einer schönen Marmortreppe.

Catedral Vieja, Teatro Romano

Vom Rathausplatz, dem Herzen der Altstadt, gelangt man am Ende der Calle Cañón zur Cuesta de las Barones, dem Baroninnenhügel, wo die Alte Kathedrale (Catedral Vieja) aus dem 13. Jh. zu sehen ist. In der Nähe befindet sich das erst 1987 entdeckte römische Theater aus dem 1. Jh. v. Chr., das bis heute noch nicht vollständig freigelegt ist. Es zählte einst zu den **bedeutendsten Amphitheatern der augusteischen Epoche** und fasste etwa 6000 Zuschauer.

CARTAGENA ERLEBEN

AUSKUNFT

Oficina Municipal de Turismo
Plaza Bastarreche, s/n
E-30203 Cartagena
Tel. 968 50 64 83
Fax 968 52 69 12
www.cartagena.es

ANREISE

Bus- und Bahnverbindung von Murcia

VERANSTALTUNG

Die Prozessionen der Bruderschaften »Los Marrajos«, »Californios« und »Encuentro« während der *Karwoche* sind über die Grenzen der Region hinaus populär.

Cartagineses y Romanos
Zehn Tage lang feiert Cartagena in der zweiten Septemberhälfte seine karthagisch-römische Vergangenheit aus dem 3. Jh. v. Chr. Die Stadt verwandelt sich dabei in ein Heerlager, in dem Soldaten, Priesterinnen, Bauern und Adlige umherwandeln, ausgelassen essen und trinken, die Hochzeit von Hannibal Barkas mit der iberischen Königstochter Himilce feiern und so die Antike wieder aufleben lassen.

ESSEN

▶ Fein & Teuer

José Maria Los Churrascos
Avda. De Filipinas, 13
Tel. 968 13 61 44
Das Restaurant bietet exzellente regionale Küche, außerdem hat es einen anerkannt guten Weinkeller.

Mare Nostrum
Paseo de Alfonso XII
Tel. 968 52 21 31
Das Lokal besticht durch seine hervorragende Lage im Sporthafen. Bei abwechslungsreicher Küche im Speisesaal mit Panoramablick oder auf der Terrasse über dem Meer genießt man einen wunderbaren Ausblick.

▶ Erschwinglich

La Cerdanya
Subida al Plan, 5
Los Dolores
Tel. 968 31 15 78
1.–15. Aug., So., Mo.abends geschl.
In dem rustikalen Speisesaal können Sie Ackergeräte und typische Ornamente der Cerdanya betrachten. In der Küche werden nur Zutaten von bester Qualität verwendet.

ÜBERNACHTEN

▶ Komfortabel

Hotel Cartagonova
C/ Marcos Redondo, 3
Tel. 968 50 42 00
Fax 968 50 59 66
www.hotelcartagonova.com
In einer ruhigen Seitenstraße der Calle Real gelegen, gehört das Hotel zu den ersten Adressen der Stadt. Mit großzügigem Spa und Fitnessbereich.

Baedeker-Empfehlung

Alfonso XIII
Paseo Alfonso XIII, 40
Tel. 968 52 00 00
Fax 968 50 05 02
www.hotelalfonsoxiii.com
Elegantes Hotel im Herzen von Cartagena. Die Zimmer sind im englischen Stil möbliert, die Bäder mit Hydromassage ausgestattet. Im Restaurant La Cocina de Alfonso werden lokale Spezialitäten wie »Dorada del Mar Menor« gereicht.

Castillo de la Concepción/ Parques Torres Von der Kathedrale führt ein Treppenweg zum 70 m hoch gelegenen, restaurierten Castillo de la Concepción aus dem 11. Jh., heute als Parque Torres ein öffentlicher Park. Vom Burghügel hat man einen wunderbaren Ausblick auf den Hafen und die Altstadt.

✶ Jugendstilhäuser Zurück zum Rathausplatz geht man nun in die belebte Hauptstraße **Calle Mayor** mit eleganten Jugendstilhäusers. Zu nennen sind hier vor allem das Casino, die Casa Cervantes, die mit Azulejos dekorierte Casa Llagostera und das frühere Gran Hotel von 1916, das heute Sitz einer Bank ist. Weitere Beispiele des Jugendstils sind der im Jahr 1901 für einen wohlhabenden Bergwerksunternehmer erbaute Palacio de Aguirre (Calle Duque, 29) und die Casa Maestre an der Plaza San Francisco, ein Bankhaus, das im Jahr 1906 erbaut wurde.

Casino Wer ein bisschen plaudern, Schach spielen oder lesen möchte, kann im Casino in Cartagena vorbeischauen. Besucher sind durchaus willkommen, und man kann sich auch einfach nur in den gediegen ausgestatteten Räumen umschauen.

Asamblea Regional Eine etwas eigenwillige Mischung aus Jugendstil und Renaissance mit Wandmosaiken, Metallsäulen und einer lichtdurchlässigen Kuppel bildet die Asamblea Regional am Paseo Alfonso XIII. In diesem Gebäude ist die **Regionalversammlung** der autonomen Region Murcia untergebracht. Cartagena erhielt den Sitz der Legislative als Ersatz für entgangene Hauptstadtehren, die ja Murcia zukommen.

Iglesia La Caridad Die Iglesia La Caridad in der Straße gleichen Namens nahe der Plaza San Francisco wurde 1890 im neoklassizistischen Stil erbaut. Sehenswert ist diese Kirche wegen einiger Skulpturen des bedeutenden **Bildhauers Francisco Salzillo** (► Baedeker Special S. 210) und Gemälden von Jusepe Ribera.

Museo Naval Das Marinemuseum (Calle Menéndez Pelayo) hat für die traditionsreiche Seefahrerstadt eine besondere Bedeutung. Hier werden nicht nur prähistorische Fundstücke gezeigt, die im Zusammenhang mit der Seefahrt stehen, sondern auch Navigationsinstrumente, Seekarten und Schiffsmodelle. **Isaac Peral**, dem Erfinder des Unterseeboots, ist eine eigene Ausstellung gewidmet (Öffnungszeiten: Di. bis So. 10.00 bis 13.30 Uhr).

Der bewegten Geschichte Cartagenas widmet sich das in der Calle Ramón y Cajal, 45 im Nordosten der Stadt gelegene Archäologische Museum. Es ist in einer alten Markthalle aus dem 19. Jh. untergebracht und zeigt in mehreren Sälen

i Casino

- In spanischen Städten steht der Begriff Casino nicht für ein Spielkasino, sondern ist ein Klubhaus vor allem für Männer – besonders Rentner (spanisch »jubilados«) spielen hier z. B. Domino oder Schach und unterhalten sich. Meist gibt es auch eine Bibliothek mit Lesesaal.

Plaudern, Lesen oder Schauen – im Casino ist man nie allein, auch Besucher sind willkommen.

Museo Arqueológico Municipal

karthagische, römische, westgotische und arabische Funde, darunter die römische Kopie einer griechischen Hermes-Statue (Öffnungszeiten im Sommer: Di. bis Fr. 10.00–14.00, 17.00–20.00 Uhr, Sa., So. 11.00–14.00 Uhr).

Umgebung von Cartagena

Costa Cálida

An der 250 km langen Costa Cálida (»Heiße Küste«) südlich von Cartagena findet man ruhige und weite Strände, unterbrochen von felsigen Abschnitten. Die meisten Ferienanlagen, Hotels, Wassersportmöglichkeiten und anderen touristischen Einrichtungen befinden sich am ►Mar Menor.

Puerto Mazarrón

Geruhsamer geht es an dem westlich von Cartagena gelegenen Golfo de Mazarrón zu. Die N 332 verläuft hier im Landesinneren, nur ab und an erreicht sie das Ufer, ansonsten erschließen kleine Stichstraßen die Küstenorte. Der 40 km von Cartagena entfernte Badeort Puerto de Mazarrón genoss dank dem Bergbau lange Zeit einen gewissen Wohlstand. Heute sind Fischerei, Landwirtschaft und ein eher bescheidener Tourismus die wirtschaftlichen Standbeine des Hafenstädtchens. Das Rathaus mit Jugendstilelementen in der Fassade, die Kirche San Andres aus dem 16. Jh. und der Wachturm aus dem 17. Jh. am Hafen runden das Ortsbild ab.
Südlich der Stadt, Richtung Bolnuevo, gibt es kleine FKK-Badebuchten. Eine eigenartige Erosionslandschaft, genannt **Ciudad Encantada** (»Verwunschene Stadt«), ist in der Nähe des Bolnuevo-Strandes entstanden: Wind und Wasser haben aus dem gelben Sandstein bizarre Formen herausgeschürft.

★ Cullera

M 11/12

Provinz: Valencia **Höhe:** 3 m ü. d. M.
Einwohnerzahl: 23 000

Culleras Reiz liegt nicht nur in den feinen Sandstränden und touristischen Einrichtungen, sondern auch in seinem Altstadtkern mit schöner, alter Markthalle auf einem mit Bäumen bestandenen Platz. Ein Weg schlängelt sich hinauf zu der oberhalb des alten Fischerdorfs gelegenen Burg aus dem 13. Jahrhundert.

Beliebtes Urlaubsziel für Einheimische

Inmitten weiter Orangenplantagen und am Rand der lauten Hauptstraße N 332 nach Valencia erinnern die bis zu zehnstöckigen Apartmenthäuser des Ferienzentrums Cullera an Benidorm, doch herrscht hier nur in den spanischen Sommerferien im August richtig Hochbetrieb, wenn die Madrileños und Valencianos in ihren Ferienwohnungen Urlaub machen. Dann schnellt die Bewohnerzahl bis auf 100 000 hoch, der breite **Hauptstrand San Antonio**, von einer Promenade mit unzähligen Straßencafés und -restaurants gesäumt, quillt dann über.

Malerisch thront die Burg von Cullera auf einem Hügel. Von hier blickt man weit über die fruchtbare Küstenebene.

CULLERA ERLEBEN

AUSKUNFT

Tourist Info
C/ Riu, 38, E-46400 Cullera
Tel. 961 72 09 74
Fax 961 73 80 62
cullera@touristinfo.net

ANREISE

Bahn- und Busverbindung von Valencia

ESSEN

► **Fein & Teuer**

Casa Salvador
L'Estany de Cullera
Tel. 961 72 01 36

In dem gemütlichen Restaurant werden vor allem Fisch- und Reisgerichte serviert; berühmt sind die Paellas. Im Sommer sitzt man auf einem Balkon mit Blick aufs Meer.

ÜBERNACHTEN

► **Günstig**

Hotel Carabela II
Avda. Diagonal del País Valenciano, 41
Tel./Fax 961 72 40 70
www.hotelcarabelaii.com
Zwischen Stadt und Strand gelegen. Schlicht eingerichtet, aber ruhig; alle Zimmer mit Terrasse und Bad.

Sehenswertes in Cullera

Hafen

Der idyllische Flusshafen liegt nur fünf Minuten vom Stadtkern entfernt. Boote jeder Größe schaukeln am Ufer des Río Júcar (valencianisch Riu Xúquer) und Fischer flicken ihre Netze. Nachmittags gegen 17.00 Uhr werden die Fischfänge des Tages dann in der Lonja versteigert.

Iglesia de la Purísima Xiqueta

Die neugotische Iglesia de la Purísima Xiqueta (valencianisch »Kirche der Reinen Kleinen«) mit einem achteckigen Turm wurde erst 1929 eingeweiht. Eindrucksvoll ist der prächtig geschnitzte und **vergoldete Altar** der dreischiffigen Kirche. Er wurde 1941 von dem Valencianer Tomás Calco gearbeitet. Eine Holzmalerei darauf stellt die Stadtpatronin dar. Laut Überlieferung ist dieses Werk von zwei Pilgern im Jahr 1624 zurückgelassen worden.

Strände

Mit knapp 2 km Länge ist die feinsandige, breite **Playa San Antonio** in Zentrumsnähe der längste und schönste Strand der Stadt. Er geht unmittelbar in den gut 1 km langen **Racó-Strand** über. Beide Strände sind im Hochsommer sehr gut besucht. Unterhalb der Apartmenthochhäuser im Norden der Bucht liegt der kleine Strand **El Faro**, so genannt wegen des oberhalb stehenden Leuchtturms, der nicht besichtigt werden kann. Dieser Strand mit feinem Sand ist nur 100 m lang, hat jedoch alle wichtigen Einrichtungen wie erste Hilfe, Bushaltestelle, Duschen und Restaurants. Auch ist er für Behinderte zugänglich.

! Baedeker TIPP

Stille Plätze für Sonnenhungrige

Wenn man ungestört sonnenbaden will, fährt man am besten zur 650 m langen Playa Dossel jenseits des Leuchtturms (auch mit dem Bus erreichbar). An ihrem Ende schließt sich ein FKK-Strand an. Die gut geschützten Badebuchten Playa Cabo Blaco und Playa Olivos sind auch für Kinder geeignet.

Ebenfalls ruhig geht es an der vom Meer abgetrennten Bucht **Playa Marenyet** zu, die jenseits der Flussbrücke Richtung Estany Cullera liegt. Es gibt dort Duschen, Restaurants in der Nähe und einen Rettungsturm, jedoch keinen Buszubringer.

Umgebung von Cullera

An dem gesamten **Küstenabschnitt Richtung Valencia im Norden und Richtung Gandía im Süden** reihen sich Strand an Strand und zahlreiche Wohnsiedlungen aneinander. Zu ihnen führen durch endlose Orangenplantagen Stichstraßen von der N 332. Die meisten Strände sind relativ schmal und nicht immer gepflegt. Sie werden hauptsächlich von Einheimischen und Sommergästen aus Valencia bevölkert. Go-Kart-Bahnen und Campingplätze säumen die Straßen, dazu kommt die stark befahrene Nationalstraße.

El Perelló ► Erst ab dem 15 km nördlich von Cullera gelegenen Ort El Perelló wird es etwas ruhiger, dort gibt es einen kleinen Fischereihafen, Restaurants und einen Strand. Nicht weit davon entfernt, etwa 6 km Richtung Valencia, kann man beim Parador El Saler golfen.

Sueca In dem Städtchen Sueca, ca. 10 km nordwestlich von Cullera, geht's besonders im September heiß her. Denn da wird beim **Reisfestival Festa de l'Arrós** auf den Straßen Suecas um die Wette gekocht. Überall in der Stadt lodern Holzfeuer. Freunde, Nachbarn und zahlreiche in- und ausländische Gäste kochen miteinander Paella Valenciana. Die beste wird gekürt, gegessen werden freilich alle.

★ Dénia

08

Provinz: Alicante
Einwohnerzahl: 45 000
Höhe: 15 m ü. d. M.

Die Hafenstadt Dénia ist mehr als nur Strandtouristendestination mit ganzjährig mildem Klima – ein betriebsamer Hafen und eine intakte Altstadt mit einigen sehenswerten, historischen Bauten bieten etwas fürs Auge. Zahlreiche weiße Häuser mit den typischen Veranden, genannt »riu rau« (► Baedeker Special S. 236), umgeben von üppigem Grün, schmiegen sich an den Berghang des Montgó.

Geschichte Vermutlich schon in iberischer Zeit besiedelt und von den Griechen ihrer Kolonie Hemeroscopeion einverleibt, wurde der Ort in der Rö-

DÉNIA ERLEBEN

AUSKUNFT

Tourist Info
Pl. Oculista Buigues, 9
E-03700 Dénia
Tel. 966 42 23 67
Fax 965 78 09 57
www.denia.net

ANREISE

Busverbindung von Alicante und von Valencia
Bahnverbindung durch die Schmalspurbahn Trenet mit den Ortem Calpe, Altea, Benidorm und Alicante.
Von der Autobahn A 7 kommend (Abfahrt Nr. 62) fährt man auf der CV 7222 über Ondara zu dem 8 km entfernten Dénia.

FÄHRVERBINDUNGEN

Dénia verfügt neben Alicante über den zweitwichtigsten Hafen der Costa Blanca. Es gibt regelmäßige Fährverbindungen zu den Balearen. Bis nach Ibiza sind es nur 55 Seemeilen, bis nach Formentera 60 Seemeilen und bis nach Mallorca 128 Seemeilen.

VERANSTALTUNGEN

Beim ***Bous a la Mar***, dem berühmten Stiertreiben am Hafen im Juli, rettet man sich mit einem Sprung ins Meer vor freilaufenden Kampfstieren – ein unvergessliches Erlebnis, auch wenn man nur dabei zuschaut.
An Allerheiligen Ende Oktober findet die ***Fira de Tots Sants*** statt, ein Markt mit allerlei Jahrmarktsattraktionen.

Der schönste Anblick von Dénia mit dem Hafen und dem Burghügel bietet sich von der Meeresseite her.

ESSEN

► Fein & Teuer

① ***El Poblet***
Ctra. Las Marinas, km 3
Tel. 965 78 41 79
www.elpoblet.com
So.abends und Mo. geschl.
Kreative Gourmetküche mit Meeresfrüchten und regionalen Spezialitäten, die mit Preisen überhäuft ist.

► Erschwinglich

② ***La Naviera***
c/ Marqués de Campo, 9
Tel. 965 43 21 36
Schwerpunkte der Speisekarte des stilvollen Cafés liegen auf Reis- und Pastagerichten.

③ ***El Pegoli***
Playa de les Rotes
Tel. 966 78 10 35
So.abends und Mo. geschl.
Das einfach eingerichtete Restaurant bietet eine große Auswahl an Meerestieren.

ÜBERNACHTEN

► Komfortabel

① ***La Racona***
Campí Ample, 19, Ptda. Las Rotas
Tel. 965 78 79 60, Fax 965 78 78 61
www.hotel-laracona-denia.com
Kleines Hotel aus dem Jahr 1915 an der felsigen Küste von Las Rotas. Modern eingerichtet.

② ***Port Dénia***
Ctra. Dénia – Jávea, 48
Tel. 965 78 12 12, Fax 966 42 40 34
www.onasol.es
Beim Jachthafen gelegenes Hotel mit Pool und großzügiger Lobby. Alle Zimmer haben einen Balkon.

Dénia *Orientierung*

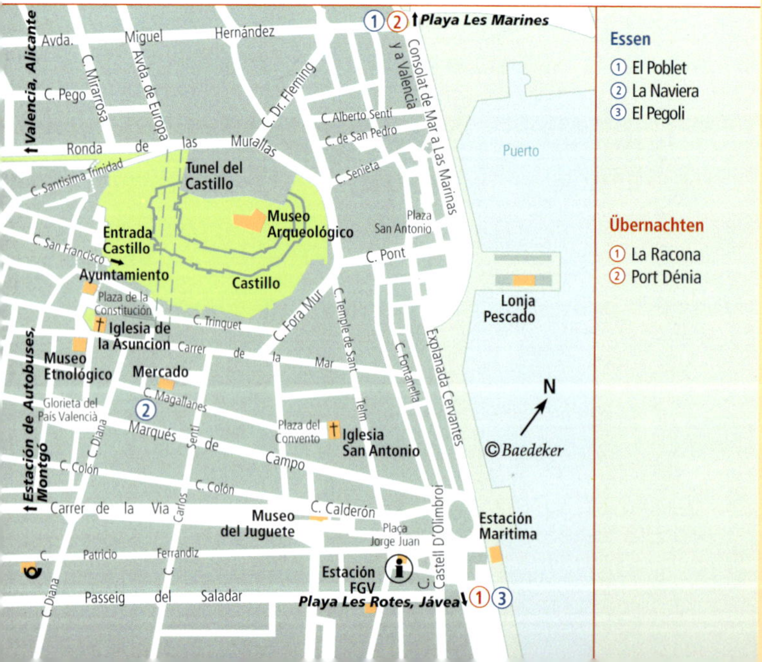

Castillo de Dénia Orientierung

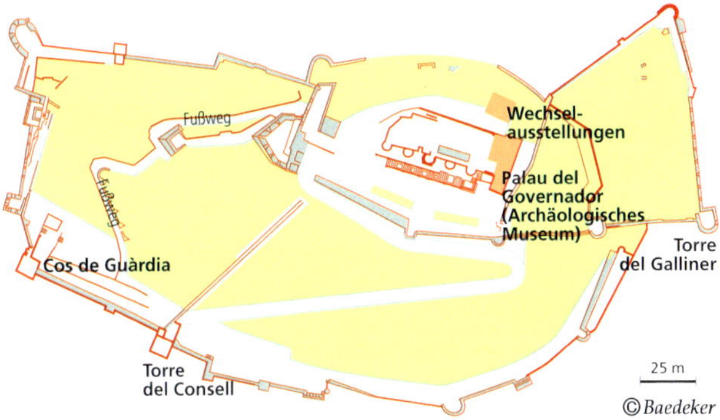

merzeit Dianium genannt. Wahrscheinlich befand sich hier ein der Göttin der Jagd, Diana, geweihter Tempel. In der arabischen Epoche wurde Daniya **Hauptstadt der gleichnamigen Taifa**, die eine gewisse Unabhängigkeit vom Kalifat in Córdoba hatte und sogar eine Zeitlang die Insel Mallorca beherrschte. Im Jahr 1487 wurde die Stadt Grafschaft von Gnaden der Katholischen Könige. Nachdem 1609 die letzten Mauren vertrieben waren, erhielt Dénia im 17. Jh. die Stadtrechte.
Einen wahren Aufschwung erlebte die Stadt Mitte des 19. Jh.s mit dem Anbau und der Verarbeitung von **Rosinen**, die in großem Stil per Schiff ausgeführt wurden. Als sich das Geschäft mit den Rosinen nicht mehr lohnte, begann mit dem Tourismus um 1960 eine neue, bis heute währende Blütezeit.

Sehenswertes in Dénia

Ayuntamiento

Mittelpunkt der Altstadt ist die Plaza de la Constitución mit dem **Rathaus** und der Iglesia de la Asunción. Das Rathaus ist ein stattliches, auf Rundbögen ruhendes Gebäude, mit einer harmonischen Fassade, deren Spitze ein Uhrentürmchen ziert. Von der Plaza de la Constitución führen Treppen hinauf zum Eingang der trutzigen Burg, Wahrzeichen der Stadt.

★ Castillo

Die ältesten Zeugnisse auf dem Burghügel – Reste von Wohngebäuden und Festungen – können bis in die römische Zeit zurückdatiert werden. Das heute sichtbare, typisch mittelalterliche Festungswerk mit dicken Mauern und Schießscharten wurde während der maurischen Besetzung im 11. und 12. Jh. errichtet und in den kommenden Jahrhunderten wiederholte Male verändert. In dem restaurierten, ehemaligen Gouverneurspalast (valencianisch Palau del Governador) aus dem 16./17. Jh. befindet sich das **Archäologische Museum** mit

Man trifft sich, plaudert und isst zusammen in Dénia.

Sammlungen aus den wichtigsten Epochen der Stadt, von der iberischen, römischen und maurischen Zeit bis ins 18. Jahrhundert. Wenn man die Befestigungsmauern entlanggeht, bieten sich wechselnde Panoramen auf die Stadt, die Häfen und den hoch aufragenden Berg Montgó (Öffnungszeiten: tgl. 10.00 – 13.00, 15.00 – 18.00, im Frühjahr bis 19.00, im Sommer bis 20.30, Juli/Aug. bis 0.30 Uhr).

Museo Etnológico Das Ethnologische Museum (Calle Cavallers) dokumentiert das Leben der Städter seit Beginn des 19. Jh.s, als die Verarbeitung von Rosinen Haupteinnahmequelle war. Anhand von Fotos, Arbeitsutensilien, Kleidung und Keramiken kann man das Leben in der »guten alten Zeit« vor dem Touristenboom nachvollziehen (Öffnungszeiten: Di. bis Sa. 10.30–13.00, 16.00–19.00, So. 10.30 bis 13.00 Uhr).

Museo de Juguete In die Zeit der Kindheit kann man sich im **Spielzeugmuseum** (C/ Calderon) zurückversetzen. Ausgestellt ist Spielzeug vom Anfang des 20. Jh.s bis in die 1960er-Jahre (Öffnungszeiten: tgl. 10.00–13.00, 16.00–20.00 Uhr).

Calle Marqués de Campo Die **Hauptgeschäftsstraße** von Dénia, die Calle Marqués de Campo, wird von Platanen gesäumt. Hier fallen vor allem die vielen Konditoreien mit feinen Kuchen auf. An Wochenenden ist sie das Reich der Fußgänger; aus einem der Cafés kann man das Treiben beobachten.

Strände In der Umgebung von Dénia gibt es Strände von insgesamt 20 km Länge. Während im Norden flach abfallende Strände mit feinem Sand überwiegen, gibt es im Süden kleine, verborgene Felsbuchten wie etwa die **Playa Les Rotes**, die gerne von Schnorchlern und Anglern aufgesucht wird. Zwischen den Felsen und Höhlen der vom Festland schwer zugänglichen Buchten im Naturschutzgebiet Cova Tallada (»Ausgeschliffene Höhle) beim Cabo de San Antonio im äußersten Süden können auch Taucher ihrem Hobby fröhnen. Nördlich vom Hafen und mit dem Bus erreichbar erstreckt sich die feinsandige **Playa Les Marines** mit 2550 m Länge. Dieser herausragende Strand ist wie die meisten Strände im Norden mit allen wichtigen Einrichtungen ausgestattet.

Umgebung von Dénia

Parque Natural del Montgó

Der lang gestreckte, weithin sichtbare Montgó erreicht eine Höhe von 753 m. 1987 wurde der 825 ha große Naturpark um den Berg eingerichtet. Zahlreiche Pfade führen durch das Gelände; die schönste Tour durch die **vielfältige Flora und Fauna** ist der Aufstieg von Norden über den Bergrücken zur Spitze (4–5 Std.). Im Touristenbüro in Dénia erhält man einen kleinen Prospekt, in dem die Wanderungen ausführlich beschrieben sind. Das Informationsbüro des Parks befindet sich im Cami de Sant Joan, 7, in der Finca del Bosc des Diana, unweit von Dénia (Öffnungszeiten: Mo.–Fr. 8.00–15.00 Uhr; Tel. 966 42 32 05) .

Benidoleig

Der kleine Ort Benidoleig, der vom Anbau von Wein, Mandeln und Oliven lebt, liegt 15 km westlich von Dénia und kann über Ondara erreicht werden. Das Interessante an diesem Ort ist die **Höhle von las Calaveras**. Dort wurden im Jahr 1768 zwölf Totenköpfe gefunden, deren Herkunft bis heute nicht geklärt werden konnte. In der Höhle gibt es einen See.

★★ Elche · Elx

J 6

Provinz: Alicante
Höhe: 85 m ü. d. M.
Einwohnerzahl: 222 000

Zwar liegt Elche (valencianisch Elx) in einer der heißesten Gegenden Spaniens, trotzdem kann man es gut aushalten in der Stadt zu beiden Seiten des Río Vinalopó. Wird man doch vor der Sonne geschützt von nicht weniger als 200 000 Palmen. Durch ihren in Europa einzigartigen Palmenwald ist die Stadt bekannt geworden.

Wirtschaft

Vermutlich brachten schon die Phönizier die Dattelpalme im 5. Jh. in dieses Gebiet, doch führten erst die Mauren ein ausgeklügeltes Bewässerungssystem ein. Heute noch spielt die Produktion von Datteln eine bedeutende Rolle. Wichtigster Wirtschaftszweig in der nach Valencia und Alicante drittgrößten Stadt der Region ist jedoch die **Schuhfabrikation**.

Geschichte

Wie so viele Orte in diesem Landstrich ist auch Elche auf den Mauern arabischer Bauwerke entstanden. Doch die Geschichte reicht noch weiter zurück. Etwa 2 km südlich der heutigen Stadt findet man die Ausgrabungen von La Alcúdia, wo die Geschichte von Elche im 6. Jh. v. Chr. begonnen haben mag. In dieser von den Iberern »Helike« genannten Siedlung fand man 1897 die berühmte **Büste der Dame von Elche**. Die Römer gründeten hier ihre Kolonie Julia Illici Augusta. Im 8. Jh. verlegten die Araber die Stadt an ihren heutigen Standort und blieben hier bis zu ihrer Vertreibung im Jahr 1265.

Sehenswertes in Elche

✶ Palacio de Altamira/ Museo Arqueológico Municipal

Die meisten Sehenswürdigkeiten der Altstadt, hier »Vila Murada« genannt, gruppieren sich um einen großen Platz am Rand des städtischen Palmenwalds (Parque Municipal). An der Calle Diagonal del Palacio, befindet sich der zum **Nationaldenkmal** erklärte Palacio de Altamira, der im 15. Jh. auf den Grundmauern der maurischen Befestigungsanlage errichtet wurde. Verschiedene Könige hielten sich hier eine Zeitlang auf, so Jaime II., Pedro IV. von Navarra und Alfonso II. sowie die Katholischen Könige.

Im Palast ist das Museo Arqueológico Municipal untergebracht, dessen größte Attraktion die originalgetreue **Kopie der »Dama de Elche«** (►Bild S. 41) ist – das Original wird im Archäologischen Museum in Madrid ausgestellt. Die in La Alcúdia aufgefundene iberische Frauenbüste aus dem 4. oder 3. Jh. v. Chr. verkörpert eine Priesterin in kultischem Gewand. Ferner kann das Museum eine stattliche Sammlung vorgeschichtlicher, iberischer, griechisch-römischer und islamischer Keramiken und Statuen vorweisen, wie etwa die römische Statue einer kopflosen Venus mit dem schlafenden Eros (Öffnungszeiten: Di. bis Sa. 10.00–13.30, 16.30–20.00, So. 10.30–13.00 Uhr).

✶ Basílica Santa María

Die Basílica Santa María gegenüber dem Palacio de Altamira erkennt man an ihrer großen, blau gekachelten Kuppel und dem festungsartigen Turm. Von diesem hat man eine hervorragende Aussicht auf die Stadt und den Palmengarten. Die der Virgen de la Asunción geweihte Himmelfahrtskirche wurde zwischen 1672 und 1784 auf den Resten einer Moschee erbaut und ist eine der **schönsten barocken Kirchen** an der Costa Blanca. Das prunkvolle Hauptportal und die Barockfassade wurden von dem Straßburger Künstler Nicolás de Busi geschaffen. Die Fenster der Kuppel sind mit Szenen aus dem Misterio de Elche (valencianisch Misteri d'Elx), dem Wunder von Elche, geschmückt. Im Mittelpunkt steht ein sakrales Mysterienspiel, das heute alljährlich zwischen dem 11. und 15. August mit Musik aufgeführt und Tod, Himmelfahrt und Krönung Mariens zum Thema hat. Es wurde erstmals im Jahr 1632 veranstaltet.

In der Semana Santa findet in Elche eine Prozession mit kunstvoll geflochtenen Palmwedeln statt. →

Taubenturm und Palmen im Stadtpark von Elche

Museo de la Fiesta

Westlich der Basilika, in der Calle Mayor, wurde in der Ermita de San Sebastián aus dem 15. Jh. das **Festmuseum** eingerichtet. Hier kann man die Kostüme und Utensilien sehen, die bei den Mysterienspielen verwendet werden (Öffnungszeiten: Di. bis Sa. 10.00–13.30, 17.00–20.30 (Winter bis 20.00), So. 10.00–13.00 Uhr).

La Calaforra

Das einzige Bauwerk, das an die alte arabische Stadtbefestigung erinnert, ist der Turm Calaforra/Calahorra hinter der Basílica Santa María. Er stammt aus dem 12. Jh. und wurde im 14. Jh. neu errichtet.

Baños Árabes

Ebenfalls aus dem 12. Jh. stammen die unterirdisch angelegten **Arabischen Bäder**, die ein raffiniertes System des Luftaustausches hatten. Bäder galten bei den Arabern als Zeichen besonderen Wohlstandes. In den reichen Haushalten gab es Bäder mit dem persischen Namen »abzan«. Die einfachen Leute hingegen mussten ein öffentliches Bad, das »hammam«, aufsuchen, das in jedem größeren Ort vorhanden war und auf die römischen Thermen zurückging. Der Besuch des Badehauses war kein Privileg der Städter, auch die Landbevölkerung ging regelmäßig in die Bäder, die es auch in Murcia und Valencia gab. In Elche sind solche Bäder unterhalb des im 16. Jh. erbauten Convento de la Merced an der gleichnamigen Plaza zu finden (Öffnungszeiten: Di. bis Sa. 10.00 bis 13.30, 16.30–20.00, So. 10.30 bis 13.30 Uhr).

i Bäder in der Maurenzeit

- Körperreinigung ist in der islamischen Welt eine religiöse Pflicht. In den öffentlichen Bädern gab es drei Abteilungen: Zunächst ging man in einen Raum mit einem großen, offenen Brunnen mit kaltem Wasser. Von dort gelangte man in einen temperierten Raum, von dem man kurz darauf in einen geheizten Saal wechselte, in dem man gewaschen und massiert wurde.

Ayuntamiento

Wenn man vom Festmuseum nach Süden geht, gelangt man zu dem 1441 errichteten Rathaus mit einem Eingangsportal im Renaissancestil. An der angebauten Torre de la Vela (»Kerzenturm«) tickt eine Uhr aus dem 17. Jahrhundert. Die zwei kleinen Metallfiguren daran, Calendura und Calendureta genannt, lassen jede Viertelstunde die Glocke erklingen.

✶✶ Palmerar/ El Palmeral

Man hätte Elche nicht gesehen, würde man nicht seine Palmengärten besuchen, die zum **Weltkulturerbe der UNESCO** gehören. Ein eindruckvolles Erlebnis ist ein etwa zweistündiger Spaziergang frühmorgens durch die riesigen Palmenwälder, die sich unmittelbar östlich und nördlich vor der Stadt sowie entlang des Río Vinalopó erstrecken. Auch der **Stadtpark**, der sich gleich hinter dem Touristenbüro ausdehnt, ist von Palmen jeder Art und Größe bewachsen. Doch nicht nur Palmen kann man hier sehen, auch Kakteen, Bougainvilleen und Orchideenbäume. In der Mitte steht ein Taubenhaus, bevölkert von fast ausschließlich weißen Tauben. Außerdem gibt es ein Café mit Terrasse.

Einige Palmen sind nach bekannten Persönlichkeiten benannt worden oder richten sich an anonyme Personen, wie z. B. die Palme mit dem Namen »Al ilicitano Ausente, a la gent d'Elx, que es traba fora« (»An den abwesenden Elchianer, an die Leute von Elche, die außerhalb der Region arbeiten«). Die **Dattelpalme** (lat. phoenix dactylifera; span. palmera) erfordert eine sorgfältige Pflege. Die Früchte werden von November bis Frühjahr geerntet, wobei der einzelne Baum

Elche Orientierung

Essen

① La Masía de Chencho
② Alcúdia
③ La Magrana

Übernachten

① Huerto del Cura
② Milenio
③ Hostal Residencia Candilejas

Kaiserpalme im Huerto del Cura

nur alle zwei Jahre etwa 35 kg Früchte trägt. Von April an wird ein Teil der Palmen zum Bleichen eingebunden. Die gebleichten Zweige (ramilletes) werden zum Palmsonntag in ganz Spanien verkauft.

Der bekannteste Palmeral ist wohl der im Privatbesitz befindliche **Huerto del Cura** (»Garten des Pfarrers«), in der Calle Puerta de la Morera. Hier steht die berühmte achtstämmige Palme, die über 300 Jahre alt sein soll. Zu Ehren von Kaiserin Elisabeth von Österreich, die sie bei ihrem Besuch im Jahr 1894 bewunderte, wurde sie »palmera imperial« (»Kaiserpalme«) genannt. Die sehr gepflegte Anlage besitzt auch einen großen Kakteengarten.

Umgebung von Elche

Parc Arqueològic i Museo de l'Alcúdia

Etwa 2 km südlich von Elche, über die Calle Fray Luis de León zu erreichen, befindet sich in der Carretera de Dolores der Archäologische Park und das Museum von Alcúdia. An dieser Stelle entdeckte man die berühmte **»Dama de Elche«** (► S. 174). Gezeigt werden Fundstücke aus iberischer und römischer Zeit, etwa der Torso eines iberischen Kriegers, Büsten eines Richters und eines Kindes, Keramiken, Reste eines Juno-Tempels und ein hellenistisches Mosaik (Öffnungszeiten: April bis Sept. Mo. bis Sa. 10.00–14.00, 16.00–20.00, So./Fei. 10.00–15.00, Okt. bis März Di. bis So. 10.00–17.00, So./Fei. 10.00–15.00 Uhr).

Crevillente

Die Fahrt in die 10 km westlich von Elche gelegene Stadt Crevillente geht durch weite, bewässerte Huertas mit einem Teppich von Zwiebellauch, Artischocken, Auberginen und unterschiedlichen Salatpflanzen. In den Ausläufern der Sierra de Crevillente gibt es zahlreiche Höhlen, die teilweise bewohnt sind, oft jedoch nur als Stall dienen. Das Gebirge steigt bis rund 900 m Höhe an. Crevillente selbst, seit Jahrhunderten wegen seiner großen Teppichfabrik bekannt, hat nur eine Sehenswürdigkeit zu bieten, die Iglesia de Nuestra Señora de Belén

? WUSSTEN SIE SCHON ...?

- In den Tälern und Höhlen der Sierra de Crevillente soll sich im 19. Jh. der berüchtigte Bandit Jaime el Barbudo, der Bärtige, versteckt gehalten haben. Immer wieder stieg dieser »Robin Hood« von den Bergen herab, um reiche Bürger von ihrem Hab und Gut zu erleichtern.

ELCHE ERLEBEN

AUSKUNFT

Tourist info
Parque Municipal, s/n
E-03203 Elche
Tel. 966 65 81 95, Fax 965 45 78 94
www.turismedelx.com

ANREISE

Bahnverbindung von Alicante und von Murcia
Über die Autobahn A 7 von Alicante und Murcia aus zu erreichen

VERANSTALTUNG

Misteri d'Elx: Das Mysterienspiel aus dem 13. Jh. wird in der Basílica de Santa María vom 10. bis 15. August nur von Männern aufgeführt und hat Tod, Himmelfahrt und Krönung Mariens zum Thema.

ESSEN

► Fein & Teuer

① *La Masía de Chencho*
Ctra. Murcia–Alicante, km 62
Tel. 965 45 97 47, So.abend geschl.
Altes Herrenhaus, umfunktioniert zu einem Restaurant im valencianischen Stil. Serviert werden Reis- und Fischgerichte. Zu empfehlen: die gut sortierte Bodega und hausgemachte Nachtische.

► Erschwinglich

② *Alcúdia*
Ctra. de Dolores
Tel. 965 45 44 42
www.restaurantealcudia.com
So.abend geschl.
Einfaches, aber freundliches Ambiente. Hier werden Spezialitäten aus Rind- und Straußenfleisch aufgetischt.

③ *La Magrana*
Avda. de Alicante, 109
Tel. 965 45 82 16
So. abend und Mo. abend geschl.
Restaurant mit schönem Garten; Küche mit Spezialitäten aus Elche.

ÜBERNACHTEN

► Komfortabel

① *Huerto del Cura*
Porta de la Morera, 14
Tel. 966 61 20 50
Fax 966 61 20 60
www.hotelhuertodelcura.com
Kein Hotel im eigentlichen Sinn, sondern in schönen Palmengärten ruhig liegende Bungalows, mit viel Liebe zum Detail eingerichtet.

② *Milenio*
Prolongación de Curtidores
Tel. 966 61 20 33
Fax 966 61 52 04
www.hotelmilenio.com
Inmitten von Palmen gelegenes Hotel mit hellen, geräumigen Zimmern.

► Günstig

③ *Hostal Residencia Candilejas*
Calle Doctor Ferrán, 19
Tel. 965 46 65 12
Fax 965 46 66 52
Einfaches Hotel mit funktionell ausgestatteten Zimmern, nicht weit vom Zentrum entfernt.

(Calle San Cayetano). In der Kirche wurde das kleine **Museo Monográfico Mariano Benlliure** eingerichtet, das dem Bildhauer Mariano Benlliure y Gil (► Berühmte Persönlichkeiten) gewidmet ist. Gezeigt werden einige Arbeiten des Künstlers (zurzeit geschlossen).

Elda · Petrer

J 7

Provinz: Alicante
Einwohnerzahl Elda: 55 000
Höhe: 395 m ü. d. M.
Einwohnerzahl Petrer: 33 000

Am Río Vinalopó, an der ehemals wichtigen Handelsstraße, die Kastilien mit dem Hafen Alicante verband, liegen die nur 4 km voneinander entfernten Städte Elda und Petrer. Sie sind im Laufe der Geschichte zwar zusammengewachsen, sprechen aber unterschiedliche Sprachen: Elda Kastilisch und Petrer Valencianisch.

Zweisprachige Doppelstadt

Der in der maurischen Epoche Idella genannte Ort **Elda** kam im Jahr 1304 zum Königreich Valencia und blieb, nach der Ausweisung der Mauren 1609 quasi ohne Bevölkerung. Nach einiger Zeit siedelten sich Bauern aus Kastilien an, die bis auf den heutigen Tag ihre Sprache beibehielten. In dem von den Römern gegründeten **Petrer** hingegen herrschte der Graf von Cocentaina, er ließ den Ort rund um die alte arabische Burg mit seinen Untertanen aus dem valencianischen Sprachraum besiedeln. Bedingt durch den Aufschwung der Schuhindustrie, nahm die Besiedlungsfläche beider Orte so stark zu, dass sie praktisch zu einer Stadt zusammenwuchsen, nur die Verwaltungen blieben getrennt.

ELDA & PETRER ERLEBEN

AUSKUNFT

Tourist Info
Im Museo del Calzado
Avda. de Chapí
E-03600 Elda
Tel. 965 38 30 21

ANREISE

Bahn- und Busverbindung von Alicante

ESSEN

► **Fein & Teuer**

La Sirena
Avda. Madrid, 14, Petrer
Tel. 965 37 17 18, www.lasirena.net
Das ausgezeichnete Restaurant hat sich auf Fisch und Meeresfrüchte spezialisiert und verwöhnt mit kreativer Küche. Elegant und modern eingerichtet, schöne Tapas-Bar.

► **Erschwinglich**

Fayago
Colón 19, Elda
So.abend und Mo. geschl.
7. bis 27. August geschl.
In dem Familienunternehmen wird in zwangloser Atmosphäre traditionelle Küche serviert.

ÜBERNACHTEN

► **Günstig**

Hotel AC Elda
Avda. Chapí 4, Elda
Tel. 966 98 12 21
Fax 966 98 12 22
www.ac-hotels.com
Gediegenes, gut gepflegtes Hotel in zentraler Lage mit Tagungsräumen und Bankettsaal, Fitnesscenter und Coffeeshop. Im Restaurant La Sabata wird traditionell gekocht.

Das außergewöhliche Sanktuarium La Magdalena stammt von einem Schüler Gaudís.

Wirtschaft

Neben der Schuhindustrie spielte lange Zeit die Herstellung von **Espartogras** eine Rolle. Dieses Naturmaterial aus einer harten Grasfaser wurde zu Schuhen und anderen Gebrauchsgegenständen wie Taschen und Körben verarbeitet. Der Handel damit reichte bis nach Madrid.

Sehenswertes in und um Elda und Petrer

Die **Burg** im Stadtteil Petrer ist vollständig renoviert. Falls sie geschlossen ist, kann man sich im Rathaus den Schlüssel holen. Da die Anfahrt zur Burg vom Hauptort Elda aus sehr verwirrend ist, nimmt man am besten die Autobahnabfahrt Petrer. In Elda zeigt das **Archäologische Museum** (Calle Principe de Asturias, 40) prähistorische Exponate wie Keramik aus der iberischen und römischen Epoche (Öffnungszeiten: Sept.–Juni Mo.–Fr. 10.00–14.00, 16.30–19.00, Sa. 10.00–13.30 Uhr, Juli, Aug. Sa. geschl.).

★ Santuario de Santa Magdalena

Wenn man auf der Autobahn von Petrer nach Süden fährt und nach knapp 10 km die Ausfahrt nach Novelda wählt, sieht man rechts auf einem Hügel die idyllisch gelegene Kirche Santuario de Santa Magdalena. Man erreicht sie, indem man kurz vor Novelda dem Schild

»Castillo, Santuario« folgt und einige Kilometer bergauf fährt. Der neuzeitliche, etwas skurril wirkende Sakralbau erinnert stark an die Arbeiten des berühmten Baumeisters Gaudí aus Barcelona. Von diesem ruhigen Plätzchen in traumhafter Lage hat man eine herrliche Weitsicht über das ganze Umland von Novelda mit seinen großen Weinbau- und Safrangebieten und den Marmorsteinbrüchen.
In unmittelbarer Nähe dieser Kirche befinden sich die geringen Reste einer mittelalterlichen Festung aus der Maurenzeit, **Castell de Mola**. Nur ein dreieckiger Turm ist einigermaßen erhalten.

★ Gandía

M/N 10/11

Provinz: Valencia
Höhe: 22 m ü. d. M.
Einwohnerzahl: 81 000

Zwischen Bergen und Strand, im Herzen des Gartenlandes La Safor, versteht sich das lebendige Städtchen Gandía in erster Linie als Vermarktungszentrum der umliegenden Huerta. Zum Stadtgebiet gehört auch der 4 km entfernt an der Küste gelegene Hafen El Grao (valencianisch El Grau) und die kilometerlangen weißen Sandstrände, hinter denen sich die Hotelhochhäuser türmen.

Geschichte

Funde in der benachbarten Gemeinde Ador belegen, dass die Iberer noch in Höhlen des umliegenden Gebirges wohnten und nur zur Nahrungssuche hinunter in die Ebene kamen. Die Mauren siedelten in der Ebene und errichteten zu ihrem Schutz Burgen auf den Höhen wie in Bairén, Rótova und Almiserat. Nach der Reconquista wurde Gandía unter Jaime I. Herzogtum. Unter dem vierten Herzog, der als **Herzog von Borja** heilig gesprochen wurde, erlebte die Gegend im 16. Jh. eine Blütezeit. In dieser Zeit bekam Gandía eine Universität, und das gesellschaftliche und geistige Leben florierte.

Sehenswertes in Gandía und Umgebung

★ Palacio Ducal

Am Ostende der Calle Santo Duque liegt am höchsten Punkt der Altstadt der valencianisch »Palau Sant Duc« genannte »Palast des heiligen Herzogs«, der **Stammsitz derer von Borja** (Borgia). Aus dem Geschlecht der Borja ging der Bischof von Valencia, Rodrigo, hervor, der als Papst Alexander VI. einen berüchtigten Platz in der Weltgeschichte einnummt. Sein Urenkel Francisco, 1510 in Gandía geboren, wurde dritter General des Jesuitenordens und später heilig gesprochen. Der Palast ist ein elegantes Gebäude, obgleich in seiner Baugeschichte vom 16. bis 18. Jh. viele Baustile ausgeführt wurden. Das lag wohl auch daran, dass er zuvor den Herzögen von Aragón gehörte und nach der Übernahme von der Familie Borja und auch später nach Gusto der jeweiligen Herrn immer wieder erweitert wurde.

Mehrere **barocke Säle** und der **Innenhof Patio de las Armas** mit einer prächtigen Treppe sind die Hauptsehenswürdigkeiten im Palast. Der Palast wurde 1887 von den Jesuiten ersteigert und 1964 zum Nationalmonument erklärt und restauriert (Öffnungszeiten: Nov.–Mai Mo.–Sa. 10.00–14.00, 15.00–19.00, So. 10.00–14.00, Juni–Okt. Mo. bis Sa. 10.00–14.00, 16.00–20.00, So. 10.00–14.00 Uhr).

La Colegiata

An der Plaza de la Constitución ragt der Turm der gotischen **Kollegiatskirche** empor, die im 13./14. Jh. über einer maurischen Moschee errichtet und im 16. Jh. erweitert wurde. Die einschiffige Kirche besitzt mit dem Südportal und dem Apostelportal zwei interessante Zeugnisse gotischer Bildhauerkunst.

Der Stammsitz der Borjas in Gandía ist ein elegantes Gebäude mit prächtig dekorierten Räumen.

Antigua Universidad Über die Calle Mayor gelangt man zum nördlich liegenden Gebäude der im 16. Jh. von Francisco de Borja gegründeten Antigua Universidad (valencianisch Antica Universitat). Der heute mit einer schönen Barockfassade versehene Bau wurde nach dem Verbot des Jesuitenordens dem Orden der Barmherzigen Brüder und Schwestern übergeben.

Strände Feine Sandstrände, insgesamt fast 10 km lang, liegen nördlich und südlich der Flussmündung. Die am weitesten im Norden liegenden Strände **Playa de Xeraco** und **Playa Nord** (beide über 3 km lang) sind am besten ausgestattet. Sie haben feinen, weißen Sand und alle wich-

GANDÍA ERLEBEN

AUSKUNFT

Info Gandía
C/ Marqués del Campo, s/n
E-46700 Gandía
Tel. 962 87 77 88, Fax 962 86 55 77

ANREISE & VERKEHR

Bahn- und Busverbindung von Valencia
Das historische Zentrum ist Fußgängerzone.

VERANSTALTUNG

Vom 29. Sept. bis zum 3. Okt. wird die *Feria y Fiesta de Gandía* zu Ehren des Schutzheiligen der Stadt, San Francisco de Borja, gefeiert.

ESSEN

► **Fein & Teuer**

Arnadi
Molí, 14, Guardamar de la Safor
Tel. 962 81 90 57
www.arnadi.net
Gemütliches Restaurant mit begrünter Terrasse südwestlich von Gandía nahe der Küste. Exquisite französische Küche.

► **Erschwinglich**

L'Ham
Germans Benlliure 22, Grau de Gandía
Tel. 962 84 60 06
Mo. geschl.
Ausgezeichnetes Lokal am Hafen, berühmt für seine Reis- und Fischgerichte, beliebt bei den Einheimischen.

ÜBERNACHTEN

Baedeker-Empfehlung

► **Luxus**

Molí Canyisset
Ctra. de Beniarjó–Noroeste
La Font d'En Carròs
Tel. 962 83 32 17
Fax 962 83 38 92
www.hotelcanyisset.com
Eine alte Reismühle aus dem 17. Jh. wurde liebevoll restauriert und zum Hotel umgewandelt. 16 Zimmer im Landhausstil mit ausgewählten Antiquitäten, Pool und Massageraum, Restaurant mit valencianischer Küche.

► **Komfortabel**

Borgia
Avda. República Argentina, 5
Tel. 962 87 81 09
Fax 962 87 80 31
www.dchoteles.net
Komfortables Haus im Zentrum Gandías, funktional eingerichtete Zimmer.

tigen Einrichtungen wie Restaurants, einen Buszubringer, Spielplätze, Erste-Hilfe-Stationen sowie Duschen und sind zugänglich für Behinderte.

! Baedeker TIPP

Rundfahrt über die Dörfer

Von Gandía landeinwärts kann man eine landschaftlich schöne Rundfahrt über die Bergdörfer Beniarjó, Vilallonga und Rótova und zum Kloster San Jerónimo de Cotalba aus dem 14. Jh. unternehmen, das tagsüber, außer So., besichtigt werden kann.

Ein Katzensprung nach Süden ist es bis zur malerischen Kleinstadt Oliva, ebenfalls in einem Orangen-Anbaugebiet. Ein Spaziergang durch den einige Kilometer von der Küste entfernten Ortskern führt die steile Gasse Santa Llúcia hinauf in das **alte Viertel Raval**, von wo man einen weiten Blick über die Plaza Sant Roc mit der Kirche hat. Die mit gebrannten Ziegeln gedeckten Kuppeln der Iglesia Sant Roc, einst Moschee, bilden ein schönes Konglomerat von Türmchen und Dächern. Raval war einst Wohngebiet der Moriscos, der zum Christentum übergetretenen, doch deshalb nicht besser behandelten Mauren.

✶ Oliva

✶ Jávea · Xábia

O/P 9

Provinz: Alicante
Einwohnerzahl: 30 000
Höhe: 12 m ü. d. M.

Wegen der häufigen Piratenüberfälle wurde Jávea außer Sichtweite vom Meer errichtet. Piraten kommen nicht mehr, und so konnten die freien Flächen nach und nach mit touristischen Einrichtungen bebaut werden. Deshalb besteht Jávea heute aus drei Teilen: der 2 km landeinwärts gelegenen Altstadt, dem Hafengebiet El Puerto und dem Strand Arenal.

Geschichte

Im Gebiet des heutigen Jávea zwischen dem Cabo San Antonio und dem Cabo San Martín siedelten Griechen und Römer. Natürlich hatten die Mauren das Land unterworfen, und in der Folge erfuhr der Ort das Schicksal der Nachbarstadt Dénia: Reconquista und Markgrafschaft unter den Katholischen Königen. Herausragende historische Ereignisse erlebte dieser Winkel jedoch nicht.

Sehenswertes in Jávea und Umgebung

Altstadt

Im Altstadtkern, etwa zwischen den Straßen Avenida Principe de Asturias und Ronda Sur, gibt es schöne Beispiele traditioneller, mediterraner Baukunst: weiß getünchte Häuser in harmonischen Proportionen, geschmückt mit Blumenkästen auf den Balkonen und hinter vergitterten Fenstern.

Iglesia de San Bartolomé ✶

Die gotische Iglesia de San Bartolomé ist unter den historischen Gebäuden der Altstadt ein Schmuckstück und wurde zum **Nationalmonument** erklärt. Ihr Bau begann im 12. Jh. und wurde erst im 15. Jh. beendet. Im Mittelalter diente sie oft als Rückzugsgebiet bei Piratenüberfällen. Die Schießscharten in den Portalen zeigen die militärische Nutzung der Kirche in jener Zeit.

Museo Arqueológico y Etnográfico Soler Blasco

Im Palacio Antonio Bañuls, einem Palast aus dem 15. Jh. in der Calle Primicias, ist das **Archäologische und Ethnografische Museum Soler Blasco** untergebracht. Die herausragendsten Exponate sind Repliken der Juwelen und Schmuckstücke aus dem **»Schatz von Jávea«**, deren Originale in Madrid zu bewundern sind. Der Schatz stammt aus der iberischen Epoche und wurde 1904 entdeckt. Er enthält zum Beispiel ein Golddiadem vermutlich aus dem Besitz einer edlen Dame (Öffnungszeiten: Juli bis Sept. Di. bis Fr. 10.00–13.00, 18.00–21.00, Okt. bis Juni Di. bis Fr. 10.00–13.00, 17.00–20.00, Sa., So., Fei. 10.00 bis 13.00 Uhr).

! *Baedeker* TIPP

Korbwaren in Gata de Gorgos

Gata de Gorgos, 8 km westlich von Jávea, ist berühmt für die Verarbeitung von Espartogras. Daraus werden Matten, Körbe, Hüte, Taschen und andere Gebrauchsgegenstände geflochten, die in den Straßen des Ortes zum Verkauf ausgestellt sind.

Seepromenade, Playa de Arenal

Unterhalb der Altstadt beginnt am Hafen die nach Süden verlaufende Avenida del Mediterráneo, die Seepromenade. Sie führt bis zum Stadtteil Arenal mit seinem sehr breiten Strand mit weißem, feinem Sand. An der Promenade reihen sich zahlreiche Restaurants, Bars und Cafés. Der Strand Playa de Arenal ist sehr gut mit Duschen, Spielplätzen und Erste-Hilfe-Stationen ausgestattet und bietet Zugang für Behinderte.

Cabo de San Antonio, Cabo de San Martín

Die beiden die Bucht umfassenden Kaps, im Norden Cabo de San Antonio, im Süden Cabo de San Martín, bieten weitläufige Blicke über Stadt und Meer. Zum Cabo de San Antonio führt ein **Wanderweg**, der oberhalb des Jachthafens beginnt. Mit dem Auto erreicht man das Kap in Richtung Dénia, biegt dann kurz hinter Jávea bei der entsprechenden Ausschilderung ab, passiert die Colina de Molinos (valencianisch Puig Molins = Windmühlenhügel) und gelangt so nach wenigen Autominuten zum **Balcón de Jávea**, der herrliche Ausblicke auf die Küstenlandschaft bietet. Vom Cabo de San Martín blickt man auf die kleine Isla del Portichol (valencianisch Portitxol) und bis hinüber zum Cabo de la Nao.

Strände

Unterhalb vom Cabo de la Nao liegt der Strand von **Granadella**. Hier gibt es die wichtigsten Einrichtungen, inklusive Zugang für Behinderte und Schatten spendende Pinien. Ganz in der Nähe, Richtung

Herrlicher Badeplatz in der Bucht von Granadella →

JÁVEA ERLEBEN

AUSKUNFT

Tourist Info
Pl. Església, 4, E-03730 Jávea
Tel. 965 79 43 56, Fax 965 79 63 17
www.ajxabia.com

ANREISE

Busverbindung von Benidorm und Valencia

ESSEN

▸ Fein & Teuer

El Negresco
Ctra. Cabo la Nao, Plá, 55
Tel. 966 46 05 52
Stilvolles Restaurant mit Bar, internationale Küche mit französischem Einschlag.

▸ Erschwinglich

El Labrador
Playa del Arenal, 12
(hinter dem Parador)
Tel. 965 79 00 24
Das Restaurant ist auf Grillgerichte spezialisiert.

ÜBERNACHTEN

▸ Komfortabel

Parador de Javea
Avda. Mediterráneo, 7
Tel. 965 79 02 00, Fax 965 79 03 08
javea@parador.es
Das Gebäude stammt aus der Frühzeit des Tourismus, wurde jedoch ständig renoviert. Sehr schöner Garten und Swimmingpool, bequeme große Zimmer mit Balkon zum Meer.

▸ Günstig

Hotel Miramar
Plaza Almirante Bastarreche, 12
Tel./Fax 965 79 01 00
Hotel an der Playa del Puerto mit Bar und einem guten Restaurant; schöne, zweckmäßig eingerichtete Zimmer.

Flaute für die Segler im Sporthafen

Cabo de la Nao, gibt es einen FKK-Strand, den Strand von Ambolo, der jedoch nur 80 m lang ist und lediglich mit einem Parkplatz und einem Rettungsturm ausgestattet ist.

★ **Cabo de la Nao**

In unmittelbarer Nähe der Stadt befindet sich der 116 m hohe Cabo de la Nao. Die Zufahrt führt durch einen typischen mediterranen Pinienwald, der jedoch mit Urbanisationen und unzähligen Standorten der Immobilienagenturen bebaut ist. Versöhnlicht stimmt im Zusammenhang mit so viel verbauter Natur der Blick vom Kap mit seinem Leuchtturm.

★ Lorca

E/F 14

Provinz: Murcia
Einwohnerzahl: 89 000
Höhe: 330 m ü. d. M.

Die Stadt Lorca, knapp 70 km südwestlich von Murcia gelegen, hat sich den Zauber vergangener Zeiten bewahrt, ganz so, wie man sich Spanien vorstellt. Besonders in der Osterwoche, wenn das Mysterienspiel mit römischen Soldaten und dem leidenden Jesus aufgeführt wird, lebt die Vergangenheit in der ehemaligen Festungsstadt auf.

Geschichte

Die Westgoten unter Todmir hatten sich vor den Mauren, die ab 780 das Gebiet unterwarfen, niedergelassen. Bis in das 13. Jh. hinein machten die Mauren aus dem damaligen Lurka eine blühende Stadt mit Märkten, repräsentativen Gebäuden und einer Burg. Am 23. November 1243 nahm **Alfons**, später »der Weise« genannt, die Stadt im Sturm. Ein Turm im Castillo wurde später nach ihm benannt, die Torre Alfonsina. Wegen ihrer strategischen Grenzlage zum Königreich Granada wohnten in der Stadt mehr Ritter als anderswo, und der **Festungsbau** hatte Vorrang vor allen anderen Maßnahmen. Mit dem Militär kam auch die Geistlichkeit, die stattliche Gebäude hinterließ. Doch nach der Befriedung im Land und der Vereinigung zum spanischen Königreich wurde das Militärische zurückgedrängt, und man besann sich, wie anderswo auch, auf Handel und Landwirtschaft. Bereits im 17. Jh. belief sich die Einwohnerzahl auf mehr als 20 000 Menschen.

? WUSSTEN SIE SCHON ...?

- Lorcas spektakuläre Prozessionen zur Semana Santa gehen auf einen Streit zwischen zwei Bruderschaften 1855 zurück: Die »Blaue Bruderschaft« ließ damals ihre Kostüme mit Goldstickereien verzieren. Die »Weiße Bruderschaft«, deren Satzung eine Ausschmückung der Kostüme nicht erlaubte, inszenierte daraufhin ein religiöses Schauspiel. Seither wetteifern beide Bruderschaften Jahr für Jahr darum, wer seine »pasos« (Gestelle für Kreuze, Statuen u. a. religiöse Gegenstände) am prächtigsten schmückt und wer bei der Prozession den größten Aufwand treibt.

Sehenswertes in Lorca und Umgebung

Altstadt

Die Altstadt (casco antiguo) liegt jenseits der Avenida de Juan Carlos I und wird vom Fluss auf der einen und der Calle Santa Paula auf der anderen Seite begrenzt. In diesem Viertel finden sich die meisten sehenswerten historischen Gebäude.

Plaza de España

Das Herz der Altstadt bildet die Plaza de España (auch Plaza Mayor genannt). Hier stehen mehrere schöne Barockgebäude, darunter das Gericht (Juzgados), früher Gefängnis, das Rathaus (Ayuntamiento) aus dem Jahr 1677 und die Iglesia de San Patricio.

★ Ex-Colegiata de San Patricio

Die ehemalige Stiftskirche San Patricio wurde im 16. Jh. erbaut und erhielt im 18. Jh. eine **schöne Barockfassade**. In Erinnerung an den Sieg über die Mauren am Tag des hl. Patricius 1452 weihte man die Kirche diesem Heiligen. Die Kirche ist innen recht schlicht gehalten, lediglich der Altarraum ist mit qualitätsvollen Gemälden von Camacho geschmückt.

Iglesia de Santiago

Um die Ecke, in der Calle Juan II, steht die Santiago-Kirche. Sie stammt aus dem 16. Jh. und beherbergt einige Statuen des großen murcianischen **Bildhauers Salzillo** (►Baedeker Special S. 210).

Museo Arqueológico Municipal

Nordöstlich von der Kirche befindet sich an der Plaza de Juan Moreno das Städtische Archäologische Museum mit Fundstücken, die die Stadtgeschichte Lorcas dokumentieren (Öffnungszeiten: 15. Juni bis 15. Sept. Di. bis So. 10.30 bis 14.00, 17.00–20.00, 16. Sept. bis 14. Juni Di. bis So. 10.30–14.00, 16.30–19.30 Uhr).

Lorca Orientierung

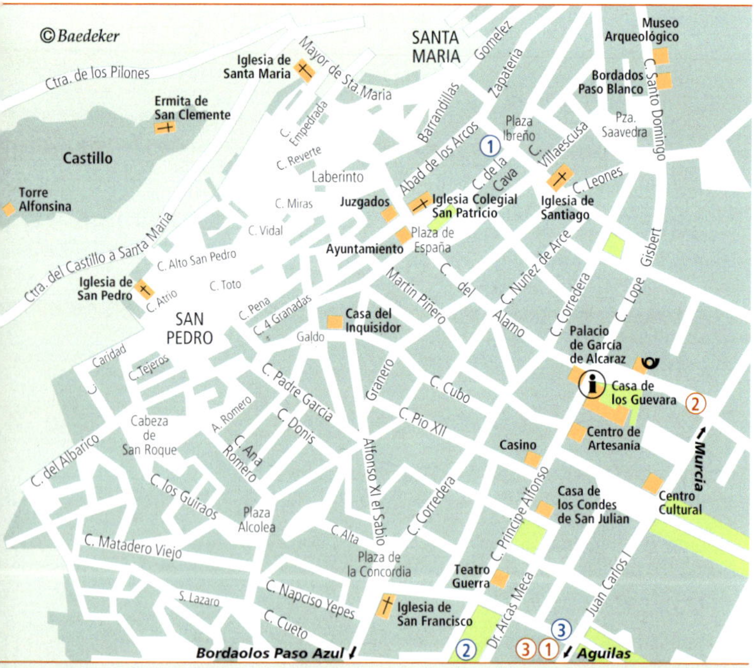

Essen
① La Cava
② El Teatro
③ La Peña

Übernachten
① Hotel Jardines de Lorca
② Alameda Hotel Lorca
③ NH Amaltea

Wenn man von der Plaza de España Richtung Castillo hochgeht, erreicht man in der Calle Mayor de Santa María die Ruine der **Iglesia Santa María** aus dem 15. Jh. mit gotischen Bögen und der Wandmalerei »Die Auferstehung Christi« von Roque López (1701). Einige Gehminuten entfernt steht die **Kirche San Pedro** mit einem gotischen Portal, Malereien von Camacho und der Statue »Divina Pastora» von Salzillo.

Römischer Soldat bei der berühmten Karfreitagsprozession in Lorca

Castillo

Die weitläufige Burg (13. Jh.) überragt weithin sichtbar die Stadt. Typisch ist das militärische Festungswerk mit Schießscharten, Wehrgängen und Türmen (es gab einst 36 Türme!). Auf der Burg gibt es eine Kapelle, die der Stadtpatronin, der Virgen de las Huertas (»Jungfrau der Gärten«), gewidmet ist. Von hier oben hat man einen guten Überblick auf die Stadt. Die Burg ist allerdings nur am 23. November geöffnet, dem Jahrestag der Rückeroberung der Stadt durch die Christen.

★ Palacio de los Guevara

Ein sehr schöner Barockbau ist der Palast der Guevaras (Calle Lope Gisbert, 12). Er stammt vom Ende des 17. Jh.s und beherbergt heute das **Touristenbüro**. Beeindruckend ist das reich verzierte Portal mit vier gewundenen Säulen. Zwischen den oberen Säulen prangt das Familienwappen derer von Guevara.

Centro pera la Artesanía

Im benachbarten Centro pera la Artesanía (**Kunstgewerbezentrum**) wird traditionelles Kunsthandwerk wie Keramik oder Korbarbeiten aus Lorca ausgestellt und zum Verkauf angeboten (Öffnungszeiten: Sommer Mo. bis Fr. 10.00–14.00, 17.30–20.00, Sa. 11.00–13.30, 18.00–20.00, So. 12.00–14.00, Winter Mo. bis Fr. 10.00–14.00, 16.30 bis 19.30 Uhr, Sa., So. wie Sommer).

Iglesia San Francisco

Weiter südwestlich befindet sich die im 16. Jh. gegründete Kirche San Francisco mit einem eindrucksvollen, farbenfrohen Marienbild über dem Hochaltar.

Festmuseen

Dem Wettstreit zwischen Blauer und Weißer Bruderschaft bei der Semana Santa haben wir es zu verdanken, dass es in Lorca gleich zwei Festmuseen gibt, das der »Blauen« in der Calle Nogalte, 7 (Bordados Paso Azul; span. »bordados« = Stickereien) und das der »Weißen« an der Plaza de Santo Domingo (Bordados Paso Blanco).

LORCA ERLEBEN

AUSKUNFT

Oficina Municipal de Turismo
C/ Lope Gisbert, 12
30800 Lorca
Tel. 968 44 19 14
Fax 968 46 61 57
www.lorcaturismo.es

ANREISE

Bahnverbindung von Alicante und Murcia

VERANSTALTUNG

Semana Santa
Lorca ist berühmt für seine spektakulären Prozessionen während der Semana Santa, der Osterwoche, bei denen zwei Bruderschaften die biblischen Geschehnisse mit römischen Soldaten, gaffendem Volk und leidendem Jesus szenisch darstellen. Die Blaue Bruderschaft (Los Azules) und die Weiße Bruderschaft (Los Blancos) wetteifern dabei mit prachtvollen Kostümen und Inszenierungen um die Gunst der Zuschauer.
Höhepunkt ist die Prozession in der Avenida Juan Carlos I. Dort treffen die »Blauen« mit der Virgen de los Dolores und die «Weißen« mit der Virgen de la Amargura unter tosendem Beifall der Bevölkerung in einem gewaltigen Rummel aufeinander.

ESSEN

► Fein & Teuer

① ***La Cava***
Alameda de la Constitución
Residencial Europa, 3
Tel. 968 44 12 47
www.eliorestaurantes.com
So. und vom 1. bis 21. August geschl.
Das elegante Restaurant, das in einem renovierten Haus in der Altstadt eingerichtet wurde, serviert traditionelle, spanische Küche.

► Erschwinglich

Baedeker-Empfehlung

② ***El Teatro***
Plaza de Colón, 12
Tel. 968 46 99 09
Spezialität des Hauses ist Reis mit »pava« (Blumenkohl). Fleischpasteten und »michirones« (gewürzte Bohnen) komplettieren ein gutes Mahl. Preiswert, freundlicher Service.

③ ***La Peña***
Ctra. Águilas, km 62
Tel. 968 46 86 29
Auf der Speisekarte stehen kalte und heiße Vorspeisen, opulente Eintöpfe, Pasta und hervorragend zubereitete Fisch- und Fleischgerichte.

ÜBERNACHTEN

► Komfortabel

① ***Hotel Los Jardines de Lorca***
Alameda Rafael Méndez, s/n
Tel. 968 47 05 99, Fax 968 47 07 19
www.hotelesdemurcia.com
Nur wenige Minuten vom historischen Zentrum Lorcas entfernt. Die Zimmer sind hell und geräumig, einige haben eine Aussichtsterrasse. Eigener Parkplatz, behindertengerechte Zugänge.

Wappen an der Casa de los Condes de San Juan

▶ **Günstig**

② ***Alameda Hotel Lorca***
C/ Musso Valiente 8
Tel. 968 40 66 00
Fax 968 40 66 44
www.hotel-alameda.com
In zentraler Lage in der Altstadt, nur wenige Minuten zum Bahnhof und zum Theater; Frühstücksbüffet, eigene Parkplätze. Von einigen Zimmern hat man eine gute Sicht auf die Prozession bei der Samana Santa.

③ ***NH Amaltea***
Ctra. Granada, 147
Tel. 968 40 65 65
Fax. 968 40 69 89
www.nh-hotels.com
Das Hotel punktet mit eleganter Einrichtung und trotzdem fairen Preisen. Restaurant und Bar sorgen für das leibliche Wohl. Pool, Sonnenterrassen und ein großer Garten machen den Gästen den Aufenthalt angenehm.

Stadt der hundert Wappen

Wenn man durch Lorca spazieren geht, fallen immer wieder Wappen an den verschiedenen, alten Gebäuden auf. Wegen der Vielzahl dieser in Stein gehauenen Familienwappen nennt man Lorca auch »Stadt der hundert Wappen«. Beispiele dafür findet man am Palacio de García de Alcaraz aus dem 16. Jh., gegenüber dem Palast der Guevaras (siehe zuvor), und am **Casa de los Condes de San Julian** in der Calle Principal Alfonso südwestlich vom Centro de Artesanía, ebenfalls aus dem 16. Jahrhundert.

★ Mar Menor

H/J 2/3

Provinz: Murcia **Höhe:** Meereshöhe

Am südlichsten Zipfel der Costa Blanca breitet sich der Mar Menor, das »Kleine Meer« (170 km²) aus. Zum offenen Meer hin ist es fast gänzlich durch einen sehr schmalen Dünenstreifen, die Manga del Mar Menor, abgeschlossen. Da das Meer eine durchschnittliche Wassertiefe von nur 7 m aufweist, liegt die Wassertemperatur relativ gleichmäßig bei 18 °C.

Geschichte

Der Mar Menor war schon bei den Römern beliebt und wahrscheinlich auch bei den Iberern. Einerseits hatten die römischen Herren das milde Klima und den gefahrlosen Zugang zum Wasser für sich entdeckt und sich in eigens gebauten Bädern von den Strapazen des täglichen Lebens erholt. Andererseits war das Meer eine sprudelnde Quelle für Fisch und Salz, und noch heute wird hier in **weitläufigen Salinen** mit Hilfe der Sonne dem Wasser Salz entzogen. Auch die Mauren schienen sich hier wohl gefühlt zu haben, sie befestigten weite Küstenstreifen, um gegen Piratenangriffe gewappnet zu sein. Das vor der Manga del Mar Menor liegende Inselchen Grosa wurde ein wichtiger strategischer Stützpunkt.

Touristische Entwicklung

Für die Bewohner Murcias waren die Strände und Bäder schon vor 100 Jahren ein beliebtes Ausflugsziel. Manche Familien blieben den ganzen Sommer hier, während die Männer ihren Geschäften in Murcia nachgingen. Es war eine Zeit des idyllischen Badetourismus, man wohnte in Strandpavillons, hatte überall Umkleidekabinen errichtet und genoss ansonsten Sonne, Stille und unverbrauchte Natur. Mit dem Tourismus der 50er- und 60er-Jahre des letzten Jahrhunderts wurde vieles anders, jetzt reisten die Leute aus Madrid und anderen Regionen an, die neue Mobilität nutzend. Als die ersten Ausländer das Mar für sich entdeckten, begann der **Bauboom**. Anstelle der kleinen, schlichten Badehäuser und den ins Meer führenden hölzernen Laufstegen schossen nun Hotelklötze in den Himmel, verdeckten zum Teil die Sicht aufs offene Meer und vereinnahmten mit Tausenden von Touristen Land und Wasser.

✶ Salzsalinen von San Pedro del Pinatar

Salzgewinnung

Neben den Stränden und der Lagune an sich bietet die Gegend eine interessante ökologische Umgebung. Im Norden sind es die Salzsalinen von San Pedro del Pinatar, ein über 700 ha großes Feuchtgebiet, in dem zu Zeiten des Vogelzugs **unzählige Wasservögel**, von Gänsen und Enten bis hin zu Flamingos, einfallen. Die Salzgewinnung, schon bei den Römern praktiziert und später von Alfons X. staatlich monopolisiert, findet in abgetrennten flachen Wasserflächen statt. Durch die Sonneneinstrahlung verdunstet das Wasser allmählich, und zurück bleibt pures Salz, das, aufgehäuft und gereinigt, später abgefüllt und in den Handel gebracht wird.

Schon die Mauren wussten die Heilkraft des Schlamms am Mar Menor zu schätzen.

! *Baedeker* TIPP

Wanderung mit Schlammbad

Bereits im ersten Abschnitt des Deiches von Lo Pagán zu den Salinen kann man ein Schlammbad nehmen, von dessen Heilwirkung gegen Rheuma und Hautprobleme schon die Römer überzeugt waren. Sehr angenehm ist eine Wanderung entlang der Salinen bis zur zweiten Mühle La Calcetera (Bild), mit deren Hilfe das Meerwasser in die Salzbecken gepumpt wurde.

Zugang von Lo Pagán aus

Der Zugang zu den Salinen vom Festland aus befindet sich etwa 2 km südlich von San Pedro del Pinatar, in Lo Pagán. Bei der etwas verfallenen Molino de Quintín fährt man auf einen mehrere Kilometer langen Deich, der zunehmend schmäler wird. Man kann entweder gleich am Anfang des Deiches parken und zu Fuß weitergehen oder noch ein Stück weiter meerwärts fahren.

Zugang von Puerto de San Pedro del Pinatar aus

Einen weiteren Zugang zu den Salinen gibt es von Puerto de San Pedro del Pinatar aus. Vom dortigen Informationskiosk führen Pfade nach Süden und man hat einen guten Blick auf die Salinen. Wenn man dem ausgeschilderten Pfad bis hinunter zur Punta de Algas folgt, kommt man an einigen Stränden vorbei, z. B. der Playa La Barraca und der Playa La Llana. Störche, Kormorane, Tölpel und andere Vögel haben ihre Reviere in diesem Feuchtgebiet.

Ziele am Mar Menor

Santiago de la Ribera

An der N 332, die von Alicante kommt, liegt der nördliche Zugang für den Mar Menor, Santiago de la Ribera, wo vor allem die Bewohner von Murcia Badeurlaub machen. Normalerweise leben hier 4000 Menschen, doch im Sommer verdreifacht sich diese Zahl schnell. Von der mit Palmen gesäumten **Meerespromenade** hat man einen guten Blick hinüber zum Manga, wo sich die in dieser Naturlandschaft recht fremd wirkenden Hotelbauten gen Himmel recken.

Los Alcázares

Weiter nach Süden, vorbei am Militärflugplatz von San Javier, gelangt man nach Los Alcázares, das frühere maurische Al-Kazar, was so viel wie »Wohngebiet« heißt. Die Römer und auch später die Mauren hatten hier ein Thermalbad eingerichtet. Die Strände ziehen sich 7 km nördlich und südlich des Ortes entlang des Mar Menor. Im August wird hier die Semana de la Huerta (»Gartenwoche«) gefeiert, bei der noch alte Trachten getragen werden. Von Alcázares fahren Boote zur kleinen **Insel Perdiguera**, bekannt für ihre gegrillten Sardinengerichte.

Los Nietos Weiter im Süden liegt Los Nietos, auch hier gibt es Strände. Das alte Fischerdorf ist heute Austragungsort für diverse Segelwettbewerbe.

Mar de Cristal Mar de Cristal (»Gläsernes Meer«) ist eine Urbanisation (Neubausiedlung) mit eigenen Stränden. Von hier laufen im Sommer Ausflugsboote auf das Mar Menor aus, die auch auf der Insel Perdiguera Halt machen.

Cabo de Palos In Cabo de Palos hat man schließlich den südlichsten Punkt des Mar Menor erreicht. Nach Norden beginnt der Manga, nach Süden hin gibt es einige Strände und Wandergebiete. Das Fischerdörfchen hat

MAR MENOR ERLEBEN

AUSKUNFT

Oficina de Turismo de Los Alcázares
Ctra. Nacional 332, Urb. Oasis
E-30710 Los Alcázares
Tel. 968 17 13 61
Fax 968 57 52 49

Oficina de Turismo La Manga del Mar Menor
Urb. Las Amoladeras, km 0
E-30380 La Manga del Mar Menor
Tel. 968 14 61 36
Fax 968 56 49 58
www.marmenor.net

ANREISE

Busverbindung von Murcia

VERANSTALTUNGEN

Festival Nacional del Cante de las Minas: Der Mercado de Abastos in La Union ist Sitz des alljährlich im August stattfindenden Nationalen Festivals der Minengesänge. Eine Art trauriger Flamencogesang erzählt vom harten Los der Minenarbeiter.

Bei der *Semana Internacional de la Huerta* wird im August eine Woche lang das lokale Kunsthandwerk präsentiert, dazu gibt es kulinarische Spezialitäten aus der Region.

ESSEN

► Erschwinglich

La Tana
Paseo de la Barra 3, Cabo de Palos
Tel. 968 56 30 03
www.la-tana.com
Beliebtes Restaurant am südlichen Zipfel des Mar Menor. Terrasse und einfache, aber schön eingerichtete Räumlichkeiten. Zum Ausblick über den Hafen genießt man Fisch und Meeresfrüchte.

Borsalino
Urb. Babilonia, Gran Via, Salida, 1
Tel. 968 56 31 30
im Winter Di. geschl.
Hier wird feine französische Küche serviert, z. B. Fisch aus dem Mar Menor in Salzkruste; zum Nachtisch die Crêpes suzette probieren!

ÜBERNACHTEN

► Günstig

Hotel Husa Doblemar
Gran Via de la Manga, s/n, La Manga
Tel. 968 56 38 33, Fax 968 14 09 98
www.hotelhusadoblemar.com
Das Hotel liegt auf dem Manga, etwa 12 km nördlich von Cabo de Palos. Guter Service, Meeresblick, Pool, Garten. Kinderfreundlich, für Behinderte geeignet.

noch etwas von seiner Authentizität bewahren können, obwohl natürlich auch hier ein enormer Touristenandrang herrscht, mit den entsprechenden Hotels und Freizeitvergnügungen. Der **Leuchtturm** ist Aussichtspunkt über Meer, Klippen und den Manga.

Regionalpark Calblanque

Südlich vom Leuchtturm lädt ein kleiner Regionalpark, der Calblanque, zu Wanderungen ein. Es gibt dort nicht nur Gegenden zum Klettern, wie z.B. der Monte de las Cenizas, sondern auch viele Buchten mit kleinen, relativ verschwiegenen Stränden wie Playa de las Cañas oder Playa de Cal Blanque. Im Regionalpark werden zwischen Juni und Dezember an Wochenenden kostenlose Führungen durchgeführt (Informationen: Tel. 649 22 75 82).

La Manga

Bei Cabo de Palos beginnt die durchschnittlich 300 m breite und 22 km lange Manga, die ein bisschen an Miami Beach erinnert. Sie endet bei dem Ort Veneziola, gegenüber liegt die Punta de Algas. Auf der Manga gibt es viele Strände, Hotels und Restaurants und viele Besucher im Sommer. Mit etwas Glück kann man in Veneziola eine **traditionelle Methode des Fischens** beobachten, genannt »la encañizada«, etwa »Einröhrung«. Hierbei werden die Fische durch ein Labyrinth von Röhren und Barrieren in die Netze gezwungen, wenn sie vom Meer her in das Mar Menor gelangen wollen.

Cabo de Palos: für Taucher besonders reizvoll

Etwa 6 km landeinwärts liegt **La Union**, der mit über 15 000 Einwohnern größte Ort in der Nähe des Mar Menor. Die Hügel in der Umgebung sind künstlichen Ursprungs, zum großen Teil der Abraum aus den lange Zeit hier operierenden **Erzminen**. Obgleich schon die Iberer Blei abbauten, begann der Minenboom im 18. Jahrhundert. Man sprach damals von »Nueva California« (»Neu-Kalifornien«) und umschrieb damit das Minenfieber unter Tausenden von eingewanderten Arbeitern, die auf das große Glück hofften. Doch wohl am meisten profitierten die Bergwerksbesitzer von der Nachfrage nach Erz. Sie ließen sich Prachtbauten errichten. Wer etwas auf sich hielt, engagierte später den katalanischen Stararchitekten Gaudí für die Planung seiner Villa.

◀ Jugendstilbauten

So gibt es in dem sonst recht unscheinbaren Städtchen einige Jugendstilbauten zu sehen, die jene Zeit überdauert haben. Die Kirche La Virgen del Rosario, die Villa El Piñon und der Mercado de Abastos (Lebensmittelmarkt) sind Beispiele dafür.

Museo Minero ▸ An der Plaza Liceo erinnert das Bergwerksmuseum an die Rolle des Bergbaus in La Union. Anhand von Bergwerksgerätschaften kann man sich ein Bild von der schweren Arbeit unter Tage machen (Öffnungszeiten: Sept. bis Juni Mo. bis Fr. 10.00–13.30, 17.30–19.30, Sa. 10.00–13.30, Juli, Aug. Mo. bis Sa. 10.00–13.30 Uhr).

Monóvar · Monòver

H/J 7

Provinz: Alicante
Höhe: 400 m ü. d. M.
Einwohnerzahl: 13 000

In dem kleinen Monóvar dreht sich alles um Wein, denn von hier aus breitet sich nach Westen das Weinland der Provinz aus. In dieser von wenigen Farben geprägten Landschaft bildet die blaue Kuppel der kleinen Kirche Ermita de Santa Bárbara in Monóvar einen leuchtenden Farbfleck.

Geschichte Der vom Lateinischen »mons novar« (»neuer Berg«) abgeleitete Ortsname deutet auf eine römische Besiedlung hin, während Reste einer Burg an die maurische Besatzungszeit erinnern. Der wirtschaftliche Aufschwung Monóvars begann im 18. Jh. mit dem Weinbau

MONÓVAR ERLEBEN

AUSKUNFT

www.monovar.es
www.monover.com

ANREISE

Bahn- und Busverbindung von Alicante
Von Alicante auf der N 330 Richtung Villena zu erreichen

ESSEN

▸ **Preiswert**

Xiri
Calle Albereda, s/n
Tel. 965 47 29 10
So.abend und Mo. geschl.
Einfache mediterrane Küche von guter Qualität. Probiert werden können Weine der Gegend.

! *Baedeker* TIPP

Weinprobe

In dem 17 km westlich von Monóvar gelegenen Dorf El Pinós und dem 12 km südlich von Monóvar gelegenen Ort La Romana können Weinfreunde in mehreren Bodegas (Weinkellereien) die Tropfen der Gegend verkosten.

und der Textilindustrie. Nach dem Bau der Eisenbahnlinie zwischen Alicante und Madrid im 19. Jh. entstanden neue Industriezweige wie Schuhfabrikation und Marmorbearbeitung.
Der größte Sohn der Stadt, der Dichter José Martínez Ruiz, der Azorín genannt wurde (► Baedeker Special S. 47), schrieb über seine Heimatregion: »*Ausgedehnte Weinfelder. Im Frühling und im Sommer, ein grüner Teppich überall: auf den Ebenen in den Tälern, auf den Hängen in den Bergen; Glockenschläge und Duft nach Most. Duft nach dem Rauch der Fabriken ...*«

Palmen säumen den Weg zu Monóvars Pfarrkirche.

Sehenswertes in Monóvar

Schon von Weitem sichtbar ist die Kuppel mit blauen, gebrannten Ziegeln der Ermita de Santa Bárbara. Diese kleine Kirche steht heute unter Denkmalschutz und stammt aus dem 18. Jahrhundert. Sie hat ein schönes Eingangsportal aus Quadersteinen. Angrenzend an die Kirche gelangt man zur kleinen Kapelle der Stadtpatronin. Oberhalb des Portals mit barocken Stilelementen ist die Steinskulptur der heiligen Barbara in einer Mauernische zu sehen.

✶ Ermita de Santa Bárbara

Museen

Im Ort gibt es zwei kleine Museen. Das **Casa Museo Azorín** (Calle Salamanca, 6) ist dem Dichter José Martínez Ruiz gewidmet, der mit seiner Familie in diesem Haus lebte. Zu sehen sind eine kleine Bibliothek, zahlreiche Manuskripte des Dichters und einige persönliche Utensilien (Öffnungszeiten: Mo. bis Do. 9.00–14.00, 16.30 bis 19.00, Fr. 9.00–14.00, 16.00–18.00, Sa. 11.00–14.00 Uhr).
Das **Museo de Artes y Oficios** (in der Ronda de la Constitución, 11) befindet sich in Privatbesitz und widmet sich dem örtlichen Kunsthandwerk (zurzeit geschl.).

Umgebung von Monóvar

Weinbaugebiet Jumilla

Von Monóvar nach Westen erstreckt sich bis weit über Jumilla hinaus die bekannte spanische Weinbaugebiet Jumilla. Diese Rotweine gelten als süß und schwer mit hohem Alkoholgehalt und werden von Kennern nicht gerade hoch geschätzt, so z. B. der in der Gegend um Monóvar angebaute Fondillón, dessen Alkoholgehalt um 18% pendelt, im Gegensatz zu 12/13% der Rotweine anderer Gegenden.

★★ Murcia

G 4/5

Provinz: Murcia
Höhe: 45 m ü. d. M.
Einwohnerzahl: 420 000

Universitätsstadt und Hauptstadt der Autonomen Region und der Provinz Murcia – in Murcia laufen viele Fäden zusammen. Es ist eine sehr lebendige Stadt. Von der Einwohnerzahl her eine Großstadt, hat Murcia jedoch auch Viertel mit kleinstädtischem Charakter.

Fruchtbare Region

Von zwei Höhenzügen geschützt, im Norden von den Ausläufern der Sierra de Orihuela, im Süden von der Cresta de Gallo, ist Murcia **Mittelpunkt einer weiten Gemüseanbauebene, der Huerta de Murcia**. Bewässerungskanäle, die vom Río Segura abgeleitet werden, machen aus der heißen, trockenen Küstenebene – im Juli und August kann die Temperatur auf über 40 °C steigen – einen äußerst fruchtbaren Landstrich. Einige Kilometer nördlich und östlich von Murcia dehnen sich bereits wüstenartige Gebiete aus.
Für die meisten Spanier ist Murcia eine eher ländlich geprägte Provinzhauptstadt. Dennoch – der Besuch lohnt. Die **gut erhaltene Altstadt** mit der prächtigen Kathedrale und zahlreiche Museen geben Zeugnis über die Geschichte und das kulturelle Leben der Stadt. Großzügige Parkanlagen und Promenaden, elegante Geschäftsstraßen, lauschige Plätze mit Cafés und Bars sowie ein großes Angebot an Hotels und Restaurants schaffen die nötige touristische Infrastruktur. Doch ist Murcia auch eine moderne Kongressstadt, und durch die große Zahl von Studenten ist auch für ein abwechslungsreiches Nachtleben gesorgt.

Geschichte

825 n. Chr.	Abd ar-Rahman II. gründet das maurische Medina Mursiya als Teil des Kalifats von Córdoba.
1224	Stadt und Umgebung werden zur Taifa.
1243	Die Taifa fällt an Kastilien.
1266	Die Mauren werden endgültig besiegt.
1701–1714	Im Spanischen Erbfolgekrieg wird bei Murcia der Vormarsch der Österreicher gestoppt.
1936–1939	Im Bürgerkrieg ist Murcia heftig umkämpft.
1982	Murcia wird Hauptstadt der Region Murcia.

Murcia befand sich lange Zeit im ständigen Wechsel zwischen maurischer und christlicher Herrschaft, bis die Mauren im 13. Jh. endgültig niedergeschlagen wurden. Die noch bestehenden Moscheen wurden entweder dem Erdboden gleichgemacht oder zu Kirchen umgewandelt. In der Stadt organisierten sich nun Zünfte und Kaufmannsgil-

Highlights Murcia

Kathedrale
Mit Bauelementen aus mehreren Jahrhunderten das Glanzstück der Stadt
▸ Seite 201

Casino
Das Klubhaus für Männer in einem Stadtpalast steht auch Besuchern offen.
▸ Seite 205

Semana Santa
Tausende von Menschen säumen Murcias Straßen bei den Karfreitagsprozessionen.
▸ Seite 208

Museo Salzillo
Hier sind Prozessionsfiguren und Skulpturen des berühmten Bildhauers zu sehen.
▸ Seite 212

den, noch heute erinnern Straßennamen wie Platería (Silberschmiedstraße) oder Trapería (Lumpenhandelstraße) an diese Zeit. Im Spanischen Erbfolgekrieg von 1701 bis 1714 wurde die Huerta zur Verteidigung der Stadt gegen die Österreicher unter Wasser gesetzt und der Vormarsch der Truppen gestoppt.

In der zweiten Hälfte des 19. Jh.s, als etwa 40 000 Menschen in Murcia lebten, begann die **Entwicklung zur modernen Stadt**. Die zuvor eher arme Gegend erfuhr dank der Landwirtschaft eine Phase des Aufschwungs. Wasserräder, Brunnen und Kanäle wurden gebaut und angelegt, sodass sich das recht trockene Land durch Bewässerung in ein fruchtbares Agrargebiet verwandeln konnte. Tausende von Arbeitern aus anderen spanischen Regionen fanden in den zahlreichen Konservenfabriken Murcias Arbeit. Im Bürgerkrieg (1936–1939) war Murcia heftig umkämpft, sehr viele Kirchen wurden in Brand gesteckt oder auf andere Weise zerstört. Heute kämpft die Stadt vor allem mit der Umweltverschmutzung, die durch Überdüngung und den übermäßigen Einsatz von Pflanzenschutzmitteln in der Huerta hervorgerufen wird.

Sehenswertes in Murcia

Die **Kathedrale Santa María**, die sich nördlich vom Palacio Episcopal (»Bischöflicher Palast«) an der Plaza del Cardinal Belluga erhebt, ist das Glanzstück der historischen Gebäude in Murcia. Der stattliche, gotische Bau wurde 1358 an der Stelle einer Moschee begonnen und erst Mitte des 15. Jh.s fertig gestellt. Nach einer Überschwemmung im

Üppig: die Barockfassade der Kathedrale

CATEDRAL DE SANTA MARÍA

★★ **Symbol Murcias und meist bestauntes Gebäude der Stadt ist ihre Kathedrale. Mitte des 14. Jh.s begann man an der Stelle einer Moschee das beeindruckende Sakralgebäude zu errichten. Erst etwa ein Jahrhundert später war der stattliche gotische Bau fertiggestellt. Nach der Überschwemmungskatastrophe von 1737 wurde die Kirche grundlegend umgebaut und die überschwängliche barocke Westfassade errichtet.**

Führungen:
► S. 204

① Portale

Durch den Haupteingang, die Puerta del Perdón, durften einst nur Könige und ihre Familien eintreten. Über dem Eingang sind eine von Engeln umgebene Skulptur der Jungfrau Maria und Skulpturen von Salzillo zu sehen. Am rechten Querschiff befindet sich die gotische Puerta de los Apóstoles, die mit Statuen der Apostel Andreas, Paulus, Petrus und Jakobus sowie mit musizierenden Engeln und den Königen von Israel dekoriert ist.

② Portada de las Cadenas

Von der Calle Trapería im Norden kommend, kann man die Kathedrale durch die Portada de las Cadenas betreten. Sie entstand 1514 und wurde im 18. Jh. erweitert, sodass sich klassizistische Elemente mit Stilelementen der Renaissance und des Rokoko vermischen. Dargestellt ist der Frieden von Granada (1492) nach dem Fall der Stadt; zwischen den Säulen sind Reliefs der Heiligen Leandro, Fulgencio und Isidro sowie der Jungfrau Maria zwischen Wolken angebracht.

③ Capilla Mayor

Die mit einer Reja (Gitter) von 1497 abgeschlossene Capilla Mayor, deren vergoldetes Retabel erst im 19. Jh. angebracht wurde, bewahrt in einer Nische links eine Urne mit den Eingeweiden Alfons' des Weisen, so wie es seinem testamentarischen Wunsch entsprach.

④ Chorgestühl

Im Chor, durch ein kunstvolles Gitter abgetrennt, sieht man ein schönes Gestühl von 1571, das von Isabella I. gestiftet wurde. Es stammt aus dem Kloster San Martín de Valdeiglesias und ist eine platereske Schnitzarbeit von Rafael de León (1567). Das Chorpult zeigt eine Christusfigur von Salzillo.

⑤ Capilla de los Vélez

Unter den Kapellen des Chorumgangs ist vor allem die Capilla de los Vélez, die vierte auf der rechten Seite, hervorzuheben. Sie wurde von 1491 bis 1507 als Grabkapelle der Familie Vélez angelegt und besticht durch das außerordentliche isabellinische Portal, die feine, arabisch anmutende Figuren- und Pflanzenornamentik sowie die lichte Kuppel.

Ein Blick nach oben in der Capilla de los Vélez bringt den Sternenhimmel nah.

⑥ Capilla del Junterón

Die schönste der Seitenkapellen des Gotteshauses ist die Capilla de Junterón, die sich gleich links nach dem Eintritt durch die Puerta de los Apóstoles befindet. Sie wurde ab 1525 in vollendetem Renaissancestil von Jerónimo Quijano erbaut.

⑦ La Sacristía

Vom linken Seitenschiff kommt man durch die Portada de la Antesacristía in die Sakristei am Fuß des Kirchturms, in der ein sehr schönes Täfelwerk von Jerónimo Quijano zu bewundern ist.

1678, die bei Prozessionen durch die Straßen getragen wurde (Führungen: Jan. bis Juli, Sept., Dez. Di. bis Sa. 10.00–13.00, 17.00 bis 20.00, So., Fei. 10.00–13.00, Aug. Di. bis Sa. bis 20.00 Uhr.

Plaza Cardenal Belluga

Während man gemütlich auf der sonnigen Plaza Cardenal Belluga vor der Kathedrale einen Café schlürft, kann man in aller Ruhe die eindrucksvolle historische Kulisse betrachten: die reich verzierte Fassade der Kathedrale, das Rathaus (Ayuntamiento) und den schräg gegenüber liegenden **Bischofspalast** (Palacio Episcopal), der 1748 von Baltasar Canestro im schönsten Rokokostil erbaut wurde.

★ **Casino**

Von der Kathedrale führt die verkehrsberuhigte Calle de Trapería, die frühere Hauptstraße Murcias, nördlich durch die Altstadt. Eines der auffälligsten Gebäude in der Trapería ist das Casino, eine Art Klubhaus vor allem für Männer, das jedoch auch für Besucher offen ist. Bis 1901 hatte die 1847 gegründete Casinogesellschaft von Murcia (La Sociedad Casino de Murcia) ihren Sitz in einem alten Stadtpalast. Betritt man heute das Casino, so kann man sich gut vorstellen, wie glanzvoll es hier zugegangen sein muss, auch wenn der Lack ein bisschen verblichen ist und die kühlen Hallen mit hohen Decken einen etwas musealen Charakter haben. Verschiedene Stilrichtungen sind vertreten, wobei die maurischen Rundbögen mit üppigen Ornamenten besonders auffallen. Im Eingangssaal dominieren die Materialien Marmor und Holz, bequeme Korbsessel laden zum Sitzen ein. Der im maurischen Stil gestaltete **Patio Árabe** (»Arabischer Hof«) beeindruckt durch eine gläserne Kuppe. In der Bibliothek können Casino-Mitglieder an beleuchteten Tischen die ausliegenden Zeitungen lesen. Eine etwas eigentümliche Attraktion ist der **Frisierraum für Damen**, der Tocador de Señoras, der 1922 entstand und schöne Wandmalereien enthält. Dargestellt ist eine Allegorie der Nacht mit der Mondgöttin Selene, die von Flammen umzingelt ist.

Maurischer Rundbogen im Casino

Plaza de Santo Domingo

Die Flaniermeile Calle de Trapería endet an der schönen Plaza de Santo Domingo mit der stattlichen, zweitürmigen **Kirche Santo Domingo** aus dem 17. Jahrhundert.

Gran Via Alfonso X el Sabio

Die nördliche Verlängerung der Calle de Trapería, die von Bäumen gesäumte Gran Via Alfonso X el Sabio, führt zum ältesten Kloster der Stadt. Allerdings ist vom **Convento Santa Clara la Real** nur die

Fassade erhalten. Gegenüber befindet sich eine der ältesten Kirchen Murcias, die **Iglesia Santa Ana**. Sie wurde um 1490 erbaut und besitzt einen prachtvollen Barockaltar.

Museo de Arqueológia

Weiter nördlich, ebenfalls in der Gran Via, liegt das Archäologische Museum mit Keramik, Werkzeugen, Geräten, Münzen und Metallfundstücken aus der Zeit der Iberer, Römer und Mauren. Es werden auch Glasarbeiten des 20. Jh.s gezeigt (Öffnungszeiten: Di. bis Sa. 10.00–21.00 (im Winter bis 20.30 Uhr), So., Fei. 10.00–14.00 Uhr).

Museo de Bellas Artes

Von der Plaza de Santo Domingo gelangt man östlich durch die Calle de la Merced zur Barockkirche la Merced aus dem 16. Jh. und zur Universität. Gegenüber der Universität, in der Calle Obispo Frutos, befindet sich das Museum der Schönen Künste, das Fresken und Gemälde des in Murcia geborenen **Velázquez-Schülers Nicolá Villacís** (1616–1694) enthält. Außerdem sindt Werke zahlreicher Künstler der Region vertreten wie Garay, Pedro Flores, Mariano Ballester und Ramón Gaya sowie einige von Ribera, Degrain und Picasso (Öffnungszeiten: Di. bis Sa. 10.00–21.00 (im Winter bis 20.30), So., Fei. 10.00–14.00 Uhr).

Plaza Santa Eulalia

Südwestlich des Museums liegt die Plaza Santa Eulalia mit der **gleichnamigen Kirche**. Sie enthält mehrere eindrucksvolle Skulpturen von Salzillo und Roque Lopéz. Neben der Kirche wurden maurische und

An Festen treffen die Einwohner von Murcia Bekannte und Freunde.

Murcia Orientierung

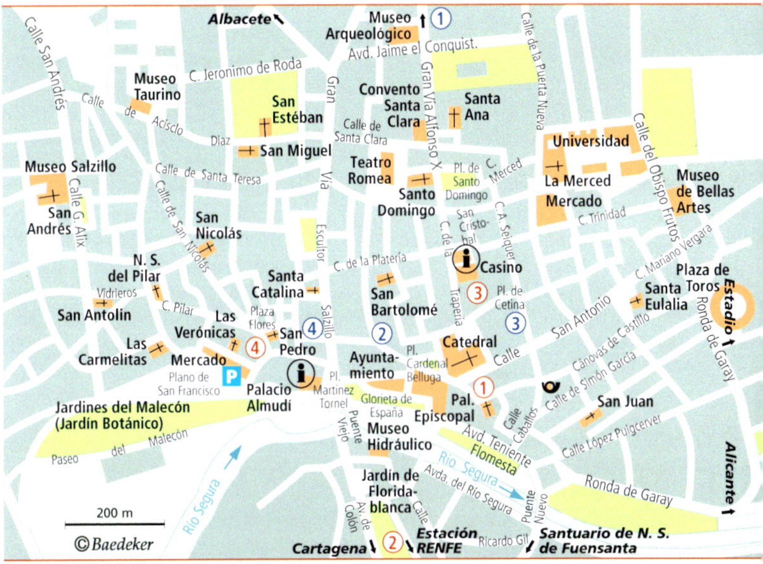

Essen
① Alfonso X
② Acuario
③ Raimundo González
④ Pacopepe

Übernachten
① Rincón de Pepe
② Conde de Floridablanca
③ Hispano 2
④ Zenit Murcia

mittelalterliche Befestigungen freigelegt. Durch die Calle San Antonio gelangt man zur Plaza de los Apóstoles und zur Kathedrale.

Palacio Almudí, Mercado

Westlich von der Plaza Santa Eulalia gelangt man vorbei an der Glorieta de España zum Palacio Almudí, der heute für diverse Ausstellungen genutzt wird. Im Parterre hat das Städtische Touristenbüro seinen Sitz. Gleich daneben liegt die Markthalle, die ein großes Angebot von Gemüse aus der umliegenden Huerta bietet. Dahinter, in der Calle da Las Verónicas, steht die kleine Klosterkirche de las Verónicas aus dem Jahr 1755.

> **!** ***Baedeker* TIPP**
>
> **Tapas**
>
> Parallel zur Calle San Antonio verläuft südlich die Calle Cánovas del Castillo, in deren Bars wohl die besten Tapas der Stadt gereicht werden.

An der Plaza de los Molinos am Flussufer steht das Hydraulische Museum Mühlen vom Segurafluss (**Museo Hidráulico Los Molinos del Río**). Anhand verschiedener nachgebauter Mühlen und Bewässerungsgräben wird die Bewässerungstechnik in den Huertas erklärt (Öffnungszeiten: Mo. bis Sa. 10.00 bis 14.00, 17.00–20.00 Uhr).

MURCIA ERLEBEN

AUSKUNFT

Ayuntamiento
Plaza del Cardenal Belluga
E-30004 Murcia
Tel. 968 35 87 49
Fax 968 35 87 48
www.murciaturistica.es

ANREISE & VERKEHR

Bahnhof: Estación del Carmen, Plaza Industría, südlich der Innenstadt, jenseits des Flusses
Busbahnhof: Sierra de la Pila, 1, im Westteil der Stadt, nahe der N 301
In Murcia treffen mehrere bedeutende Schnellstraßen zusammen, die im Norden bis nach Madrid, im Süden nach Cartagena, im Osten nach Alicante und Valencia, und im Westen nach Granada führen. Einen eigenen Flughafen hat die Stadt bisher nicht, die in ihren Broschüren gerne auf den kleinen Flughafen in San Javier am Mar Menor hinweist.

VERANSTALTUNG

Semana Santa
Der Höhepunkt im Festkalender von Murcia sind die Prozessionen in der Karwoche. Wie überall im katholischen Spanien haben diese Umzüge mit barockem Gepräge mitunter etwas Geheimnisvolles und Unheimliches. Die verschiedenen Bruderschaften üben schon lange vor ihrem eigentlichen Auftritt, indem sie quasi als Generalprobe die Heiligenstandbilder (Pasos) bei Nacht in einem monotonen Rhythmus durch die Straßen tragen.
Die älteste, bereits 1411 gegründete Bruderschaft, La Cofradía de la Sangre (»Bruderschaft des Blutes«) hat ihren spektakulären Auftritt am Mittwoch der Karwoche. Dann werden die Pasos von Francisco Salzillo über die Puente Viejo getragen. In den frühen Morgenstunden am Karfreitag ist die Bruderschaft Nuestro Padre Jesús Nazareno (»Unseres Herrn Jesus von Nazaret«) an der Reihe. Sie wurde im 16. Jh. gegründet und führt Skulpturen des Bildhauers Aguilera mit sich. Bei den Prozessionen säumen Tausende von Menschen die Straßen, und man muss rechtzeitig vor Ort sein, um einen guten Aussichtspunkt zu bekommen.

ESSEN

Baedeker-Empfehlung

► Fein & Teuer

① ***Alfonso X***
Gran Vía Alfonso X el Sabio, 8
Tel. 968 23 10 66
tgl. geöffnet
Berühmt für seine große Bar, an der zur Mittagszeit dichtes Gedränge herrscht. Doch man kann auch Platz nehmen, das preiswerte Mittagsmenü bestellen oder à la carte speisen. Gute Regionalküche: Gemüse- und Fleischgerichte, aber auch »bacalao« (Trockenfisch).

► Erschwinglich

② ***Acuario***
Pl. Puxmarina, 1
Tel. 968 21 99 55
In familiärer Atmosphäre werden lokale Gerichte serviert, oft in interessanten, neuen Kombinationen, die sehr zu empfehlen sind.

③ ***La Buchara***
Pl. Raimundo González Frutos, 5
Tel. 968 21 23 77
Geschmackvoll eingerichtetes Restaurant, vor allem regionale Spezialitäten.

► **Preiswert**

④ ***Pacopepe***
Calle Madre de Dios, 14
Tel. 968 21 95 76
Gute Adresse für murcianische Reisgerichte und Tapas.

ÜBERNACHTEN

► **Luxus**

① ***Rincón de Pepe***
Plaza Apóstoles, 34
Tel. 968 21 22 39
Fax 968 22 17 44
www.nh-hotels.com
Das Hotel gleich bei der Kathedrale bietet den größten Komfort in der Stadt. Moderne, funktionelle Ausstattung. Das renommierte Restaurant hat eine lange Tradition und serviert Köstlichkeiten aus dem Raum Murcia.

► **Komfortabel**

② ***Catalonia Conde de Floridablanca***
C/ Princesa, 18
Tel. 968 21 46 26, Fax 968 21 32 15
www.hoteles-catalonia.com
Im Stadtzentrum von Murcia, gleich neben den Gärten von Floridablanca. Komfortable Zimmer, mit Liebe zum Detail eingerichtet. Gutes Restaurant mit annehmbaren Preisen.

► **Günstig**

③ ***Hispano 2***
Radio Murcia 3
Tel. 968 21 61 52
Fax 968 21 68 59
www.hotelhispano.net
Kleines, familiengeführtes Hotel mit Komfort in zentraler Lage.

④ ***Zenit Murcia***
Pl. San Pedro, 5
Tel. 968 21 47 42
Fax 968 21 67 65
www.zenithoteles.com
Modernes Haus im typischsten Viertel der Stadt nahe beim Palacio Almudí, auch zur Kathedrale ist es nicht weit. Schöne Cafeteria.

Beim Frühlingsfest werden auf dem Platz vor der Kathedrale Blumenopfer dargebracht.

EIN MEISTERHAFTER BILDSCHNITZER

Wer durch die Kirchen und Museen Murcias streift, wird immer wieder auf ihn stoßen, den berühmtesten Sohn der Stadt: Francisco Salzillo y Alcaraz. Er schuf lebensgroße, spätbarocke Einzel- und Gruppenfiguren, die unter anderem in der Kathedrale, in der Kirche San Juan de Dios und natürlich besonders zahlreich im Museo Salzillo zu bewundern sind. Quasi »in Aktion« sind seine Werke, wenn sie bei den Prozessionen in der Karwoche durch die Straßen Murcias getragen werden.

Francisco Salzillo (auch Zarcillo) wurde 1707 als Sohn des aus Italien stammenden Bildhauers Vicente Nicolás in Murcia geboren. Er studierte im Jusuitenkolleg von Murcia Kunst, Philosophie und Mathematik. Zur gleichen Zeit erlernte er das Zeichnen in der Werkstatt des Malers **Manuel Sánchez**.

Zwar lernte er schon früh die Bildschnitzerei bei seinem Vater, doch widmete er sich zunächst hauptsächlich der Religion und trat als Novize in ein Dominikanerkloster ein. Nach dem überraschenden Tod seines Vaters musste der erst Zwanzigjährige die väterlichen Geschäfte fortführen sowie seine Mutter und seinen jüngeren Bruder ernähren. Zunächst stellte er die von seinem Vater begonnenen Figuren »Santa Inés de Monte Pulciano« und »San Francisco y San Antonio« sowie die Statue der »Santa Fé«, die für die Iglesia de Santo Domingo vorgesehen war, fertig.

Als man das Naturtalent Franciscos entdeckte, erhielt dieser weitere Aufträge fast aller Kirchen in Murcia.

Zur Semana Santa werden die Paseos von Salzillo in feierlichen Prozessionen durch die Stadt getragen.

Bald musste der junge Salzillo seine Werkstatt erweitern und seine **Brüder José Antonio und Patricio** als Gehilfen einstellen. Sie bearbeiteten die schweren Holzstämme grob und bereiteten sie für den Meister vor.
Doch im Alter von nur 34 Jahren starb der Bruder José Antonio. Kurz darauf starben auch seine Schwester und seine Mutter. Beeinträchtigt durch diese Familientragödie musste Salzillo fremde Bildhauer in seiner Werkstatt beschäftigen, um seine Aufträge zu bewältigen. Einer seiner Schüler, Porcel, ging später nach Madrid und trug den guten Ruf Salzillos bis zum **spanischen Hof**. Salzillo selbst wurde nach Madrid gerufen, doch es ist nicht klar, ob er die Reise jemals angetreten hat.

Meisterwerke

Seine erste Meisterarbeit, die Goya als die beste Skulptur Spaniens bezeichnete, war das Bildnis **»San Jerónimo penitente«** (Der bußfertige Heilige Jerónimo), die er für die Kathedrale in Murcia anfertigte (heute im Museo Catedralico). Der Künstler wurde dazu von seinem Bruder Patricio inspiriert. Begeistert über das Ergebnis soll Salzillo gesagt haben: »Patricio, ich mache die Körper, aber du machst die Seele!«
Mit dem Tod seiner Frau 1765 schien auch die Freude an seiner Arbeit gestorben zu sein. Kurz vor der Inqusition wurde Salzillo zum Inspektor für religiöse Gemälde bestellt, außerdem nahmen die Bestellungen derart zu, dass er sie fast in **industrieller Manier** fertig stellte. Am 2. März 1783 starb Salzillo; er wurde im Gewand des Franziskanerordens beigesetzt.
Salzillo hat unzählige Meisterwerke hinterlassen, die über das ganze Land verstreut sind, viele von ihnen sind in Murcia geblieben: im Salzillo-Museum und in Kirchen der Stadt.

Jardín Floridablanca Einige Schritte südlich vom Fluss, an der verkehrsreichen Alameda Colón kann man sich nach der ermüdenden Stadterkundung im Jardín Floridablanca im Schatten der Bäume ausruhen. Eine Alternative bietet die **Parkanlage Jardines del Malecón** auf der anderen Seite des Flusses, gegenüber der Markthalle.

Plaza de las Flores Sehr schön sitzt man auch in einem Café an der idyllischen Plaza de las Flores am Ende der Gran Vía Salzillo hinter der Markthalle. Dieser verkehrsberuhigte Platz, an dem oft Blumenstände stehen, ist ein beliebter Treffpunkt der Murcianer.

> ! *Baedeker* TIPP
>
> **Noch mehr Salzillo**
>
> Die Iglesia de San Juan de Dios in der Calle Eulogio Soriano zeigt in einem kleinen Museum sakrale Gemälde und Skulpturen von Salzillo, Beltrán und Labordas.

★ Museo Salzillo Im äußeren Westen der Stadt steht an der Plaza San Agustín der barocke Rundbau der **Ermita de Jesús** (1777). Er beherbergt das Museo Salzillo, das sich den Skulpturen des Holzbildhauers Francisco Salzillo widmet. Es zeigt u. a. die berühmten Prozessionsfiguren (Pasos) des Meisters, die während der Karwoche durch die Straßen der Stadt getragen werden, darunter die Abendmahlszene, Tonentwürfe und eine einzigartige Weihnachtskrippe, deren mehr als 500 Figuren die Trachten Murcias im 18. Jh. tragen (Öffnungszeiten: Di. bis Sa. 9.30 bis 14.00, 17.00–20.00, So. 11.00–14.00 Uhr).

Museo Taurino Nordwestlich vom Museum befindet sich in der Calle Francisco Rabal das **Stierkampfmuseum** mit alten Plakaten, Stierköpfen, Torerokostümen, Fotos und anderen Utensilien, die bei Stierkämpfen eine Rolle spielen.

Umgebung von Murcia

Archena Vor allem Patienten mit Rheuma und Atemerkrankungen suchen das Heilbad Archena etwa 25 km nördlich von Murcia (N 301 Richtung Cieza) auf. Schon die Römer genossen in Arxilaxis, wie sie Archena nannten, die Wohltaten der bis zu **52 °C heißen Quellen**. In der zum Teil wüstenartigen Landschaft rund um Murcia sind die schattigen Parkanlagen im Kurviertel eine richtige Wohltat. Auch wenn man nicht in den Thermen baden will, lohnt sich ein Abstecher zu diesem angenehmen Plätzchen am Río Segura, das an mitteleuropäische Kurorte erinnert. Es gibt mehrere Hotels in der Nähe der Bäder. Auskunft erteilen die Termas de Archena, Balneario de Archena, Tel. 968 68 80 22, www.balneariodearchena.com.

Abarán Wenn man der N 301 weiter Richtung Cieza folgt, erreicht man nach rund 40 km Abarán. Etwas langsamer, dafür jedoch idyllischer geht die Fahrt auf der parallel verlaufenden Landstraße voran. Sehenswert in diesem großen, rund 13 000 Einwohner zählenden Kleinstadt am Ufer des Río Segura ist die **Iglesia de San Pablo** aus dem 16. Jh., die auf den Fundamenten einer Moschee gebaut ist. Zu erwähnen ist die schön geschnitzte Puerta del Sagrario, die Tür des Sakramentshäuschens, die eine Arbeit von Juan de Juanes ist.

★ **Norias**

◀ Bild S. 234

Das vorrangige Ziel aller Besucher sind die vier Norias bei Abarán. Diese großen Wasserschöpfräder wurden von den Mauren entwickelt. Mit ihrer Hilfe leitete man über Jahrhunderte Wasser aus dem Fluss über Kanäle in die Huertas. Direkt am Ortsausgang dreht sich auf der linken Flussseite das mit einem Durchmesser von 11,92 m und einer Schaufelbreite von 1,18 m wohl **größte Wasserrad Europas, die Noria Grande**. Es wurde 1805 in Betrieb genommen und zwischenzeitlich überholt.

Von der Noria Grande folgt man der Beschilderung (»Norias«) flussabwärts. Am linken Ufer erreicht man zuerst die **Noria de Don García**, die einen Durchmesser von 8,20 m hat und 1818 gebaut wurde. Obwohl kleiner als die Noria Grande, schöpft sie 43 l Wasser pro Sekunde und damit mehr als die nur 25 l schöpfende Noria Grande. Rechts vom Fluss drehen sich zwei weitere Norias. Eines dieser Wasserschöpfräder hat einen Durchmesser von 5 m, wird jedoch nicht zum Bewässern eingesetzt, sondern zum Auffüllen eines Tanks benutzt. Die 1850 gebaute und 1988 technisch überholte **Noria Candelón** hat einen Durchmesser von 6 m und ist als einziges Wasserrad aus Eisen gebaut.

Das Gemüse in der Huerta de Murcia gedeiht nur dank eines ausgeklügelten Bewässerungssystems.

★ Orihuela

H 5

Provinz: Alicante **Höhe:** 23 m ü. d. M.
Einwohnerzahl: 80 000

An die jahrhundertealte Bedeutung Orihuelas als Bischofssitz erinnern zahlreiche Stadtpaläste und Kirchen im Altstadtviertel. Wie in so vielen Orten im Hinterland ist den Stadtbewohnern Hektik fremd. Man sieht kaum Touristen in Orihuela, und wenigen Besuchern ist bekannt, dass die Strände La Zenia und Dehesa ebenso zum Stadtgebiet gehören wie drei Golfplätze in Küstennähe.

Wirtschaft

Orihuela, die Hauptstadt des Landkreises Vega Baja, liegt etwa 50 km südwestlich von Alicante, an der N 340 zwischen Elche und Murcia. Wie in der Nachbarprovinz Murcia werden weite Gebiete in der Umgebung der Stadt von dem Wasser des **Río Segura** bewässert und in fruchtbare Gemüseebenen, die Huertas, verwandelt. Der Fluss trennt die Altstadt von den neuen Vierteln der Stadt. Mit dem Bau der Eisenbahnlinie zwischen Alicante und Murcia im Jahr 1884 sowie durch den Anbau von Gemüse und Blumen begann der wirtschaftliche Aufschwung der Stadt.

Türgriff an der Kathedrale

Geschichte

Die von den Römern Aurariola und von den Mauren Origuela genannte Stadt wurde im Jahr 713 von dem Westgotenfürsten Theodomir erfolgreich gegen maurische Angreifer verteidigt. Die Goten verschanzten sich damals auf dem Castillo, heute eine unscheinbare Ruine oberhalb der Stadt. Mit der **Ernennung zur Provinzhauptstadt im Königreich Valencia** 1304 und der Verlegung des Bischofssitzes von Cartagena nach Orihuela 1564 begann die Blütezeit der Stadt. Während des Erbfolgekrieges unterstützte Orihuela unter dem Marquis von Rafal die Österreicher. Nach dem Frieden von Utrecht im Jahr 1713 verlor die Stadt unter Philipp V. ihre valencianischen Privilegien, ja selbst der Gebrauch des Valencianischen wurde verboten. Im Unabhängigkeitskrieg (1804–1814) gegen Napoleon verlor Orihuela in der Schlacht bei Zaragoza ein ganzes Regiment. Während des Bürgerkrieges (1936 bis 1939) stand Orihuela auf Seiten der Republik.

Sehenswertes in Orihuela

El Palmeral

Wenn man auf der N 340 von Murcia nach Orihuela fährt, erblickt man schon von weitem einen riesigen Palmenwald. Von dem **Aussichtspunkt** vor der Einfahrt in den Stadttunnel bietet sich ein malerischer Anblick des Palmeral und des Río Segura.

Orihuela Orientierung

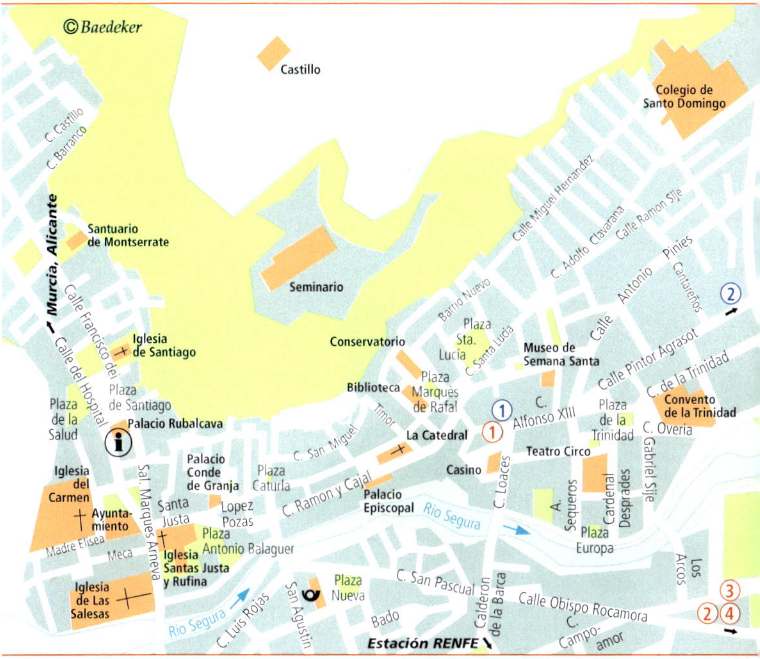

Essen
① Casa Alfonso
② Casa Corro

Übernachten
① Meliá Palacio de Tudemir
② Hotel Montepiedra
③ Hotel La Zenia
④ Campoamor Golf Hotel

✶ Palacio Rubalcava

Die interessantesten Sehenswürdigkeiten liegen nördlich des Río Segura. In einem der schönsten Stadtpaläste, dem Palacio Rubalcava aus dem Jahr 1500, in der Calle Francisco, ist das **Touristenbüro** untergebracht. Den Palast selbst kann man besichtigen. Salons mit erlesenen Rokokomöbeln, Wandbekleidungen, wertvolle Kacheln, Kandelaber, Gemälde und eine herrschaftliche Küche geben den Besuchern Einblicke in die Wohnweise einer Adelsfamilie in früheren Jahrhunderten (Öffnungszeiten: 15. Juni bis Sept. Di. bis Fr. 10.00 bis 14.00, 17.00 bis 20.00, Sa. 10.00–14.00, Okt. bis 14. Juni bis 19.00 Uhr, So. wie Sommer).

✶ Iglesia de Santiago

Ein paar Schritte hinter dem Palacio Rubalcava erhebt sich die gotische Iglesia de Santiago an dem gleichnamigen Platz. Sie wurde auf Veranlassung der Katholischen Könige für die Ritter des Santiagoordens im 15. Jh. auf den Resten einer maurischen Moschee erbaut, was an der eindrucksvollen Puerta de Santiago durch das Königswappen und die Statue des heiligen Jakobus (spanisch Santiago) am Mittelpfeiler zum Ausdruck kommt. Eine Tafel gegenüber der Kirche erinnert an den Besuch von Ferdinand und Isabella im Jahr 1488, die in Orihuela Soldaten für ihren Kampf gegen die Mauren anwarben. Im Innern beeindruckt besonders die **Skulptur der Heiligen Familie von Francisco Salzillo** in der Capilla de San José. Der um 1609 fertig gestellte Altarraum trennt in Form eines halben Triumphbogens das Kirchenschiff. Aus dem 18. Jh. stammen die Kommunionskapelle mit einem barocken Altaraufsatz, die Orgel, das Sakramentshäuschen und die barocke Kanzel, die von Bernardino Ripa geschaffen wurden.

Prächtig: Fassade des Palacio Conde de Granja

An der gleichen Straße etwas weiter nördlich steht die kleine Kirche **Santuario de Nuestra Señora de Monserrate** (17. Jh). Die der Stadtpatronin gewidmete Kirche besticht durch ein sparsam ausgestattetes Marmorportal und das Abbild der heiligen Jungfrau von Montserrate, das in einer Höhle gefunden worden sein soll. Während der Karwoche werden die blumengeschmückten Pasos, die sonst im Festmuseum zu sehen sind, hier deponiert.

Iglesia de las Santas Justa y Rufina

Wenn man wieder zurück Richtung Zentrum geht, trifft man an der Ecke Calle Santa Justa und Marqués Arneva auf die Iglesia de las Santas Justa y Rufina, die ursprünglich im gotischen Stil auf den Resten einer Moschee errichtet wurde. In späteren Jahrhunderten veränderte man sie im Stil der Renaissance und des Barock. Der 1753 von **Antonio de Villanueva** im Barockstil geschaffene Haupteingang erinnert an die Kathedrale von Murcia. Der älteste Teil der Kirche ist der mächtige, von neun Säulen getragene Turm. Die Seitenkapellen werden durch Bögen im Stil der katalanischen Gotik von dem weiträumigen Kirchenschiff getrennt, das von einer majestätische Kuppel mit hervorspringenden Kassetten überwölbt ist.

Palacio Conde de Granja

Beim Spaziergang durch die Altstadt entdeckt man immer wieder Stadtpaläste mit stattlichen Portalen, so z. B. den Palast des Herzogs von Granja in der Calle Paja schräg gegenüber der Iglesia de las Santas Justa y Rufina.

ORIHUELA ERLEBEN

AUSKUNFT

Turist Info
Pl. del Marqués de Rafal
E-03300 Orihuela
Tel. 965 30 46 45
www.orihuela.es
www.orihuelaturistica.es

ANREISE

Bahn- und Busverbindung von Murcia und Alicante

VERANSTALTUNG

Eine lokale Variante der Feierlichkeiten in der Karwoche (*Semana Santa*) ist der »caballero cubierto» (»der mit einem Hut bedeckte Herr«). Er führt die Prozession am Ostersamstag an und darf die Kathedrale bedeckten Hauptes betreten. Er wird jedes Jahr aufs Neue aus einem Kreis von Personen ausgewählt, die sich für die Interessen der Stadt besonders verdient gemacht haben.
Einem anderen Brauch gemäß wird die Skulptur *»Diablesa«* (»Teufelin«) des Straßburger Bildhauers Nicolás de Bussi aus dem 17. Jh. bei der Prozession mitgeführt. Sie verkörpert den Triumph über die drei Todsünden und wird vor der Kathedrale abgestellt, während die Prozessionsteilnehmer die Kathedrale betreten.

ESSEN

► Fein & Teuer
① ***Casa Alfonso***
Urb. Dehesa de Campoamor
Tel. 965 32 13 65
Mo. geschl.
In schönem Ambiente wird hier eine reizvolle Mischung aus traditioneller Küche und neuen Kreationen aufgetischt. Eine exzellente Weinkarte und köstliche Dessertvariationen runden das Mahl ab.

Baedeker-Empfehlung

► Erschwinglich
② ***Casa Corro***
Avda. Doctpr Garcia Rogel, s/n
Tel. 965 30 29 63
Mo. geschl.
Hier gibt es Reis in allen Variationen; besonders gut »con costra«, mit Kruste. Ein kulinarisches Erlebnis ist die Ziegenkeule mit Blumenkohl.

ÜBERNACHTEN

► Luxus
④ ***Campoamor Golf Hotel***
Urb. Lomas de Campoamor
Tel. 965 32 04 10
Fax 96 532 05 66
www.lomasdecampoamor.com
Golfliebhaber finden eine luxuriöse Unterkunft inmitten des 18-Loch-Platzes, der als einer der schönsten an der Mittelmeerküste gilt. Liebevoll

Würdevolle Karsamstagsprozession

gestaltete Zimmer mit allem Komfort, im Restaurant kommt internationale Küche auf den Tisch.

► Komfortabel

① ***Hotel Meliá Boutique Palacio de Tudemir***
Alfonso XIII, 1
Tel. 966 73 80 10
Fax 966 73 80 70
www.hotelpalaciodetudemir.com
Hotel in einem ehemaligen Palast aus dem Jahr 1755, das nach der Renovierung 2005 in neuem Glanz erstrahlt. Bistro-Café mit Tapasservice und Restaurant mit mediterraner Küche.

② ***Hotel Montepiedra***
Saavedra Fajardo, 1
Dehesa de Campoamor
Tel. 965 32 03 00
Fax 965 32 06 39
www.hotelmontepiedra.com
Komfortabel ausgestattetes Haus mit einem guten Preis-Leistungsverhältnis. Schöne Umgebung mit Pinienwäldern und feinsandigen Stränden, zahlreiche Wassersportmöglichkeiten.

③ ***Hotel La Zenia***
Urb. La Zenia
Tel. 966 76 02 00
Fax 966 76 03 91
www.servigroup.es
Das gepflegte Strandhotel verfügt über einen schönen Swimmingpool. Das Restaurant bietet ein üppiges Büfett, und ein vielfältiges Animationsprogramm sorgt für die Unterhaltung der Gäste. In der Nähe gibt es verschiedene Sportangebote wie Golfplätze und Reitklub. Auch ein Jachthafen ist nicht weit.

✶ Catedral de San Salvador

Durch die zur Fußgängerzone erklärte Calle Ramon y Cajal gelangt man zur Kathedrale im Herzen der Altstadt, dem bedeutendsten kirchlichen Bauwerk der Stadt. Die im 14. und 15. Jh. auf den Grundmauern einer Moschee errichtete Kirche ist seit der Ernennung Orihuelas zum Bischofsitz im Jahr 1564 Kathedrale. Drei Eingänge führen in die Kirche: die im gotischen Stil gestalteten Portale de Loreto und de las Cadenas und die im Renaissancestil gehaltene Puerta de la Anunciación an der Nordseite, die 1588 von Juan Inglés fertig gestellt wurde.
Die Kapellen in den Seitenschiffen werden von den drei Kirchenschiffen durch mächtige Säulen und sehr schön gearbeitete Gittereingänge im gotischen und Renaissancestil getrennt. In der **Kapelle der Santa Bárbara** hängt das bemerkenswerte Bild der Jungfrau von Pópulo, eine italienisch beeinflusste Arbeit aus dem 16. Jahrhundert. Beeindruckend ist auch das Chorgestühl, das zwischen 1716 und 1719 von Juan Bautista Borja geschaffen wurde.

! *Baedeker* TIPP

Aussicht über die Stadt

Eine schöne Aussicht auf die Stadt und die Huerta hat man von dem die Stadt beherrschenden Berg Sierra de Orihuela. Auf diesem Berg sind auch die spärlichen Reste der maurischen Burg (Castillo) zu sehen. Der Aufstieg befindet sich in der Verlängerung der Calle Colón.

Das Diözesanmuseum für sakrale Kunst ist in der Sakristei untergebracht. Es zeigt vor allem Retabeln und Gemälde, unter denen die »Versuchung des heiligen Thomas« von **Diego Velázquez** und je ein Werk von Morales bzw. Ribera herausragen (Öffnungszeiten: Di. bis Fr. 10.30–14.00, 16.00–18.30, Sa. 10.30–14.00 Uhr).

◄ Museo Diocesano de Arte Sacro

Palacio Episcopal

Schräg gegenüber der Kathedrale liegt der Bischofspalast, ein ehemaliges Hospital. Das schlichte, lang gestreckte Gebäude mit einer Barockfassade aus dem 18. Jh. ist nur über den Fensterstürzen und über dem Portal dekoriert. Der Innenhof ist von einem Kreuzgang mit den Porträts der früher hier residierenden Bischöfe eingefasst. Auffallend ist die **Haupttreppe** aus rotem Marmor mit einem kunstvoll gearbeiteten Geländer. Nur die beschriebenen Bereiche können besichtigt werden (keine geregelten Öffnungszeiten).

Casino

Unweit östlich der Kathedrale, in der Calle Loaces, befindet sich das Casino. Mit seiner gefliesten Eingangshalle, der gediegenen Möblierung und einer auch für die Öffentlichkeit zugänglichen Bar ist es eine angenehme Abwechslung bei einem Stadtrundgang.

Museo Semana Santa

Im Museo Semana Santa (Plaza de la Merced, 1) werden die Skulpturen der Osterprozession aufbewahrt, unter ihnen auch bekannte Ar-

Ruhige, kontemplative Stimmung im Kreuzgang der Kathedrale San Salvador

beiten von Salzillo sowie die Skulptur »La Diablesa«, die »Teufelin« (Öffnungszeiten: 15. Juni bis Sept. Di. bis Sa. 10.00–14.00, 17.00 bis 20.00, So., Fei. 10.00–14.00, Okt. bis 14. Juni Di. bis Sa. bis 19.00, So. 10.00–14.00 Uhr).

★ Colegio de Santo Domingo

Öffnungszeiten: 15. Juni bis Sept. Di. bis Fr. 9.30–13.30 17.00–20.00 So., Fei. 10.00–14.00 24. Juni bis 5. Sept. Di. bis Sa. 10.00–14.00, 17.00–20.00 Okt. bis 14. Juni Di. bis Fr. 9.30–13.30 16.00–19.00 So., Fei. 10.00–14.00

Ganz im Nordosten der Altstadt, ebenfalls unterhalb des Hügels und über die Calle Adolfo Clavarana zu erreichen, erstreckt sich die 110 m lange Fassade der ehemaligen Universität (16. Jh.), des Colegio de Santo Domingo. Bis 1824 wurden hier Philosophie, Kunst, Recht, Theologie und Medizin gelehrt. Heute befinden sich in diesem Gebäude eine Grund- und Mittelschule. Hervorstechend an der recht schlichten Fassade sind mehrere Portale. Die **Portada de la Universidad** an der östlichen Seite wurde im 18. Jh. mit Stilelementen des französischen Rokoko erstellt. In einer Nische oberhalb des Tores, das von zwei reich verzierten Säulen eingerahmt ist, sieht man die Skulptur des heiligen Thomas und darüber eine Figur, die eine Allegorie auf die Wissenschaft darstellt.

Wenn man das Colegio durch dieses Portal betritt, gelangt man zu einer Barockkirche und zwei **Kreuzgängen**, die im 17. Jh. erbaut wurden, das Claustro del Convento im Renaissancestil und das prachtvolle Claustro de la Universidad. Die harmonisch gestalteten Doppelbögen des zweitgenannten sind mit diversen Wappen, Muscheln und Engelsfiguren geschmückt. Die Treppe zwischen den Kreuzgängen ist mit einer schönen Täfelung überdacht.

Portada de la Universidad am Colegio de Santa Domingo

Der heutige Zugang zum Schulkolleg, **La Portada del Convento**, stammt aus dem 16. Jh. und wurde mit dorischen, ionischen und korinthischen Säulen ausgestattet. Ein Fries ist mit merkwürdigen Stierköpfen geschmückt, offensichtlich eine Anspielung auf heidnisch-römische Opferbräuche. Die **Portada de la Iglesia** von 1561 auf der westlichen Seite des Gebäudes wird durch zwei korinthische Säulen, die mit einem Giebel abschließen, charakterisiert. Im Gegensatz zur schlichten Fassade zeichnet sich der mit Engelsfiguren, Wappen und Adlern geschmückte Turm (17. Jh.) durch seine **barocke Pracht** aus. Das Refektorium (Speisesaal) ist mit valencianischen Fliesen aus dem 18. Jh. ausgelegt, die zu den besterhaltenen Azulejos der Region zählen.

Neben dem Colegio sieht man eines der ältesten Stadttore, die seinerzeit Zugang durch die Befestigungsmauer gewährten, die **Puerta de Crevillente**. Sie wird gekrönt von der Figur des Erzengels Michael und dem Wappen von Aragón.

★ Sagunto · Sagunt

M 15

Provinz: Valencia
Höhe: 46 m ü. d. M.
Einwohnerzahl: 70 000

In Sagunt wurde einst Weltgeschichte geschrieben: Die Belagerung der iberischen Stadt 218 v. Chr. und ihre Zerstörung im Jahr darauf löste den Zweiten Punischen Krieg aus. Von der einstigen Bedeutung der Stadt zeugen die mächtigen Ruinen der berühmten iberischen Festung Saguntum.

Von Bergen gesäumt

Sagunt, knapp 30 km nördlich von Valencia am rechten Ufer des Río Palancia ist von ausgedehnten Orangenplantagen umgeben. Es wird überragt von einem nach allen Seiten steil abfallenden Bergrücken, der 170 m hohen **Sierra Calderona**, mit den mächtigen Ruinen der berühmten, schon von weitem sichtbaren iberischen Festung Saguntum. Die Altstadt zieht sich am Burgberg hinauf, während sich die Neustadt am Fuß des Berges erstreckt. Zum Stadtgebiet gehört auch der 6 km vom Zentrum entfernte Hafen.

Geschichte

Die Zerstörung von Sagunto durch den 28-jährigen **punischen Feldherrn Hannibal** löste im Jahr 219 v. Chr. den Zweiten Punischen Krieg aus. Die Einwohner verbündeten sich 221 v. Chr. mit Rom, obwohl die Stadt südlich des Ebro lag, in einem Gebiet also, das 226 v. Chr. in einem zwischen Karthagern und Römern geschlossenen Vertrag den Karthagern als Einflusssphäre zugesichert wurde. Daraufhin belagerte Hannibal monatelang die Stadt, bis die Sagunter in ihrer Verzweiflung die Stadt anzündeten und sich selbst verbrannten – denn von Rom erhielten sie keine tätige Hilfe. Erst als Hannibal den Ebro überschritt und zu seinem berühmten Zug über die Alpen ansetzte, griffen die Römer militärisch ein. Von der Bedeutung der 214 v. Chr. durch die Römer eroberten Stadt zeugen noch das Theater und andere Reste.

Die Mauren besetzten Sagunto im 8. Jh. und nannten es Murbiter (»muri veteres« = altes Gemäuer). Sie wurden 1099 von El Cid vorübergehend vertrieben, endgültig dann 1238 besiegt. Bis 1877 hieß die Stadt Muviedro.

Das römische Theater wird heute noch bespielt.

Sehenswertes in Sagunto

Iglesia Santa María An der Plaza Mayor, dem Mittelpunkt der Stadt, erhebt sich die gotische Pfarrkirche Santa María (1334 begonnen). Im Inneren sieht man Alabasterfenster und einen vergoldeten Hochaltar (18. Jh.).

Judería Durch ein mittelalterliches Tor, das valencianisch »Portalet de la Sang« (»Tür des Blutes«) genannt wird, gelangt man zu einem der wenigen erhaltenen Judenviertel Spaniens. Das Tor erhielt seinen seltsamen Namen in Erinnerung an die **blutigen Judenpogrome**, die hier im 15. Jh. stattfanden. Nach der Ausweisung der Juden übernahm die Bruderschaft »Nuestro Señor Jesucristo« die Synagoge.

*** Teatro Romano** Von der bogengeschmückten Plaza Mayor führt die Calle del Teatro Romano südöstlich bergan zu dem restaurierten – im Ergebnis allerdings heftig umstrittenen – Römischen Theater aus dem 1. Jh. v. Chr. auf halber Höhe des Burgfelsens. Die Zuschauerränge sind aufs Meer ausgerichtet und boten 6000 Menschen Platz. Auf der heute überdachten Bühne finden gelegentlich Aufführungen statt, das Theater hat eine ausgezeichnete Akustik.

SAGUNTO ERLEBEN

AUSKUNFT

Plaza Cronista Chabret, s/n
46500 Sagunto
Tel. 962 65 58 59, Fax 962 66 26 77
www.aytosagunto.es

ANREISE

Bahnverbindung mit Valencia.

ESSEN

► Erschwinglich

L'Armeler
Subida al Castillo, 44
Tel. 962 66 43 82
www.larmeler.com
im Sommer So., Mo.abend geschl.
In einem alten Haus im ehemaligen Judenviertel werden edle Menüs mit französischem Anstrich serviert: Jakobsmuschel- und Pilz-Carpaccio, Lammlendenfilets mit Orangenblütenhonig, Orangencreme mit Früchten. Lassen Sie sich verführen von den feinen Gerichten!

ÜBERNACHTEN

► Günstig

Vent de Mar
Isla de Córcega, 61
Puerto de Sagunto
Tel. 962 69 80 84, Fax 962 67 05 35
www.hotelventdemar.com
Hotel am Strand von Sagunt; modern eingerichtete Zimmer, die meisten verfügen über eine Terrasse. Bar und Cafeteria sorgen für das leibliche Wohl der Gäste. Behindertengerechte Zugänge.

La Pinada
Ctra. Sagunto–Burgos, km 3
Tel. 962 66 08 50
Fax 962 65 05 43
www.serbit.com/lapinada
Besonders günstiges Ferienhotel mit Restaurant, Bar und Cafeteria, vier Swimmingpools und Sonnenterrassen. Zum Strand sind es nur fünf Minuten zu gehen.

Die mächtigen Burgruinen oberhalb von Sagunto werden abends beleuchtet.

El Castillo

Vom Römischen Theater gelangt man auf einer aussichtsreichen Fahrstraße in Windungen hinauf zum Castillo de Sagunto, das sich in einer Länge von 800 m auf dem Burgberg hinzieht. Iberer, Karthager, Römer, Mauren und auch Franzosen, die die Stadt 1811 belagerten, hinterließen auf dem Berg die Spuren ihrer Bauten. Aus **römischer Zeit** stammen die Pflasterung an der Plaza de Almenara sowie Reste einiger Säulen und einer Zisterne an der Plaza de Armas. Auf die **Maurenzeit** geht ein alter Wasserspeicher (»aljibe«) im Nordteil der Plaza de la Conejera zurück. Den höchsten Punkt der Festung markiert die Plaza de la Ciudadela, wo einst ein Turm stand, der 1811 von den französischen Truppen geschleift wurde.

Die nach Westen gerichtete Plaza del Dos de Mayo war Schauplatz heftiger Verteidigungskämpfe gegen die Franzosen im Unabhängigkeitskrieg. Beim Rundgang durch die malerisch gelegene Festungsanlage bieten sich immer wieder herrliche Blicke über die riesigen Orangenplantagen, die sich bis zur Küste und bis zu den Hängen der hoch aufragenden Berge im Landesinneren ausstrecken.

Museo Histórico (MVSAG)

Das Museum beim Eingang zum Castillo, das in der **gotischen Casa del Mestre Penya** eingerichtet wurde, gewährt einen Einblick in die Stadtgeschichte. Außerdem werden archäologische Funde präsentiert (Öffnungszeiten: Di. bis Sa. 11.00–20.00 (Winter bis 18.00), So., Fei. 11.00–15.00 Uhr).

Santa Pola

K 6

Provinz: Alicante
Einwohnerzahl: 29 000
Höhe: 6 m ü. d. M.

Eine große Fischereiflotte und Tausende von meist spanischen Badegästen, welche die langen Sandstrände von Santa Pola zu schätzen wissen, haben der Stadt Wohlstand beschert. Wenn die großen Fischkutter am frühen Nachmittag von ihren Ausfahrten heimkehren, ist der Fischereihafen voller Leben, und man kann ab ca. 17.00 Uhr die Versteigerung des Fangs in der Lonja beobachten.

Geschichte Bereits die Römer legten in Santa Pola einen Hafen an und nannten ihn Portus Illicitanus. Er bot ihrer Kolonie Julia Illici Augusta, der heutigen Stadt Elche, Zugang zum Mittelmeer. Um sich gegen die häufigen Piratenüberfälle im Mittelalter zu schützen, errichtete man im 16. Jh. eine Festung in Santa Pola. Bis in das Jahr 1877 wurde die Stadt von Elche aus verwaltet.

Im Castillo von Santa Pola sind heute mehrere Museen untergebracht.

Sehenswertes in Santa Pola und Umgebung

Das einzige Bauwerk von historischem Interesse ist das gut erhaltene **Castillo** im Stadtzentrum. Es wurde im 16. Jh. im Renaissancestil errichtet und beherbergt das **Museo Arqueológico, Pesquero y Acuario**. Im Archäologischen Museum werden Funde aus iberischer und römischer Zeit gezeigt, und im Fischereimuseum sieht man Gerätschaften und Gegenstände, die bei der Fischerei verwendet werden, während das Aquarium Fische aus den Küstengewässern von Santa Pola enthält (Öffnungszeiten: ca. Mitte Juni bis Sept. tgl. 11.00–13.00, 18.00 bis 22.00, Winter Di. bis Sa. 10.00–13.00, 17.00–19.00, So., Fei. 10.00–13.00 Uhr).
Nicht zu verfehlen ist bei einem Spaziergang durch die Stadt der Palmeral von Santa Pola, ein kleiner Palmenpark. Von dort ist es nicht weit zu dem 600 m langen **Stadtstrand Playa Lisa**, der mit Duschen, Zugang für Behinderte, Parkplätzen, Erste-Hilfe-Stationen und Kinderspielplätzen ausgestattet ist. Restaurants, Bars und Cafés befinden sich in der Nähe. Andere empfehlenswerte und stadtnahe Strände sind die etwa 1 km lange Gran Playa mit feinem Sand und die ebenfalls feinsandige Playa Varadero, die knapp 500 m lang ist.

SANTA POLA ERLEBEN

AUSKUNFT

Tourist Info
Plaza de la Diputación, s/n
E-03130 Santa Pola
Tel. 966 69 22 76
Fax 966 69 60 39
santapola@touristinfo.net

ANREISE & VERKEHR

Busverbindung von Alicante
Über die Küstenstraße N 332 von Alicante aus zu erreichen.

Vom Hafen laufen mehrmals täglich *Fähren* zum vorgelagerten Inselchen Tabarca aus. Es gibt auch regelmäßige Schiffsverbindungen nach Alicante, Guardamar und Torrevieja.

ESSEN

▶ Fein & Teuer

Batiste
Avda. Fernando Pérez Ojeda s/n
Tel. 965 41 14 85
Auf der Terrasse mit Meerblick genießen die Gäste Köstlichkeiten wie Fideuá (Paella-Variante mit Nudeln) oder Parrillada de Pescados (Grillteller vom Fisch).

▶ Erschwinglich

María Picola
C/ Punta la Sierra, 21
Tel. 965 41 35 13
So. abend und Mo. geschl. (außer Juli/Aug.), Okt. geschl.
Chalet mit schöner Terrasse. Spezialität des Hauses sind die Fisch-Reis-Gerichte und hausgemachte Nachspeisen.

ÜBERNACHTEN

Baedeker-Empfehlung

▶ Komfortabel

Hotel Polamar
C/ Astilleros, 12
Tel. 965 41 32 00
Fax 965 41 31 83
www.polamar.com
Am Strand gelegenes Haus mit großzügigen, eleganten Zimmern, alle mit Balkon. Das ausgezeichnete Restaurant serviert regionale Gerichte und fangfrischen Fisch. Zahlreiche Freizeitangebote in der Nähe wie Golf, Ballonflüge und Wassersport.

Leuchtturm

Auf der Küstenstraße N 332 nach Norden gelangt man nach einigen Kilometern zu einem Leuchtturm, der auf einem alten Wachtturm errichtet wurde. Von hier aus hat man einen schönen Rundblick auf das offene Meer und die kilometerlangen Sandstrände.

Salzsalinen

Wenn man die Küstenstraße nach Südwesten fährt, kommt man bald zu den Salzsalinen. Sie wurden zum **Naturpark** erklärt, da hier zahlreiche Zugvögel nisten. Etwa die Hälfte der insgesamt 2500 ha großen Fläche dient der Salzgewinnung. Beinahe 100 000 Tonnen dieses »weißen Goldes« werden hier jährlich produziert, zum ökologischen Nachteil der Lagune, in der auch Flamingos Rast machen. Die Salzsalinen können nur morgens besucht werden, doch sollte man sich vorher unter Tel. 966 69 35 46 anmelden.

Der Fang des Tages wird im Hafen von Calpe angelandet. Der Ertrag reicht jedoch nur für den lokalen Bedarf.

FISCHERS FRISCHE FISCHE

Wenn die Sonne schon längst ihren Zenit überschritten hat und die Nachmittagsbrise immer mehr Strandbesucher vertreibt, dann beginnt in den Fischerhäfen entlang der Costa Blanca das tägliche Schauspiel der Fischversteigerung in den Lonjas.

Jeden Tag gegen 17.00 Uhr kann man am gesamten Küstenabschnitt von Valencia bis hinunter nach Torrevieja die **heimkehrenden Fischerboote** beobachten, deren Heckwellen in der Nachmittagssonne glitzern. Schon von weitem erblickt man die Boote, die von kreischenden Möwen begleitet werden. Am Bootsanleger warten Freunde und Ehefrauen der Fischer, Touristen, Restaurantchefs und Neugierige aus dem jeweiligen Ort. Die Lieferwagen der Fischhändler stehen bereit, aufgefüllt mit frischem Eis, Schmelzwasser tropft bereits aus den Türspalten des Lagerraums und bildet Pfützen auf dem Asphalt. Wenn das Motorgeräusch der Boote erstirbt, steigt die Spannung der Wartenden: Was haben die Fischer diese Mal mitgebracht? War der Fang erfolgreich?

Arbeitsalltag

Meist befinden sich vier bis fünf Männer an Bord, auf kleineren Booten sind es nur drei. Die Anstrengungen der letzten **zwölf Stunden** draußen auf dem Meer sind den müde wirkenden Männern anzusehen. In den braunen Gesichtern haben sich Sonne, Salz und Wind eingegraben. Jetzt kommt die letzte Etappe des Arbeitstages, das Löschen des Fangs. In der geöffneten Ladeluke steht ein Mann, auch er, wie alle anderen an Bord, steckt in **hüftlangen Gummihosen**, die Pudelmütze sitzt verwegen auf den vom Wind zerzausten Haaren. Er reicht die Plastikkisten nach oben auf Deck, von dort werden sie auf die Pier gestellt. Bereits auf See wurden die Fische nach Art und Größe sortiert und auf mehreren Lagen von grauem Eis kühl gehalten. Der Eigentümer des Fischerboots nimmt die Kisten in Empfang und begutachtet schweigsam den Ertrag des Tages.

Versteigerung in der Lonja

Nun werden die Kisten in die Lonja gebracht und sollen hier an den Meistbietenden verkauft werden. Der Begriff Lonja wird nicht nur in der Fischerei verwendet, sondern bezeichnet jede Art von **Warenbörse**. So handelte man in der Lonja des Seda in Valencia einst mit Seide.

Reichhaltig und farbenprächtig ist die Ernte aus dem Meer: blau schimmernde Makrelen und helle Sardinen, gestreifte Seebarben und blassrote Barsche. In den Lonjas kann man sie alle bestaunen.

Bereits die **Westgoten** betrieben eine Art Lonja auf den Märkten, indem sie ihre Ernte versteigerten.
In der Lonja de pescado, der Fischversteigerungshalle, herrscht nun reger Betrieb. Denn die Fischhändler und Küchenchefs der Restaurants scharen sich um die Fischkisten und verschaffen sich einen Eindruck vom heutigen Angebot. Da das Mittelmeer inzwischen **überfischt** ist, wartet man mitunter lange auf seinen Wunschfisch. Das ist z. B. beim Thunfisch der Fall: Auch wenn gerade Fangsaison ist, wird an manchen Tagen kein einziger Thunfisch gefangen. Mit etwas Glück kann man jedoch vielleicht ein unerwartet großes Angebot an Fischen, Garnelen oder anderen seltenen Meerestieren erwerben. Dann müssen die Händler natürlich schnell zugreifen.

Der Auktionator

Nun tritt die Hauptperson des Geschehens in Erscheinung, der Auktionator, der in größeren Lonjas ein Mikrophon benutzt. Er spricht sehr schnell und für nicht Eingeweihte unverständlich. Doch die Händler und Restaurantköche scheinen genau zu wissen, worum es geht, denn sie treten gleich in Aktion. Wie auf ein **geheimnisvolles Kommando** hin legt ein Gehilfe des Auktionators Papierzettel auf die versteigerten Kisten, auf denen der Preis und der Name des neuen Besitzers hingekritzelt sind. Danach werden die Kisten auf Handkarren zu den Lieferwagen gefahren. So geht es Kiste um Kiste. Die ersten Fischer begeben sich bereits zur Bar der Fischkooperative, um die Ereignisse des Tages Revue passieren zu lassen.

Touristenattraktion

Die Versteigerungen in den Lonjas werden in einigen Orten der Costa Blanca als Touristenereignis ausdrücklich empfohlen. Andere Lonjas hingegen verbieten Unbefugten den Zutritt. Eine Fischversteigerung ist in der Tat ein interessantes Erlebnis für Außenstehende. Nur in den Lonjas sieht man eine solch **bunte Vielfalt an Fischen** und Meerestieren, deren Namen man oft nicht einmal in der eigenen Muttersprache kennt. Bläulich glänzende Makrelen liegen neben rot glühenden Drachenköpfen mit spitzen Stacheln, hellbraunen Krebsen und vielarmigen Tintenfischen. Viele der Fische wird der Besucher wahrscheinlich noch nie gesehen haben, denn beim Fischhändler und in den Restaurants sind ihre intensiven Farben durch die Lagerung bis zur Unkenntlichkeit verblasst. Manchmal allerdings findet man in der Lonja eines jener hübsch illustrierten Plakate, auf denen die Fische abgebildet und benannt sind.

Isla Plana o Nueva Tabarca ✶

Von Santa Pola aus fahren regelmäßig Schiffe zu der vorgelagerten Insel Tabarca, die nur 1800 m lang und durchschnittlich 400 m breit ist. Hunderte von Ausflüglern stürmen täglich das flache Eiland mit seiner **trockenen Felslandschaft**. In einem kleinen Dorf mit alten, weißen Häusern, die sich um die wehrhafte Iglesia de San Pedro scharen, leben heute noch etwa 100 Einwohner. Reste einer Befestigungsmauer ragen auf den flachen Klippen hervor. Wenn das letzte Ausflugsschiff um 20.00 Uhr die Insel verlassen hat und sich die Bars und Restaurants in den Dorfstraßen leeren, können die wenigen Gäste des einzigen Hotels von Tabarca die abendliche Stille genießen und an die Zeiten des Mittelalters denken, als die nordafrikanischen Piraten hier einen Stützpunkt unterhielten.

In den naturgeschützten Küstengewässern ist das Tauchen mit Pressluftflaschen nur mit Genehmigung der Behörden erlaubt, Unterwasserjagd ist nicht gestattet.

? WUSSTEN SIE SCHON ...?

- ... dass die Vorfahren der Insulaner von Tabarca im 18. Jh. von einer gleichnamigen Insel vor der Küste Tunesiens hierher umgesiedelt wurden? König Karl III. hatte diese genuesischen Gefangenen befreit und nach Spanien bringen lassen.

Die einsam vor der Küste Santa Polas gelegene Insel Tabarca kann man täglich mit Ausflugsschiffen ansteuern.

★ Sierra de Aitana

L–N 8/9

Provinz: Alicante **Höhe:** bis 1500 m ü. d. M.

Eine unberührte Natur mit Wäldern, zahlreichen Quellen, einer vielfältigen Flora und Fauna sowie herrliche Wandermöglichkeiten erwarten den Besucher in der Sierra de Aitana. In den Dörfern stößt man überall auf das maurische Erbe, so auch in Guadalest, dem meist besuchten Dorf der Sierra de Aitana.

Nordwestlich von Benidorm, etwa 30 km von der Küste entfernt, liegen die **höchsten Berge der Provinz Alicante**. Die bis zu 1500 m hohe Sierra de Aitana erstreckt sich zwischen den Landstraßen CV 770 im Westen und CV 70 im Nordosten. Im Süden begrenzt der Barranco de l'Arc (Schlucht, Klamm) die Sierra.
Aus der Höhe betrachtet verwandelt der allgegenwärtige Mastixstrauch in den Tälern die Landschaft in einen grünen Teppich. Der zum Teil recht zerklüftete Kalksteinboden an den Hängen weist Schründe, Höhlen, Tunnel und Unebenheiten auf, die durch klimatische Einwirkungen entstanden sind. Hier wachsen Johannisbrotbäume, immergrüne Steineichen, Eschen, Oliven- und Mandelbäume zusammen mit Pinien. Dazwischen sprudeln hier und dort Quellen, die im Frühling die umgebende Vegetation erblühen lassen.

Tierwelt

Mit etwas Glück kann man Adler, Falken, Habichte, Raben, Mauersegler und Krähen beobachten. Eulen und Käuzchen hocken in Felsspalten, Holztauben gurren von den Wipfeln der Pinien herab, aufgeschreckte Rebhühner schnarren im Dickicht. Amseln, Drosseln, Rotkehlchen und Schwalben begleiten mit ihrem Gesang den Wanderer.
Doch ist nicht nur die **Vogelwelt** mit vielen Arten vertreten. Mitunter kann man in der Sierra de Aitana auch Füchse auf der Jagd nach Kaninchen sehen oder Eichhörnchen, Siebenschläfer, Dachse und Wiesel. Selbst Ginsterkatzen, die außer in Afrika nur auf der Iberischen Halbinsel, den Balearen und in Südfrankreich vorkommen, und Wildschweine leben in dieser Berggegend.

Wandern, Klettern, Mountainbiken

Wanderfreunde, Mountainbiker, Kletterer und Gleitschirmflieger finden in der Sierra de Aitana gute Voraussetzungen zur Freizeitgestaltung. Das ganze Gebiet ist mit einem nummerierten und farblich gekennzeichnetem Netz von Wanderwegen überzogen, wobei die PR-Kurzwanderwege (Pequeño Recorrido = PR) mit gelb-weiß gestreiften Wegzeichen und die GR-Fernwanderwege (Gran Recorrido = GR) mit rot-weiß gestreiften Wegzeichen markiert sind. Der **Bergsportverband der Region Valencia** (Federación Territorial Valenciana de Muntanyisme) hält Karten- und Informationsmaterial für alle Freizeitaktivitäten bereit, das man bei den meisten Touristenbüros der Costa Blanca erhält. Ein günstiger Ausgangspunkt für Wanderun-

Nicht nur Strände hat die Costa Blanca zu bieten, sondern auch ein reizvolles Hinterland wie die Sierra de Aitana.

gen in die Sierra ist der kleine Ort Benifato. Im Nachbarort Benimantell gibt es ein Hotel, sodass man hier in unmittelbarer Nähe mehrere Tage verbringen kann, ohne jedes Mal erneut anreisen zu müssen.

Dörfer der Sierra de Aitana

Maurische Einflüsse Die lange Zeit maurischer Herrschaft hat auch hier ihre Spuren hinterlassen. Burgen, Schneebrunnen und maurische Architektur sind die sichtbaren Reste. Die mit der Vorsilbe »Beni« beginnenden Dorfnamen wie Benimantell und Benifato weisen ebenfalls auf maurischen Ursprung hin, denn »Beni« bedeutet »Sohn«.

? WUSSTEN SIE SCHON ...?

- Im Volksmund werden die sehr steil ansteigenden Straßen in Benimantell auch »Trencacames«, »Beinbrecher«, genannt.

Ein guter Ausgangspunkt für den Besuch der Sierra ist Benimantell. Das 400-Seelen-Dorf, 10 km westlich von Callosa d'En Sarrià, schmiegt sich an einen Berghang.

Benimantell Es lebt von der Mandel- und Olivenölproduktion. In unmittelbarer Nähe gibt es einige **Quellen** (nachfolgend die valencianischen Namen), Font del Arc, Font del Pi und Font de Salines, wo man in schöner Umgebung picknicken kann.

Benifato Das Nachbardorf Benifato zählt heute nur 190 Einwohner, denn die große Kälte im Winter und das schwere Auskommen in der Landwirtschaft haben viele Dorfbewohner zur Arbeitssuche an die Küste getrieben. Das Besondere an diesem Dorf sind die **eiskalten Quellen** Font Vella, Font del Partegat und Font Xorrets in der Nähe. Jeder

Dorfbewohner kann einem den Weg dorthin weisen. In der Nähe der Font Vella befindet sich auch ein Schneebrunnen (► Baedeker Special S. 235). In Benifato beginnen einige Kurzwanderwege (PR 44, PR 21, PR 10), die in die Sierra hineinführen.

Confrides

Weiter nordwestlich thront Confrides am nördlichen Rand der Sierra de Aitana auf einer Höhe von fast 800 m über dem Meeresspiegel. In diesem 300 Einwohner zählenden Dorf beginnt der Wanderweg PR 44, der bis nach Benifato führt. Nahe beim Dorf steht eine maurische Burgruine, die kleine Kirche stammt aus dem 18. Jahrhundert. In Ortsnähe entspringt der Guadalest.

SIERRA DE AITANA ERLEBEN

AUSKUNFT

Red Tourist Info
C/ La Paz, 48, E-46003 Valencia
Tel. 963 98 64 22, Fax 963 98 64 21
www.comunitatvalenciana.com
www.costablanca.org

Federación Territorial Valenciana de Muntañismo
Carrer Marià Luiña, 9, Baixos 3 i 4,
Apartat de Correus, 3
E-03201 Elche
Tel. 965 43 97 47, Fax 965 43 65 70
www.femecv.com

ANREISE

Von Benidorm fährt man zunächst nach Callosa d'En Sarrià und biegt dann auf die CV 755 Richtung Benimantell ab.

ESSEN

► Erschwinglich

Nou Salat
Ctra. de Callosa d'En Sarrià, Guadalest
Tel. 965 88 50 19, Mi. geschl.
Große helle Räume sowie Garten und Terrasse; umfangreiche Karte mit bodenständiger mediterraner Küche.

Venta la Montaña
Ctra. de Alcoy, 9, Benimantell
Tel. 965 88 51 41
Im rustikalen Ambiente einer ehemaligen Poststation wird vorzügliche regionale Küche aufgetischt. Empfehlenswert: die gegrillten Fleischgerichte und die hausgemachten Desserts.

ÜBERNACHTEN

► Komfortabel

Hotel Alahuar
Benimaurell, Vall de Laguar
Tel./Fax 965 58 33 97
www.hotelalahuar.com
Elegantes Hotel mit hervorragendem Restaurant in 550 m Höhe, umgeben von einer herrlichen Berglandschaft.

► Günstig

Hotel Trestellador
Partida Trestellador, 101, Benimantell
Tel. 965 88 52 21
Fax 965 88 53 71
Ruhig gelegenes Hotel in schöner Umgebung, ideal als Stützpunkt für den Besuch der Sierra de Aitana; Pool, Garten und Restaurant.

► Weitere Unterkünfte

Benifato: Hostal San Miguel
Tel. 965 88 53 50.
Confrides: Hostal El Pirineo
Tel. 965 88 58 58.
Sella: B & B Villa Pico
Tel. 965 87 92 38.

Sella Das Dorf Sella an der südlichen Seite der Sierra de Aitana ist vor allem ein guter Ausgangspunkt für Ausflüge. Denn von hier aus kann man z. B. eine herrliche **Wanderung** entlang des Río Sella bis in die Schlucht Barranco de l'Arc und zur gleichnamigen Quelle (dort gibt es eine Herberge) oder auf dem Wanderweg PR 10 bis nach Benifato unternehmen.

In dem 600 Einwohner zählenden Dorf führt von der Plaza Mayor mit dem Rathaus und der Kirche ein steiler Weg hinauf zur Ermita de Santa Bárbara. An die maurische Vergangenheit erinnert eine Burgruine.

✶✶ Guadalest

Beliebter Ausflugsort Guadalest hat nur etwa 220 Einwohner, doch wenn die Ausflugsbusse gegen Mittag von Benidorm anrollen, schwillt die Bevölkerungszahl um ein Vielfaches an. Dann sind die zahlreichen Restaurants besetzt. Darum sollte man Guadalest am besten frühmorgens oder am späten Nachmittag besuchen. Wegen seiner strategisch exponierten Lage – hier konnte man ungestraft Wegzoll erheben – war Guadalest lange Zeit ein befestigter **Stützpunkt der Mauren**. Nach schweren Erdbeben in den Jahren 1644 und 1748 wurde das hinter einer Felsklamm gelegene Dorf wieder aufgebaut.

Durch einen Tunnel, der in den Fels gehauen wurde, betritt man den alten Ortskern von Guadalest.

Alter Dorfkern

Nur zu Fuß kann man durch den engen **Tunnel** in den alten Dorfkern gelangen, der nur aus einer Straße mit weiß getünchten Häusern besteht. Oberhalb des Kalkfelsens am Tunneleingang thront der kleine Glockenturm der Kirche La Asunción. Die kleinen, privat betriebenen **Museen** im Dorf erinnern eher an kommerzielle Ausstellungen wie z. B. das Spielzeugmuseum, das Foltermuseum und das Museum für Miniaturen. Im Rathaus am Ende der Dorfstraße gibt es ein Kellerverlies aus dem 12. Jahrhundert. Die Museen, das Kellerverlies und die Burg haben flexible Öffnungszeiten, sind jedoch in der Regel vormittags und nachmittags beim Eintreffen der Busbesucher geöffnet.

Casa de los Orduña

Sehenswert ist die Casa de los Orduña, das Herrenhaus eines baskischen Edelmanns. Es wurde nach dem großen Erdbeben von 1644 errichtet und beinhaltet heute eine Fülle von Einrichtungsgegenständen aus dem Leben jener Adelsfamilie. Im Salon, der Bibliothek, der Küche, dem Weinkeller und einem Ausstellungsraum weht der Hauch vergangener Tage.

Barrio del Castillo

Von der Plaza San Gregorio aus gelangt man über eine Treppe zum Castillo de San José im Barrio del Castillo, wo sich auch der Dorffriedhof befindet. Von der maurischen Burgruine, die auch Bauteile aus dem 16. Jh. aufweist, hat man einen spektakulären Rundblick auf die umliegenden Berge und den grün schimmernden Stausee unterhalb von Guadalest.

Sierra de Espuña

D/E 15/16

Provinz: Murcia **Höhe:** bis 1585 m ü. d. M.

Leicht gewellte Höhenzüge, schroffe Felswände, feuchte Schluchten (Barrancos) und dichter Wald wechseln einander in der Sierra de Espuña ab. Die niederschlagsreiche Bergregion, die mit ihrem gleichnamigen Gipfel eine Höhe von 1585 m ü. d. M. erreicht, wirkt in der ansonsten sehr trockenen, ja wüstenartigen Landschaft zwischen Murcia und Lorca wie eine grüne Oase.

Flora und Fauna

Etwa 40 km südwestlich von Murcia gelegen und auf der Schnellstraße N 340 (E 15) Richtung Lorca zu erreichen, erstreckt sich der 250 km² große **Parque Natural de Sierra de Espuña** zwischen den Tälern des Río Pliego im Norden und des Río Guadalentín im Süden. Ende des 19. Jh.s wurde das Gebiet mit Pinien und Steineichen aufgeforstet. Daneben wachsen hier Wacholderbüsche, Weiden und Ulmen, und auf den Höhenzügen blühen Rosmarin und Thymian. Im Jahr 1970 wurden einige Mufflons aus Marokko in der Sierra de Espuña ausgesetzt.

Die Noria Grande bei Murcia dreht sich heute noch.

ZEUGEN VERGANGENER KULTUREN

Mit der Costa Blanca verbindet man landläufig Sonne, Strand und Meer, aber auch Hochhaustürme, die sich in den Himmel recken, und Massenunterkünfte. Abseits der touristischen Zentren gibt es jedoch auch Zeugen einer jahrhundertealten Kulturlandschaft.

Wer die Küste hinter sich lässt und in das bergige Landesinnere vordringt, wird überrascht sein von der Vielfalt der Landschaft und von der **traditionsverbundenen Lebensweise** ihrer Bewohner. Je weiter man sich von dem sommerlichen Treiben an den Stränden und in den Touristenorten entfernt, desto häufiger wird der Badeurlauber Einblicke in eine Welt haben, die er längst verschwunden glaubte. Dort wird der Esel, der anderswo zum Gaudium der Touristen als Reittier herhalten muss, heute noch als ein wichtiges Arbeitstier angesehen. Er wird beladen mit Feuerholz oder mit großen Körben und anderen Behältern, die mit Weintrauben, Oliven oder Mandeln gefüllt sind. Manchmal besteht seine Last aus bauchigen Wasserkrügen, die ihrerseits aus einem anderen Jahrhundert zu stammen scheinen.

Das soll jedoch nicht heißen, dass die technische Entwicklung an diesem Landstrich spurlos vorübergegangen wäre. Doch in den oft sehr kleinen landwirtschaftlich genutzten Flächen an steilen Berghängen können Traktoren nicht eingesetzt werden.

Terrassenkultur

Im Hügelland, das an die Küste grenzt, sind die Terrassen noch relativ großzügig angelegt. Je weiter man in das Landesinnere vorstößt, desto schmaler werden die Terrassen, die **»bancales«** (Terrassenbeete) genannt werden. Vor allem im Bergland der Sierra de Aitana, rund um Alcoy und Cocentaina, in der Marina Alta bei Dénia und im Landkreis Vinalopó sieht man diese abenteuerlich an den Hängen klebenden Terrassen, die oft nicht breiter als ein Gemüsebeet sind. Abgegrenzt werden sie durch Mauern

Viele Dörfer in der Sierra de Aitana leben bis heute vom Ertrag der Mandel- und Olivenbäume.

aus grob gehauenen Steinen, damit bei Regen das von den Bergen herunterströmende Wasser die kostbare Muttererde nicht wegschwemmt. Mehrere Generationen von Bauern haben diese Mauern in mühsamer Arbeit ohne Lehm oder Zement sorgfältig aufgeschichtet. Angebaut werden in dieser recht trockenen Gegend hauptsächlich **Mandel- und Olivenbäume**. Ohne motorisierte Transportmittel müssen Dünger, Pflanzenschutzmittel oder Arbeitsgeräte hinauf- und die Ernteerträge wieder heruntergebracht werden.

Aljibes, Norias und Aquädukte

Andere Landmarken im Hinterland der Costa Blanca und der Costa Cálida sind große Wassertanks, gemauerte Wasserbehälter und Auffangbrunnen, die hier »aljibes« genannt werden. In ihnen wird das **Regenwasser** aufgefangen, das in dieser unter anhaltender Trockenheit leidenden Region äußerst kostbar ist. Viele dieser »aljibes« sind im Laufe der Zeit verfallen, da zahlreiche Menschen ihre Dörfer auf der Suche nach Arbeit verlassen haben.

Aus dem arabischen Raum stammen die großen Wasserschöpfräder, die **Norias**, mit deren Hilfe man das Wasser in höher gelegene Felder befördert. Diese Norias wurden weitgehend durch Pumpen ersetzt, nur in Abarán nordöstlich von ► Murcia sind sie noch in Betrieb.

Hin und wieder entdeckt man noch Aquädukte mit wunderschön gleichmäßig gemauerten Bögen. Sie stammen ebenfalls aus der **Maurenzeit** und wurden inzwischen durch Rohre ersetzt, die das Wasser ohne Verlust durch Verdunstung zu den Orangenplantagen in der Küstenebene von Valencia bringen.

Schneebrunnen

Bei Wanderungen in der Sierra de Aitana und im Naturpark Sierra de Espuña sieht man gelegentlich so genannte Schneebrunnen. Sie haben ihre Funktion längst eingebüßt, nicht nur, weil es immer seltener schneit, sondern natürlich auch, weil die Technik mittlerweile bequeme **Kühlmethoden** bereithält. Insgesamt 26 recht verfallene Schneebrunnen gibt es noch in der Sierra de Espuña, die

Gerätschaften im Landwirtschaftmuseum von Alcantarilla

Mitte des 16. Jh.s angelegt wurden. Die zylindrischen Brunnen haben eine Tiefe von bis zu 12 m und einen Durchmesser von maximal 14 m. In ihnen wurde der Schnee im Winter festgetreten, bis er sich zu Eis verdichtete. Das Eis lieferte man dann in den Sommermonaten nach Murcia und Cartagena.

Riu rau

Eine der für die Landschaft zwischen Dénia und Altea typischsten architektonischen Besonderheiten sind die »riu rau« genannten ebenerdigen Terrassenräume mit Arkadenbögen und Ziegeldach. Sie wurden direkt an ein Bauernhaus angebaut und bilden eine Einheit mit diesem. Niemand kann sagen, was dieser Begriff eigentlich bedeutet, doch scheint er, wie so vieles, aus dem Arabischen zu stammen. Die Mauren nannten ein Vorhaus oder einen bedeckten Laubengang »rafraf«. Und ganz ähnlich sind die »riu raus«. Ihr ursprünglicher Zweck bestand im Trocknen von Trauben, also zur **Herstellung von Rosinen**. Sie zeigen stets in Richtung Süden, so werden auch noch die letzten Sonnenstrahlen am Nachmittag eingefangen. Heute dienen sie eher als Lagerraum für überflüssigen Hausrat, oder landbegeisterte Städter haben sich in diesem Raum einen **Kamin** bauen lassen.

Herstellung von Rosinen

Die Herstellung der Rosinen ist nicht kompliziert, braucht aber Platz. Auf dem Boden werden Matten ausgebreitet und darauf die Weintrauben – meist handelt es sich um die süßen Muskatellertrauben – verteilt. Die warme Zugluft und Sonneneinstrahlung besorgen die Arbeit, und nach wenigen Wochen sind aus den Weintrauben Rosinen geworden. Die Rosinen wurden über Jahrhunderte tonnenweise exportiert, der **Hafen von Dénia** war so bekannt für die Ausfuhr von Rosinen, dass man diese sogar nach ihrem Heimathafen benannte: »pasas de Dénia«. Mehrere der traditionellen Bauernhäuser mit den vorgelagerten Terrassenräumen sieht man zum Beispiel auf der Strecke von Teulada – der Camí del Pas folgend – über den Ortsteil Benimeit bis zu dem Badeort Moraira.

Sierra de Espuña und Umgebung

Alhama de Murcia

Umgeben von steilen Felshängen liegt die Kleinstadt Alhama de Murcia zu Füßen einer schon im 11. Jh. errichteten maurischen Burg, die besichtigt werden kann. Unterhalb der Burgruine befinden sich an der Plaza de la Concepción das ehemalige Rathaus aus dem 18. Jh. und die Pfarrkirche. Folgt man von diesem Platz dem Paseo de los Mártires, gelangt man zum neuen Rathaus gegenüber dem Stadtpark La Cubana. Sehenswert ist die kleine Barockkirche San Lázaro mit einer schönen Renaissancefassade. Wie der Ortsname Alhama bezeugt, gab es hier bereits in der Maurenzeit ein **Thermalbad**, das heute weithin bekannt ist. Das **Archäologische Museum** informiert über die Badekultur von den Mauren bis zur Neuzeit.

Totana

Bereits die Römer gründeten etwa 11 km weiter südlich eine Siedlung und nannten sie Deitana Urbs. Heute heißt das 28 000 Einwohner zählende Städtchen Totana. Nach der Besetzung durch die Mauren verlor der Ort seine vormalige Bedeutung, und 1257 schenkte König Alfons X. das Gebiet dem Orden von Santiago. In der Folgezeit wurden zahlreiche Töpferwerkstätten eingerichtet. Heute noch existieren mehr als 30 **Töpfereien** in Totana. An der Plaza de la Constitución steht die zwischen 1553 und 1567 errichtete **Iglesia de Santiago** mit einem sehr schönen barocken Altaraufsatz und einem Portal im plateresken Stil. An demselben Platz erhebt sich das renovierte Rathaus aus dem 16. Jahrhundert. An der Landstraße Richtung Aledo und zum Naturpark von Espuña steht die zwischen 1574 und 1603 errichtete **Iglesia de Santa Eulalia**, die der Stadtpatronin von Totana gewidmet ist.

> **! Baedeker TIPP**
>
> **Klettern in der Sierra de Espuña**
>
> Kletterfreunde kommen besonders in Leiva auf ihre Kosten. Von der Hauptstraße im Naturpark Sierra de Espuña gelangt man über einen Waldweg nach Leiva, wo Kletterwände verschiedener Schwierigkeitsgrade, die eine Höhe von bis zu 170 m haben, zum Erklimmen animieren.

Parque Natural de Espuña

Nordwestlich des Ortes Alhama de Murcia breitet sich der Parque Natural de Espuña aus. Das Centro de Interpretación e Información Ricardo Codorníu mitten im Park bietet Auskünfte für Wanderer (Tel. 968 43 14 30; Öffnungszeiten: Di. bis So. 10.00–14.00, 15.00 bis 18.00 Uhr). Von der Zufahrtsstraße führt eine Abzweigung Richtung Norden zu einer Jugendherberge (Albergue). Bleibt man auf dem Hauptweg, gelangt man bald zur Quelle Fuente de Hilo und kurz danach zu dem 1200 m hohen Berg Bermejo. Nach rechts führt eine Straße zu den Pozos de la Nieve, den Schneebrunnen (► Baedeker Special S. 235). Zurück zum Berg Bermejo kann man die kleine Straße zum Collado del Pilón und einem Forsthaus, der **Casa Forestal de las Alquerías**, einschlagen. Hier gibt es eine kleine Bar und einen Picknickplatz, wo man eine Rast einlegen kann.

SIERRA DE ESPUÑA ERLEBEN

AUSKUNFT

Asociación Espuña
C/ Lopez Pinto, 13
E-30840 Alhama de Murcia
www.espunaturistica.com
www.sierraespuna.com

ANREISE

Der Zugang zum Park ist entweder von dem 35 km von Murcia entfernten Städtchen Alhama de Murcia oder von dem weiter südwestlich gelegenen Ort Totana aus möglich. Beide Orte kann man mit Linienbussen und mit der Bahn von Murcia aus erreichen.

FÜHRUNGEN IM NATURPARK

Von Juni bis September werden während der Wochenenden Gratisführungen veranstaltet.

UNTERKUNFT IM NATURPARK

Die im Naturpark liegenden Campingplätze und Hütten sind nur nach gebührenpflichtiger Anmeldung zu benutzen. Um diese Genehmigung zu erlangen, muss man 14 Tage vor der Anreise eine Kopie des Personalauseise, Reisepasses oder Führerscheins einreichen bei: Servicio de Protección y Comservación de la Naturaeleza de la Consejería de Industia y Medio Ambiente, C/ Catedrática Eugenio Ubeda, 3, E-30071 Murcia, Tel. 968 22 88 29, geöffnet: 9.00–14.00 Uhr. Maximaler Aufenthalt: 3 Nächte.

ESSEN

► Erschwinglich

El Chaleco
Avda. Almirante Bastarreche, 9
Alhama de Murcia
Tel. 968 63 01 04
Eines der besten Restaurants in der Gegend, für seine Qualität ausgezeichnet. In nüchternem Ambiente werden köstliche Fisch- und Fleischgerichte serviert, abgerundet durch edle Tropfen aus der Region.

Mariquita II
Calle Cánovas del Castillo, 8
Totana
Tel. 968 42 25 54
Juni bis Aug. So. geschl.
Die Gäste genießen hier feine spanische Küche

ÜBERNACHTEN

► Günstig

Los Bartolos
Calle Alfonso X el Sabio, 1
Alhama de Murcia
Tel. 968 63 16 71, Fax 968 63 31 43
www.losbartolos.com
Guter Ausgangspunkt für Wanderungen in die Umgebung. Bequeme Zimmer mit Bad; Bar und Restaurant.

Plaza
Plaza de Constitución, Totana
Tel. 968 42 31 12, Fax 968 42 25 30
Zentral gelegenes kleines Haus mit Bar und Cafeteria, einfache Zimmer.

Baedeker-Empfehlung

► Komfortabel

Hotel Rural La Mariposa
Lugar Casa del Estanco s/n
Alhama de Murcia
Tel. 968 63 10 08, Fax 968 63 25 49
www.hotellamariposa.com
Stilvolles, kleines Hotel in einer ehemaligen Bauernwirtschaft. Aufenthaltsraum mit Klavier und Kamin, Bibliothek, Garten mit wunderbarer Aussicht auf das Tal.

Teulada · Moraira

09

Provinz: Alicante
Einwohnerzahl: 13 000
Höhe: 185 m ü. d. M.

Zwischen Dénia und Calpe ist der kleine Ort Teulada in eine zauberhafte Landschaft mit Weinfeldern, sanften Hügeln und »weißen« Siedlungen eingebettet. Zu dem ehemaligen Weinbauerndorf gehört der Küstenort Moraira, der bis vor zwei Jahrzehnten noch ein winziges Fischerdorf war. Inzwischen hat sich der Ort mit seinen schönen Stränden zur Feriendestination gemausert.

Geschichte

Das bereits von den Iberern und Römer besiedelte Gebiet wurde im 8. Jh. von den Mauren eingenommen, die schließlich 1244 selbst das Feld räumen mussten: Jaime I. übernahm die Macht. Er übergab den Ort später dem Admiral der aragonesischen Flotte, Roger Llúria. Im Jahr 1386 erhielt Teulada Stadtrechte. Um sich gegen die wiederholten Überfälle der Berberpiraten im Mittelalter zu schützen, baute man Festungstürme, von denen heute noch Reste zu sehen sind. Die Bewohner flüchteten auch oft in die im 16. Jh. errichtete Iglesia Santa Catalina (Calle Dr. Molí)

★ Moraira

Anfahrt

Von der Plaza Gabriel Miró am Nordende der Avenida del Mediterráneo in Teulada zweigt eine Landstraße zu dem etwa 8 km südöstlich gelegenen Touristenort Moraira ab. Der beliebteste Strand von Moraira ist die **Playa de l'Ampolla** mit feinem Sand.

Im Jachthafen von Moraira liegen zahlreiche Sportboote vor Anker.

Castillo de Moraira Am südlichen Hafenende steht direkt am Strand von l'Ampolla der gut erhaltene Festungsturm (12. Jh.) des Castillo. Er diente der Abwehr und Verteidigung gegen die arabischen Piraten, die immer wieder von Nordafrika herüberkamen und Beute zu machen versuchten.

✶ **Portet de Moraira** Sehr schön und direkt am Wasser sitzt man in einem der Restaurants mit Blick auf die schaukelnden Boote, die Strandpromenade und die reizende Küstenlandschaft im alten Fischerhafen von Teulada, dem Portet de Moraira.

✶ **Aussicht von der Punta de Moraira** Von der Playa de Portet führt ein steiler Weg hinauf zur Ermita de San Juan Bautista auf dem Landvorsprung Punta de Moraira (auch Cabo d'Or). Hier oben gibt es auch einen mittelalterlichen Wachtturm, der sich mit einem Durchmesser von 26 m und einer Höhe von 11 m recht wuchtig ausnimmt. Grandios ist der Blick aus dieser Höhe, man überschaut die Bucht von Moraira bis hinunter zum Peñón de Ilfach. Bei günstigen Wetterbedingungen sind sogar die Berge der Sierra de Aitana und die Insel Ibiza zu sehen.

TEULADA & MORAIRA ERLEBEN

AUSKUNFT

Oficina de Turismo
Ctra. Moraira – Calpe, 51
E-03724 Teulada-Moraira
Tel. 965 74 51 68
Fax 966 49 15 04

ANREISE

Bus- und Bahnverbindungen von Alicante und Dénia

ESSEN

► **Erschwinglich**
La Sort
Avda. Madrid, 1
Tel. 966 49 11 61
www.lasort-restaurante.com
Das Restaurant von schlichter Eleganz serviert feine gehobene Küche, wobei der Schwerpunkt auf Fischen und Meeresfrüchten liegt.

► **Erschwinglich**
Bela Dama
Puerto Moraira, s/n
Tel. 965 74 43 29
Mi. geschl.
www.beladama.es
Das Restaurant liegt am Segelhafen, und man kann draußen speisen. Angeboten wird ein preiswertes Tagesmenü. Darüber hinaus gibt es Reisgerichte und fangfrischer Fische.

ÜBERNACHTEN

► **Komfortabel**
Swiss Moraira
Calle Haya, 175
Rada Moraira
Urb. Club Moraira
Tel. 965 74 71 04
Fax 965 74 70 74
www.swisshotelmoraira.com
Das Swiss Moraira ist ein schönes kleines Hotel inmitten eines Palmengartens in Strandnähe. Es verfügt über ordentliche Zimmer. Ein Pool und ein Tennisplatz ergänzen das Angebot. Die Gartenterrassen laden bei gutem Wetter zum Essen im Freien ein.

Plaza de la Conctitución mit der Kirche der unbefleckten Empfängnis

★ Torrevieja

J/K 4

Provinz: Alicante
Höhe: 7 m ü. d. M.
Einwohnerzahl: 94 000

Salz, Sardinen und Seemannslieder – so könnte man die Hafenstadt Torrevieja auf ihre wesentlichen Komponenten reduzieren. In den letzten Jahrzehnten hat sich das Städtchen mit seinen herrlichen Stränden und der bepflanzten Dünenlandschaft im Norden zu einem allerdings unansehnlichen Seebad entwickelt.

Geschichte und Wirtschaft

Torrevieja liegt etwa 50 km südwestlich von Alicante und ist über die Küstenstraße N 332 zu erreichen. Die ganz im Süden der Region Valencia gelegene Stadt befindet sich an der Sprachgrenze zwischen dem Valencianischen und dem Kastilischen, dem klassischen Spanisch, das in der benachbarten Provinz Murcia gesprochen wird. Obwohl der Ortsname auf einen alten Turm hinweist, ist Torrevieja eine **recht junge Stadt**, deren Anfänge auf das Jahr 1802 zurückgehen, als die Verwaltung der Salzsalinen La Mata von Orihuela hierher verlegt wurde. Bis 1820 gehörte der kleine Ort verwaltungstechnisch noch zu Orihuela. Nachdem ein Erdbeben 1829 das damalige Dorf zerstört hatte, baute man lange Zeit nur einstöckige Häuser. Dieses änderte sich jedoch mit dem aufkommenden Tourismus in den Sechzigerjahren des letzten Jahrhunderts, als auch in Torrevieja Hotelhochhäuser aus dem Boden schossen und wie fast überall an der Küste den Strand säumten.

Torrevieja Orientierung

Der in Spanien bekannte Spruch »Torrevieja, weiß vom Salz und braun von der Sonne« verweist auf den enormen Reichtum an Salz, das hier gewonnen wird: Es sind jährlich bis zu einer Million Tonnen. Damit ist Torrevieja mit seinen Salinen der **größte Salzproduzent Europas**, und das »weiße Gold« wird in alle Welt exportiert. Auch die Fischerei, die auf den Fang von Sardinen spezialisiert ist, spielt eine Rolle im Wirtschaftsleben der Stadt. Im Hafen von Torrevieja gibt es 350 Anleger für Fischerboote und 1500 Anleger für private Sportboote.

Habaneras Die Stadt Torrevieja ist Heimat der so genannten Habaneras, der Gesänge der Seeleute. Diese sind in etwa mit Shantys vergleichbar, den Seemannsliedern aus der Zeit der Großsegler. Die spanischen Matrosen sangen diese Lieder auf ihren langen Hochseefahrten während ihrer Arbeit auf dem Schiff, oft im Wechsel zwischen Vorsänger und Chor. Von Torrevieja aus liefen einst die Salzschiffe in die spanischen Kolonien aus, zum Beispiel nach Havanna (Kuba) in der Karibik, von dem der Name »Habanera« abgeleitet wurde.

TORREVIEJA ERLEBEN

AUSKUNFT

Tourist Info
Caballero de Rodas, 27
E-03180 Torrevieja
Tel. 965 70 61 59
Fax 966 70 33 57
www.torrevieja.de

ANREISE

Busverbindung von Alicante
Von Alicante auf der Küstenstraße N 332 zu erreichen

VERANSTALTUNGEN

Am letzten Maiwochenende findet die Wallfahrt zu Ehren der ***Virgen del Rocio*** statt, anschließend das Bäderrennen der Wallfahrer zu Pferd.
Hogueras de San Juan mit Sommernachtsfesten um den 24. Juni.
Fest zu Ehren der ***Virgen del Carmen*** am 16. Juli mit traditioneller Meeresprozession und nächtlichen Habaneras-Darbietungen.

ESSEN

▶ Fein & Teuer

① ***Restaurante Rancho Blanco***
Ctra. Torrevieja–Orihuela, km 4,4
Tel. 606 29 18 04
Abgeschieden inmitten von Zitrusplantagen liegt das beliebte Restaurant in einem ehemaligen Schäferhaus. Serviert werden exzellente Grillgerichte, u. a. Lamm, und köstliche Kuchen. Im Sommer steht für die Gäste eine große Terrasse zur Verfügung, und für die Kinder gibt es einen Spielplatz.

▶ Erschwinglich

② ***Restaurante El Secaño***
Puerto Deportivo Marina Internacional, s/n
Tel, 965 71 71 78
www.elsecano.com
Direkt am Jachthafen gelegen; Balkon mit Panoramablick; ausgewählte Fischgerichte und Meeresfrüchte; Freitag und Sonntag Live-Musik.

ÜBERNACHTEN

▶ Komfortabel

① ***Apartamentos Marina Internacional***
Playa Acequión s/n
Tel. 965 70 79 61
Fax 965 70 77 26
Geschmackvoll eingerichtete Apartements am Jachthafen. Zur Anlage gehören auch Restaurant und Pool.

② ***Hotel Apartamentos Lloyds Club***
Avda. de los Holandeses, s/n, La Mata
Tel. 966 92 00 00
Fax 966 92 01 43
www.lloydsclub.com
Direkt am Strand gelegen. Restaurant sowie Sauna und Schwimmbad.

▶ Günstig

③ ***Motel Las Barcas***
Ctra. Cartagena–Torrevieja, km 4,5
Tel. 965 71 00 81
Fax 965 71 00 81
www.motellasbarcas.com
Preiswerte Alternative für eine Übernachtung auf der Durchreise. Zimmer mit Terrassen zum Meer.

Sehenswertes in Torrevieja

Museo del Mar y de la Sal

Die N 332 von Cartagena führt fast direkt in das Stadtzentrum. Sobald man den kleinen Canal del Acequión überquert hat, beginnt die Avenida Dr. Gregorio Marañon. Auf der rechten Seite liegt der Sportboothafen. Geradeaus gelangt man in die Calle Patricio Pérez, wo das kleine, aber aufschlussreiche Museo del Mar y de la Sal (**Meeres- und Salzmuseum**) untergebracht ist. Man kann hier im Meer gefundene Amphoren, Schiffsmodelle, Navigationsinstrumente, Seekarten und Werkzeuge für die Salzgewinnung betrachten. Eine Kuriosität sind die kunstvollen Skulpturen aus Salzkristallen (Öffnungszeiten: Di. bis Sa. 10.00–13.30, 17.00–21.00, So. 10.00–13.30 Uhr).

Iglesia de la Inmaculata Concepción

Vom Museum sind es nur einige Schritte durch die Calle Ramon Gallud zur Plaza de la Constitución. Gegenüber vom Rathaus erhebt sich die Kirche der unbefleckten Empfängnis. Die ursprünglich 1788 erbaute, zweitürmige Kirche wurde 1829 bei einem Erdbeben zerstört und 1844 wieder aufgebaut. Blickfang in der recht schlicht wirkenden Kirche ist der prachtvoll **im Barockstil gearbeitete Altar** von 1791 mit einem Marienbild.

Vom Rathausplatz gelangt man durch die Calle Concepción zum **Fischereihafen (Muelle Pesquero)** mit der Lonja, wo auch hier täglich gegen 17.00 Uhr der Fang des Tages versteigert wird.

> ! *Baedeker* TIPP
>
> **Karibische Gesänge**
>
> Jedes Jahr treffen sich in Torrevieja Chöre aus allen Teilen Spaniens und anderen europäischen Ländern zu einem Wettbewerb der Habaneras, deren Ursprung in Havanna (Kuba) liegt. Dieses Festival findet meistens im Freien statt. Zusammen mit dem mediterranen Flair, dem Rauschen des Meeres und der Palmen sind diese Gesänge nicht nur für kühle Nordeuropäer ein besonderes Ereignis voller Romantik.

★ Casino

In wenigen Minuten erreicht man auf dem entlang des Hafens führenden Paseo Vistalegre das sehenswerte Casino. Das im Jahr 1867 entstandene Gebäude trug damals den Namen »Casino de Numancia«, in Erinnerung an eine bekannte spanische Fregatte. 1896 wurde es dann im Stil der damaligen Zeit, dem Modernismo (Jugendstil), umgestaltet. Doch dominiert der Einfluss **arabischer Architektur** mit Rundbögen und arabischen Schmuckelementen weiterhin. Herausragend ist die reich geschnitzte Kassettendecke in einem der großen Salons. Wie im Falle der Casinos von Murcia und Cartagena lässt die kunstvolle Gestaltung auf den Wohlstand der Stadtbewohner um die Jahrhundertwende schließen (Bedeutung von Casino ► S. 164).

Parque Natural de las Lagunas de la Mata y Torrevieja

Auf der Landstraße C 3321 erreicht man nach wenigen Kilometern die westlich der Stadt gelegene Lagune von Torrevieja und die nördlich anschließende Lagune la Mata. Das 3700 ha große Gebiet wurde im Jahr 1988 zum Naturpark erklärt. Beide Lagunen, die miteinander

und mit dem Meer durch Kanäle verbunden sind, haben eine geringe Wassertiefe und eignen sich daher gut zur Verdunstung von Meerwasser zwecks Salzgewinnung. Zum Besuch der Salinen – es werden nicht mehr als 30 Besucher gleichzeitig eingelassen – empfiehlt sich eine Anmeldung über das Touristenbüro der Stadt oder über das Forsthaus von Guardamar (Tel. 966 92 04 04). Ausgangspunkt der Führungen ist das **Besucherzentrum der Laguna la Mata**.
In den Lagunen von Torrevieja und la Mata nisten viele Wasservögel, allen voran die seltenen Flamingos. Vor allem im Winter sind hier Schwarzhalstaucher, Jungadler, Säbelschnäbler, Störche und Wildenten zu sehen.

✶ Strände

Torreviejas Strände sind auch außerhalb der Hochsaison stark besucht, auch weil sie von zahlreichen Ferienwohnungen und Apartmenthäusern gesäumt sind. Vom Fischerhafen gelangt man über den Paseo Marítimo in einigen Minuten zu den zentrumsnahen Playa del Cura und Playa de los Locos, die zusammen eine Länge von mehr als 1 km haben. Sie sind mit Duschen, Erste-Hilfe-Stationen, Parkplätzen, Restaurants, Spielplätzen und Zugängen für Behinderte ausgestattet. Am bekanntesten und am besten ausgerüstet ist die kilometerlange **Playa de la Mata** etwa 6 km nördlich der Stadt, an der sich viele Hotels befinden. Im Südwesten reichen die Strände bis zu der 8 km von Torrevieja entfernten Landzunge Cabo Roig.

Umgebung von Torrevieja

Dehesa de Campoamor

Wenn man die Küstenstraße N 332 nach Süden fährt, erreicht man nach ca. 17 km den kleinen Ort Dehesa de Campoamor mit mehreren Badebuchten, Steilküsten und von Pinien beschatteten Stränden, die nicht so überlaufen sind wie diejenigen von Torrevieja.

Mercadillo del Campo

Direkt in einem Zitronenhain, an der Straße Guardamar – Los Montesinos, nördlich von Torreviejas wird Sonntagvormittag ein Markt abgehalten. Alle Köstlichkeiten aus der Region, aber auch allerhand Gebrauchsgegenstände werden bis 14.00 Uhr feilgeboten.

Guardamar del Segura

Folgt man der Küstenstraße N 332 weiter nach Norden, gelangt man nach etwa 16 km zu dem 15 000 Einwohner zählenden Städtchen Guardamar del Segura an der Mündung des Río Segura. Die Menschen leben hier vom Tourismus und vom Ertrag der fruchtbaren Huerta: Artischocken, Süßkartoffeln, Paprika, Melonen und Orangen gedeihen in dieser Gegend besonders gut. Guardamar ist heute ein typischer **Touristenort** mit zahlreichen Restaurants und Straßencafés, einem Sportboothafen und einem Tauchclub.

✶ Dunas de Guardamar

Zu Beginn des 19. Jh.s lag Guardamar weiter landeinwärts im Schatten einer maurischen Burg. Doch im Jahr 1829 zerstörte ein starkes Erdbeben das Dorf, nur die Burg blieb unversehrt. Daraufhin verleg-

Eine Dünenbepflanzung schützt die küstennahen Häuser in Guardamar.

te man den Ort kurzerhand hinunter an die Küste. Doch wurde man hier mit einem anderen Problem konfrontiert. Durch **Sandverwehungen** versanken die Häuser von Guardamar del Segura mehr als einmal halb im Sand. Dann kamen die Dorfbewohner auf die Idee, die Dünen zu bepflanzen, um deren Wanderlust einzudämmen. Sie setzten Pinienschösslinge, und heute wird der Ort von einem etwa 800 ha großen Pinienwald umgeben, der als »Dunas de Guardamar« (»Dünen von Guardamar«), in ganz Spanien berühmt geworden ist. Wald und Dünen hat man zum Naturschutzgebiet erklärt, zum Vorteil der Ökologie und zur Freude der Badeurlauber. In dem kleinen **Naturpark Reina Sofia** wurden Wanderwege und kleine Wasserfälle angelegt. Der gesamte Küstenabschnitt der Dunas de Guardamar ist 11 km lang. Heute sind die Stranddünen von Guardamar zum großen Teil mit Schatten spendenden Pinien bewachsen und bei Sonnenanbetern sehr beliebt.

Museo Arqueológico

Ende der 1990er-Jahre stieß man auf dem Stadtgebiet von Guardamar auf **Überreste der größten phönizischen Stadt an der europäischen Küste**, die vermutlich aus dem 7. Jh. v. Chr. stammt. Einige der Fundstücke sind im Archäologischen Museum (Calle Colón, 46) zu sehen. Das Museum präsentiert auch Funde aus iberischen und maurischen Siedlungen, die hinter den Dünen gefunden wurden (Öffnungszeiten: Mo. bis Fr. 9.00–14.00, 17.00–20.30 Uhr).

★ Valencia

L/M 13

Provinz: Valencia
Höhe: Meereshöhe
Einwohnerzahl: 801 000

»Ein auf die Erde gefallenes Stück Himmel« – so wird Valencia schon seit alters her beschrieben. Tatsächlich sind die Voraussetzungen dafür gegeben: ein ungemein mildes und trockenes Klima, eine summende, von den bunten Azulejoskuppeln vieler Kirchen überragte Altstadt und ein aufregendes Nachtleben, dazu die umliegende fruchtbare Huerta de Valencia und die Mittelmeerküste.

Mediterrane Schönheit

Die Altstadt der drittgrößten Stadt Spaniens und Hauptstadt der Autonomen Region Valencia liegt auf dem rechten Ufer des Río Turia, des Guadalaviar (»Weißer Fluss«) der Araber. Der Fluss ist inzwischen allerdings höchstens noch als Rinnsal wahrzunehmen, weil man sein Bett in die Jardines de Turia umgewandelt hat, die den Stadtkern im Norden und Osten umziehen.
Aus Valencias **Hafen El Grao** werden Zitronen, Orangen, Wein, Rosinen, Öl und Reis aus der Huerta verladen; in dieser Zone hat sich auch eine vielfältige Industrie mit Autobau, Metallverarbeitung, Werften, Chemie- und Textilfabriken angesiedelt. Verstärkt setzt man auch auf Kongresse – dafür schuf Norman Foster ein Kongresszentrum, mit dessen architektonischer Finesse die neue Brücke und das neue **Kunst- und Wissenschaftszentrum**, beide von Santiago Calatrava, konkurrieren. Auch eine Metro hat sich Valencia gegönnt; sie erschließt allerdings nur die Außenbezirke. Unzählige Palmen entlang breiter Prachtstraßen und auf großzügigen Plätzen erzeugen ein **me-**

Highlights Valencia

Fallas
Wenn Valencia im März in einen regelrechten Festrausch gerät, sollten Sie auf der Plaza Santa Cruz dabei sein.
▶ Seite 253

Kathedrale
Der größte Schatz der gotischen Kathedrale ist der prächtige Sano Cáliz.
▶ Seite 257

La Lonja de Seda
Vor allem im 15. Jh. wurden in der Seidenbörse die in Europa hoch begehrten Stoffe gehandelt.
▶ Seite 264

Palacio del Marqués Dos Aguas
In dem luxuriösen Adelspalast kann der Besucher zum einen die prachtvoll ausgestatteten Räume ansehen und zum anderen das interessante Keramikmuseum besuchen.
▶ Seite 270

Ciudad de las Artes y de las Ciencias
Für diesen avantgardistischen Baukomplex des Stararchitekten Santiago Calatrava sollte man sich getrost einen ganzen Tag Zeit lassen. Er ist ein architektonisches Highlight.
▶ Seite 276

diterranes Flair. In den Gassen der Altstadt findet man immer noch ein Stück unverfälschtes Spanien und eine Fülle von gut erhaltenen historischen Bauten, wobei die spanische Variante des Jugendstils, der Modernismo, dominiert. Das in vergangenen Jahrhunderten blühende Kunsthandwerk wie Glasbläserei, Keramikherstellung und Silberverarbeitung wird heute noch betrieben (►Kunst und Kultur, Keramikkunst Valencias). Valencia ist auch eine bedeutende Universitätsstadt und Sitz eines Erzbischofs.

Geschichte

2. Jh. v. Chr.	Römische Kolonie
413 n. Chr.	Valencia fällt an die Westgoten.
714	Die Mauren erobern die Region.
1021	Valencia und das Küstenland werden Königreich.
1092	Das Königreich Valencia fällt an die Almoraviden.
1094	Unter El Cid erobern die Christen die Stadt.
1102	Valencia fällt erneut in die Hände der Mauren.
1238	Jaime I. von Aragón erobert die Stadt endgültig zurück.
15. Jh.	Blüte durch den Handel mit Seide, Textilien und Keramik
18. Jh.	Valencia steht auf Seiten des Erzherzogs von Österreich.
1808	Die Stadt erhebt sich gegen die Franzosen.
1936/1937	Valencia ist Sitz der Regierung der Republik.
2001	Valencia bewirbt sich um den Titel Kulturhauptstadt Europas.
2007	In Valencia wird um die begehrteste Trophäe im Segeln, den America's Cup, gekämpft, zum ersten Mal in der Geschichte dieser Regatta am Mittelmeer.

Eine griechische Gründung, wurde Valencia später karthagisch und im 2. Jh. v. Chr. als Valentia römische Kolonie, die unter Augustus zu hoher Blüte gelangte. Nacheinander waren die Westgoten, die Mauren und nach kurzer Selbstständigkeit die Almoraviden Herren in Valencia. Unter El Cid eroberten die Christen die Stadt 1094. Fünf Jahre später starb er bei ihrer Verteidigung. Die Einnahme Valencias ist im **Cantar de Mio Cid**, Spaniens ältestem literarischen Dokument, verewigt.

Die erneute maurische Herrschaft wurde endgültig 1238 durch Jaime I. von Aragón beendet. Mehrmals wütete die Pest in der Stadt. Im 15. Jh. blühte der **Handel mit Seide, Textilien und Keramik** auf, und die Lonja de la Seda, die Seidenbörse, wurde ein wichtiger Treffpunkt der Händler im Mittelmeerraum. Im 18. Jh. schlug sich Valencia auf die Seite des Erzherzogs von Österreich, 1808 erhob sich die Stadt gegen die Franzosen. Während des Bürgerkriegs war Valencia von 1936 bis 1937 Sitz der Regierung der Republik; als letzte Bastion der Republik fiel es am 30. März 1939, zwei Tage nach Madrid. 1982 wurde die Autonome Region Valencia (Comunidad Valenciana) begründet, und Valencia wurde Hauptstadt dieser Region und der gleichnamigen Provinz.

Strände

In Valencia kann man entweder ein breites Kulturangebot genießen, die valencianische Reisküche probieren oder den Tag an den insgesamt 2 km langen Stränden Malvarossa und Levante nördlich vom Hafen verbringen. Während die **Playa Malvarrosa** mit ihren Sonnenterrassen vor allem bei jungen Menschen beliebt ist, geht es an der **Playa Levante** etwas familiärer zu. Zu den Stränden gelangt man in einer halben Stunde mit den Bussen 19 und 20, die von der Plaza Ayuntamiento abfahren.

Vom Bahnhof zur Plaza de la Reina

✶ Estación del Norte

Eines der schönsten Beispiele des Jugendstils in Valencia ist der zwischen 1909 und 1917 gebaute Nordbahnhof. Die mit Pflanzenmotiven geschmückte Fassade wird von einem Uhrturm gekrönt, auf

Imposant: die Estación del Norte, der Nordbahnhof, im Jugendstil

Valencia *Orientierung*

Essen
① Albacar
② Torrijos
③ Bodegó de la Sarieta
④ Civera Centro
⑤ El Forcat
⑥ Che
⑦ El Kiosko
⑧ Submarino

Übernachten
① Astoria Palace
② Ad Hoc Monumental Hotel
③ Husa Dimar
④ Meliá Inglés Hotel

dem ein Adler mit ausgebreiteten Schwingen steht. Die Bahnhofshalle ist mit schönen **Azulejos** und Mosaiken geschmückt. Bei genauerem Hinsehen erkennt man in einem der Mosaiken die Worte

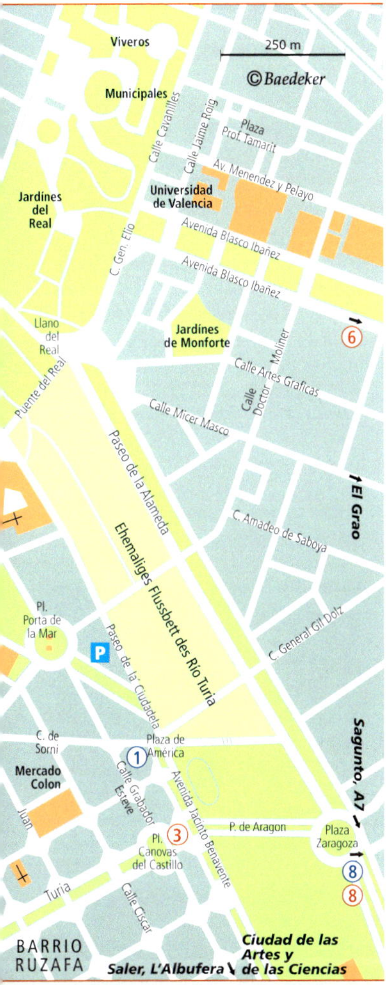

⑤ Venecia
⑥ Hotel Renasa
⑦ Hotel Europa
⑧ Hotel Consul de Mar

»bon viatge« (»Gute Reise«). Im alten Wartesaal, der heute in eine Cafeteria umgewandelt wurde, sieht man wunderschöne, von José Benlliure entworfene Kacheln mit Motiven aus der valencianischen Huerta.

Plaza de Toros

Direkt neben dem Bahnhof befindet sich die 1859 im neoklassizistischen Stil errichtete Plaza de Toros. Mit 17 000 Plätzen ist sie **eine der größten Stierkampfarenen Spaniens**. Die wichtigsten Stierkämpfe finden während der Fallas und in der Festwoche im Juli statt.

Museo Taurino

Unweit östlich, in der Pasaje Dr. Serra (Nr. 16) liegt **eines der ersten Stierkampfmuseen Spaniens**. Es enthält Anzüge der Beteiligten, Fotografien, Plakate und Trophäen aus den letzten drei Jahrhunderten (Öffnungszeiten Di. bis So. 10.00 bis 20.00 Uhr).

Plaza Ayuntamiento

Nördlich vom Bahnhof gelangt man durch die breite Avenida Marqués de Sotelo zur Plaza Ayuntamiento, an der täglich bis 21.30 Uhr ein **Blumenmarkt** abgehalten wird. Der lang gestreckte Rathausplatz ist Mittelpunkt des Verkehrs und des öffentlichen Lebens. Er ist umgeben von Hotels, Banken, Geschäftshäusern und Cafés. Früher hieß er Plaza Mayor, und während des Franco-Regimes nannte man ihn Plaza del Caudillo (»Platz des Führers«). Einige Sitzbänke an der eindrucksvollen Brunnenanlage und natürlich auch die Cafés laden zum Ausruhen ein.

VALENCIA ERLEBEN

AUSKUNFT

Tourist Info
Calle La Paz, 48, E-46003 Valencia
Tel. 963 98 64 22, Fax 963 98 64 21
www.turisvalencia.de
www.valencia.es
www.comunitatvalenciana.com

ANREISE & VERKEHR

Flughafen: 8 km westlich von Valencia; Busverbindung, Tel. 961 59 85 00
Bahnhof der staatlichen Bahn RENFE (Calle Xàtiva) im Stadtzentrum für die Züge zu allen Städten Spaniens
Busbahnhof für die Überlandbusse, Estación de Autobuses, Avenida Mendez Pidal
Fährhafen für die Schiffe nach Ibiza Estación Marítima (Avenida Manuel Soto Ingeniero)

STADTBESICHTIGUNG

Die gesamte Altstadt, die ringförmig von breiten, verkehrsreichen Straßen umfasst wird und einen Durchmesser von etwa 1,5 km hat, kann man gut zu Fuß erkunden. Je nach Programmgestaltung benötigt man 2–4 Tage.
Wenn man mit der ***Eisenbahn*** anreist, kommt man am Nordbahnhof (Estación del Norte) an und kann von hier in wenigen Minuten die meisten Sehenswürdigkeiten erreichen.
Wer mit dem ***Auto*** in die Stadt kommt, findet Parkhäuser in den Ringstraßen Calle Colón und Calle Guillem de Castro in Bahnhofsnähe (dem Schild Estación del Norte folgen). Zu den weiter außerhalb liegenden Attraktionen führt ein dichtes Stadtbus- und U-Bahnnetz.

»Ofrenda de Flores«: Nur die schönsten Frauen Valencias dürfen teilnehmen.

Höhepunkt des Festtaumels bei der Fiesta de Fallas ist die Verbrennung der riesigen Pappmaché-Figuren.

VERANSTALTUNGEN

Fallas

Wenn der Frühling kommt, fällt Valencia vom 1. bis 19. März in einen Festtaumel ohnegleichen, und die lange Winterzeit wird mit großem Getöse vertrieben. Die Fiesta de Fallas zu Ehren von San José gipfelt in der Verbrennung riesiger Figuren aus Pappmaché und Stoff (Ninots) auf einem Scheiterhaufen, der Hoguera. Der Brauch stammt aus dem Mittelalter, als Zimmerleute und andere Handwerker jedes Jahr am Josephstag, dem 19. März, ihre Holzabfälle und Lampenständer verbrannten.

Bereits Monate vor dem eigentlichen Fest unternimmt jeder Stadtteil große Anstrengungen mit der Herstellung der bis zu 20 m hohen Ninots. Es entstehen äußerst kunstvolle Figuren, die jedoch nicht nur dekorativen Charakter haben, sondern auch historische und zeitgenössische Persönlichkeiten schelmenhaft und satirisch aufs Korn nehmen. Die originellsten Ninots der jeweiligen Stadtteile werden prämiert. Nur das schönste Exemplar wird vor den Flammen gerettet. Diese »ninots indultats« (»begnadigte Ninots«) können im Museo Fallero besichtigt werden. Jeden Tag wird auf der Plaza del Ayuntamiento eine Mascietá (Böllerfeurwerk) abgeschossen. In der Nacht vom 17. auf den 18. März gibt es ein spektakuläres Feurerwerk, und vom 19. zum 20. März gehen dann die zahlreichen Ninots in Flammen auf.

Ofrenda de Flores

Ab Januar wählen die Festvereinigungen der jeweiligen Stadtteile (Falleras) die hübschesten Frauen des Viertels aus. Am Morgen des 17. März werden die Schönsten der Schönen in ihren prächtigen valencianischen Trachten bei der »Ofrenda de Flores« (»Blumenspende«) prämiert. Die Straßen Valencias sind mit Blumenteppichen, Fahnen, Bändern und Standarten der Falleras geschmückt. Alle Blicke richten sich auf die Frauen mit ihren goldbestickten, perlenbesetzten Kleidern, geschmückt mit Seidenschleiern, Spitzen und Brokat. Valencia zeigt sich von seiner in ganz Spanien bewunderten Pracht.

EINKAUFEN

Ein Muss ist der Bummel durch den 1928 vollendeten *Mercado Central* (»Zentralmarkt«). Die Markthalle ist reich mit Azulejos ausgestattet und bietet an etwa 300 Verkaufsständen alle Köstlichkeiten Spaniens, insbesondere natürlich die aus der Huerta. Es soll der größte Fischmarkt Europas sein.
Rund um die Brunnenanlage auf dem Plaza Ayuntamiento wird täglich bis ca. 21.00 Uhr ein schöner ***Blumenmarkt*** abgehalten.

ESSEN

► Fein & Teuer

① ***Albacar***
Calle Sorní, 35
Tel. 963 95 10 05
Juni/Juli Sa. und So., Aug. geschl.
Renommierter Gourmettempel mit Garten, die kreative Küche führt auf eine Entdeckungsreise durch alle Regionen Spaniens.

⑧ ***Submarino***
Ciudad des las Artes y las Ciencas
Oceanogràfic
Junta de Murs i Valls
Tel. 961 97 55 65
Zum Oceanogràfic gehört das einzigartige Unterwasserrestaurant, wo man rundum umgeben von Wasser und Fischen sehr gut und teuer speisen kann.

② ***Torrijos***
Dr. Sumsi, 4
Tel. 963 73 29 49
www.restaurantetorrijos.com
Eine der feinen Adressen der Stadt mit elegantem modernem Ambiente. Speisekarte mit extravaganten Kreationen, hervorragender Service, hübscher Weinkeller.

► Erschwinglich

③ ***Bodegó de la Sarieta***
Calle Juristas, 4, Tel. 963 92 35 38
So. geschl.
Karte mit einer guten Auswahl an typischen Reisgerichten, Lamm, Fisch und Meeresfrüchten.

④ ***Civera Centro***
Mosén Femades, 10
Tel. 963 52 97 64
www.marisqueriascivera.com
Das bekannte Restaurant ist vor allem wegen seiner Fischgerichte und Meeresfrüchteteller zu empfehlen. Die Tapas-Bar und der Speisesaal sind im maritimen Stil eingerichtet.

⑤ ***El Forcat***
Calle Roteros, 12
Tel. 963 91 12 13
Das Restaurant liegt in einem Altstadthaus und bietet ein großzügiges Ambiente. Spezialität sind die Reisgerichte, vor allem Paella.

► Preiswert

⑥ ***Che***
Avda. Antiguo Reina de Valencia, 9
Tel. 963 74 65 25
Der Besitzer der traditionsreichen Bar ist Baske, was schon gute Tapas garantiert. Die Küche bietet Hausmannskost mit wechselnden Menüs.

⑦ ***El Kiosko***
C/ Derechos, 38
Tel. 963 91 01 59

Wer sehen möchte, was ein Valenciano schon zum Frühstück zu sich nehmen kann, der ist in dieser urigen Bar bei hausgemachten Tapas richtig. Als Mittagstisch gibt es Paellas, dazu einen exzellenten roten Hauswein. Und all das ist preiswert und gut, zudem wird man durch die einheimischen, mitunter kuriosen Gäste aufs Beste unterhalten.

ÜBERNACHTEN

► Luxus

① ***Astoria Palace***
Plaza de Rodrigo Botet, 5
Tel. 963 98 10 00
Fax 963 98 10 10
www.hotelastoriapalace.com
Prestigeträchtiges Hotel an einem ruhigen Platz nahe der Kathedrale; Zimmer im englischen Stil eingerichtet; umfangreicher Service; Fitnessräume, Sauna und Jacuzzi. Das Restaurant Vinatea serviert beste Reisgerichte.

► Komfortabel

② ***Ad Hoc Monumental Hotel***
Calle Boix, 4
Tel. 963 91 91 40
Fax 963 91 36 67
www.adhochoteles.com
Kleines luxuriöses Hotel in einem historischen Stadthaus (1881) mit stilvoller Einrichtung. Das gute Restaurant serviert die neue pfiffige Mercadoküche. Täglich wird den Gästen ein preiswertes, typisch spanisches Mittagessen angeboten.

⑧ ***Consul del Mar***
Avda. del Puerto, 39
Tel. 963 62 54 32, Fax 963 62 16 25
Hotel in einer Villa aus der Zeit um 1900 mit gemütlichen ansprechenden Zimmer; Schwimmbad, Sauna und Fitnessraum stehen für die Gäste bereit.

③ ***Husa Dimar***
Gran Vía Marqués del Turia, 80
Tel. 963 95 10 30
Fax 963 95 19 26
www.husadimar.com
Am Rand der Altstadt gelegenes Hotel, ideal auch für Geschäftsreisende. Großzügig geschnittene Zimmer und Suiten. An der nahen Plaza Cánovas de Castillo gibt es viele Bars und Restaurants.

④ ***Meliá Inglés Boutique Hotel***
Marqués de Dos Aguas, 6
Tel. 963 51 64 26
Fax 963 94 02 51
www.solmelia.com
Zentral gelegen, in dem ehemaligen Palast der Herzöge von Cardona, direkt gegenüber vom Keramikmuseum. Komfortabel und funktional, guter Service.

⑤ ***Venecia***
En Llop, 5
Tel. 963 52 42 67
Fax 963 52 44 21
www.hotelvenecia.com
Sehr zentral beim Rathausplatz gelegen; ordentliche Zimmer.

► Günstig

⑥ ***Hotel Renasa***
Avda. de Cataluña, 5
Tel. 963 69 24 50
Fax 963 93 18 24
www.hotel-renasa.com
Gutes Mittelklassehotel mit lobenswertem Restaurant.

⑦ ***Hotel Europa***
Calle Ribera, 4
Tel. 963 52 00 00
Fax 963 52 03 51
www.hoteleuropa-valencia.com
Preiswerte Unterkunft in einem schönen Gebäude nahe vom Bahnhof; einfache, aber ordentliche Zimmer.

Zum Leben der Valencianos gehört der Stierkampf.

★ **Ayuntamiento**

An der Westseite erhebt sich das im 18. Jh. errichtete Ayuntamiento (Rathaus) mit einem filigran gestalteten Uhrturm und einer Fassade aus den Zwanzigerjahren des letzten Jahrhunderts. Vier Skulpturen an der Fassade symbolisieren die Tugenden Klugheit, Kraft, Gerechtigkeit und Mäßigung. Das Stadtwappen wird von zwei nackten Frauenkörpern flankiert, die von dem valencianischen **Bildhauer Mariano Benlliure** (► Berühmte Persönlichkeiten) geschaffen wurden. Im Rathaus sind das Tourismusbüro, die Stadtbibliothek und das Museo Histórico Municipal (im ersten Stockwerk) untergebracht.

Museo Histórico Municipal

Die Gegenstände und Schriftstücke des Historischen Stadtmuseums können bis in das 13. Jh. zurückdatiert werden, wie z. B. das in Valencianisch verfasste Buch über die Stadt- und Königsrechte von Valencia (»Llibre dels Furs de la Ciutat i Regne de Valencia«) oder das Gesetzbuch (1238) über den Handel und die Schifffahrt in Valencia (Öffnungszeiten: Mo. bis Fr. 9.00–14.00 Uhr).

Ateneo

Gegenüber dem Rathaus befinden sich das Hauptpostamt (spanisch Correos) und das **Casino**, das hier jedoch Ateneo genannt wird. Dieses ist zwar nicht mit den prächtig gestalteten Casinos in Murcia, Cartagena und Torrevieja zu vergleichen, doch herrscht ein ähnlicher Betrieb: Meist ältere Männer sitzen zusammen, spielen Karten, plaudern und trinken Kaffee.

Calle Don Junan de Austria

Nördlich vom Postamt beginnt die von Palmen gesäumte Calle Barcas, deren Fortsetzung, die Calle Don Juan de Austria, den Fußgängern vorbehalten ist. Es ist **eine der wenigen verkehrsberuhigten**

Straßen in der Innenstadt, in der man in einem der zahlreichen Straßencafés und -restaurants in aller Ruhe etwas essen und dabei die Passanten beobachten kann. Am nördlichen Ende der Plaza de Ayuntamiento trifft man auf die Hauptgeschäftsstraße der Altstadt, die Calle San Vicente Mártir. Hier verlief in der römischen Antike die Via Augusta bis nach Andalusien.

Calle San Vicente Mártir

An der östlichen Seite dieser Straße erhebt sich die gotische Kirche San Martín (14. Jh.), deren Barockportal eine bronzene Reiterstatue des heiligen Martin krönt, ein niederländisches Werk aus dem 15. Jahrhundert.

Iglesia de San Martín

Schräg gegenüber der Kirche San Martín führt die Calle Pescaderia nach wenigen Metern direkt auf die kleine Plaza Redonda, die teilweise überdacht ist und 1831 angelegt wurde. Um den runden Platz sind Marktstände mit Keramikwaren und Textilien angeordnet. Jeden Freitagvormittag treffen sich hier Frauen zum **Klöppeln**, für Besucher eine gute Gelegenheit, dieses alte Handwerk aus nächster Nähe zu beobachten.

Plaza Redonda

Um die Ecke, am Ende der Plaza Lope de Vega, erhebt sich der reich verzierte, sechseckige **Glockenturm** der gotischen Kirche Santa Catalina. An dem zwischen 1688 und 1705 im Barockstil errichteten Turm fallen vor allem die gewundenen Säulen auf.

Iglesia de Santa Catalina

Von der Iglesia Santa Catalina führt die kleine Calle Sombrereria direkt auf die Plaza de la Reina, den Mittelpunkt der Altstadt. Hier erhebt sich die **Kathedrale**.

Plaza de la Reina

★★ Kathedrale mit Umgebung

Die Kathedrale wurde in den Jahren 1252 bis 1482 anstelle einer Moschee errichtet, ein äußerlich überwiegend gotischer, stattlicher Kirchenbau mit barocker Fassade. An der Südwestecke der Kirche erhebt sich der 68 m hohe, unvollendet gebliebene Glockenturm der Kathedrale, der **Torre del Miguelete** (»Micalet«) mit der gleichnamigen, am Michaelstag des Jahres 1418 getauften Wasserglocke, deren Klang früher die Bewässerung der Huerta regelte. Über 207 Stufen kann man vom linken Seitenschiff der Kathedrale aus die Aussichtsplattform in 50 m Höhe ersteigen. Von hier oben bietet sich ein prächtiger Blick auf die Stadt. Täglich eine halbe Stunde vor Schließung der Portale stimmt das Glockenspiel das Ave Maria an.

Öffnungszeiten:
Mo. bis Sa.
8.00–20.30
So. 8.00–14.00
17.00–20.30
Führungen:
30. März bis Okt.
Mo.–Fr.
10.00–18.30
Sa. 10.00–17.30
So., Fei.
14.00–17.30
Nov.–19. März
Mo. bis Sa.
10.00–17.30

Von der Plaza de la Reina betritt man die Kathedrale durch das Hauptportal, die **Puerta de los Hierros**, die nach ihrem barocken Eisengitter benannt wurde. Das Portal ist ein Werk von dem Deutschen Konrad Rudolf, der jedoch im Spanischen Erbfolgekrieg flüchten musste; vollendet wurde es dann von Ignacio Vergara. Am östlichen

Querschiff öffnet sich die **Puerta del Palacio** (valencianisch Porta del Palau) zur Plaza Almoyna hin. Gotische Skulpturen zieren den Spitzbogen, doch sind auch romanische und mudejarische Einflüsse zu bemerken. Das westliche Querschiff betritt man duch die das Tor **Puerta de los Apóstoles**. Über dem Eingang schwebt eine Fensterrose des 14. Jahrhunderts.

Innenraum

Das Innere der 98 m langen Kathedrale wurde im 18. Jh. vollständig erneuert. Es enthält zahlreiche kostbare Gemälde so etwa von **Baccio Bandinelli** in der Capilla del Cristo de la Buena Muerte hinter der Capilla Mayor. Auf dem Bild sind die Jungfrau Maria, den hl. Johannes und Maria Magdalena dargestellt. Von **Goya** sind zwei Gemälde in der zweiten Kapelle im rechten Seitenschiff zu sehen: »Der heilige Franz Borgia nimmt Abschied von den Seinen« und »Der Verurteilte«. Links vom Hauptportal befindet sich »Die Taufe Christi« (1535) von Juan Vicente Masip. Im Chor beeindruckt ein schönes Gestühl aus dem 16. Jahrhundert. Über der Vierung erhebt sich eine mächtige achteckige Kuppel (Cimborio). In der Capilla Mayor steht ein prachtvoller Hochaltar des 15. Jh.s mit beachtenswerten Flügelbildern, die 1509 von dem Leonardo-Schüler Fernando de Llanos und Fernando Yáñez de la Almedina gemalt wurden.

Capilla de la Resurrección

Zu dem Alabasteraltar in der »Capilla de Resurrección« (»Kapelle der Auferstehung«), gehört auch als Reliquie ein Unterarm von **San Vicente Mártir, dem Stadtpatron**. Diese mumifizierte Hand des Heiligen soll aus dem Jahr 304 stammen, ging jedoch in der Maurenzeit verloren. Während einer Pilgerreise ins Heilige Land entdeckte der Bischof von Valencia die Hand wieder und brachte sie 1104 nach Valencia zurück.

★ Capilla del Santo Calíz

Vom rechten Seitenschiff betritt man die Capilla del Santo Cáliz, den 1369 erbauten Kapitelsaal, den ein sehr schönes gotisches Sterngewölbe abschließt. Die Kapelle birgt den mit Rubinen und Perlen besetzten **Santo Cáliz (»Heiliger Kelch«)** aus smaragdgrünem Achat, der je nach Lichteinfall bis ins Purpurrote schimmert. Er gilt als Kelch des letzten Abendmahls und wird von manchen auch als der sagenhafte Gral angesehen, mit dem das Blut Christi aufgefangen wurde. Der Kelch gelangte später nach Rom. Während der Christenverfolgung soll er vom heiligen Lorenz in die spanische Stadt Huesca gebracht worden sein, von dort kam er als Geschenk des Königs Alfons V. von Aragón in die Kathedrale von Valencia.

Museo de la Catedral

Von dieser Kapelle gelangt man in das Museum der Kathedrale, das zahlreiche historische Kirchendokumente, Skulpturen und religiöse Gemälde etwa von Goya und den valencianischen Malern Vicente Masip, Juan de Juanes und Rodrigo de Osona enthält.

Mediterranes Flair auf der Plaza de la Reina →

MPHIS
Tennessee

! **Baedeker TIPP**

Tribunal de las Aguas

Jeden Donnerstagmittag um 12.00 Uhr trifft sich vor dem Aposteltor das Wassergericht (»Tribunal de las Aguas«). Acht schwarz gekleidete Herren und ein Gerichtsdiener sprechen Recht über Streitfragen bezüglich der Wasserzuteilung aus den acht Bewässerungskanälen Valencias. Begründet wurde dieses bis heute wohl einzigartige Gericht bereits um das Jahr 960 von dem Kalifen Al Hakam. Das Urteil, entweder eine Geldstrafe oder Wasserentzug, ist ohne schriftliche Formalitäten rechtskräftig. Da meist keine Klagen vorliegen, dauert dieses für Touristen veranstaltete Spektakel nur wenige Minuten.

★ **Basílica de Nuestra Señora de los Desamparados**

Wenn man die Kathedrale durch das Aposteltor verlässt, erblickt man die benachbarte, 1667 im Barockstil errichtete Basilika Nuestra Señora de los Desamparados. Sie ist durch einen Renaissancebogen mit der Kathedrale verbunden. In der Hauptfassade sind **fünf römische Schrifttafeln** eingefügt, die bei Ausgrabungen während der Bauarbeiten gefunden wurden. Die große, mit gebrannten Ziegeln gedeckte Kuppel ist im Inneren mit Fresken von Antonio Palominio bemalt. Das geschnitzte Marienbild von 1416 am Hauptaltar ist die »Beschützerin der Obdachlosen«, Schutzpatronin Valencias. Es wird von zwei Heiligenfiguren aus der Werkstatt von José Esteve Bonet flankiert.

★ **Plaza de la Virgen**

An der Nordseite der Kathedrale öffnet sich die malerische Plaza de la Virgen, ein beliebter Treffpunkt für Studenten und Schüler, die sich im Zeichnen der Kathedrale und der Basilika üben. Ein Brunnen mit allegorischen Figuren plätschert hier und verschafft in den heißen Sommern etwas Kühlung.

★ **Palacio de la Generalidad**

Gegenüber der Basilika, auf der anderen Seite der Plaza de la Virgen, steht in der Calle de Caballeros der Palacio de la Generalidad (valencianisch Palau de la Generalitat), wo heute die **Abgeordnetenkammer der Autonomen Region Valencia** tagt. In dem zwischen 1510 und 1579 errichteten gotischen Bau kamen einst die Vertretungen der Stände des Königreichs Valencia zusammen.

Der 1618 dem Bau hinzugefügte Turm enthält stilistische Elemente der Spätgotik und der Renaissance. Herausragend sind die prunkvollen Räume, besonders im ersten Stock der **Salón de Cortes** (Sitzungssaal) mit Kassettendecke und gekacheltem Fries sowie die **Sala Dorada** mit der prächtigen Artesonado-Holzdecke (Öffnungszeiten: Mo. bis Fr. 9.00–14.00 Uhr).

Plaza Manises

An der Nordseite des Regierungspalastes liegt die Plaza Manises. Hier stehen die Stadtpaläste de Bailía, de Scala und de Manises, die im Barock- und Renaissancestil gebaut wurden und wunderschöne, mit Azulejos geschmückte Patios haben.

Almudín

Zurück zur Plaza de la Virgen, folgt man der Calle Almudín bis zum ehemaligen **Kornspeicher der Stadt**, der seine arabische Bezeichnung Almudín bewahrt hat. In dem im 14. Jh. errichteten Speicher wurde Getreide vor Feuchtigkeit und Insekten geschützt. Die kleinen Fenster waren einmal Schießscharten und Erker zur Verteidigung, denn das Gebäude war gleichzeitig wie eine kleine Festung angelegt. In späteren Jahrhunderten wurde der große Raum, der seitlich mit Arkaden versehen ist, von Künstlern bemalt. Diese Bemalung erinnert an die der römischen Basiliken. Heute dient das schön restaurierte Gebäude kulturellen Veranstaltungen.

Altstadtviertel Barrio del Carmen

Künstlerviertel

Wendet man sich nun vom Almudín nach Westen, gelangt man in den wohl ältesten Stadtteil Valencias, den Barrio del Carmen, mit engen Gassen und vielfach heruntergekommenen Häusern, die jedoch oft schöne Balkongitter haben. Vergilbte Schilder weisen auf Handwerksbetriebe hin, und in kleinen Lebensmittelläden kauft man den Wein wie ehedem vom Fass. In diesem Viertel entstanden die **Fallas**, jene Feste, für die Valencia bekannt ist (► S. 252). Bis vor einigen Jahren hatten die Akademie der Schönen Künste und die Höhere Schule für Malerei und Bildhauerei ihren Sitz in diesem Viertel. Heute noch ist die Altstadt (valencianisch Ciutat Vella) bei Künstlern beliebt – es gibt hier mehrere Kunstgalerien –, und die mit staatlicher Hilfe renovierten Häuser kommen bei Bohemiens zunehmend in Mode. Für den Besucher empfiehlt sich ein Spaziergang durch die Straßen Zapateras, Serranos und Caballeros mit ihren kleinen Nebengassen und mehreren **Straßencafés und Kneipen**.

> ! *Baedeker* TIPP
>
> **Horchata**
>
> In den Sommermonaten öffnen die Horchaterias, vor denen mitunter lange Schlangen stehen. Hier werden gut gekühlte, erfrischende Horchatas serviert. Sie bestehen aus zermahlenen Erdmandeln (span. »chufa«), die mit Wasser, Zucker und etwas Zitronensaft gemischt werden. Das valencianische Traditionsgetränk wird z. B. in der »Horchateria El Siglo« an der Plaza Santa Catalina, 11, serviert.

Plaza Santa Cruz, Plaza del Carmen

Das Portal de Valldigna westlich der Plaza Manises gewährte in arabischer Zeit Einlass in die von einer Stadtmauer umschlossene Stadt. Wenn man von hier der Calle Baja folgt, gelangt man über die Plaza Árbol zur Plaza Santa Cruz. Dieser Platz, an dem einst eine gleichnamige Kirche stand, ist einer der »Brennpunkte« der Fallas. Durch die Calle Caridad und die Calle Pintor Fillol gelangt man zur kleinen

Plaza del Carmen, die sich nur zu den Fallas richtig belebt. Hier steht die Iglesia del Carmen, deren barocke Fassade mit Skulpturen des italienischen Bildhauers Julio Capuz aus dem 17. Jh. versehen ist. An der Kirchenmauer plätschert der kleine Brunnen der Kinder (»La fuente de los niños«), der von dem Valencianer Mariano Benlliure geschaffen wurde.

★ **Torres de Serranos**

Geht man von der Plaza del Carmen durch die Calle Roteros, kommt man auf die Calle Serranos mit ihren vielen Geschäften. Gleich links liegt die Plaza de los Fueros und gegenüber erheben sich die Torres de Serranos, eines der **Wahrzeichen der Stadt**. Der eindrucksvolle Doppelturm wurde 1398 als Teil der Verteidigungsanlage auf römischen Grundmauern erbaut und 1930 wieder hergestellt. Über dem Eingang sieht man eine gotische Reliefarbeit von Enric Alemany, die den Helm des Königs Jaime I. nachbildet.

Torres de Quart

Das zweite erhaltene Stadttor, das den Torres de Serrano ähnlich sieht, ist der Torres de Quart im Westen der Altstad (Calle Guillem Ecke Calle Quart). Es besteht aus zwei mächtigen Festungstürmen, die zwischen 1356 und 1460 errichtet wurden. Einige Kanoneneinschläge erinnern an die Verteidigung der Stadt gegen Marschall Moncey 1808.

Die Torres de Serranos eignen sich offensichtlich nicht nur zum Besichtigen, sondern auf für eine kurze Streckübung.

Jardín Botánico

Von hier kommt man weiter über die Ringstraße zum nahen Jardín Botanico, dem **Botanischen Garten**, den man über die Calle Quart, 80, betritt. Er wurde 1802 mit Unterstützung König Karls III. eingerichtet und war **der erste seiner Art in Spanien**. Exotische Pflanzen und Bäume, ein Aviarium mit Vögeln aus aller Welt sowie ein Aquarium mit diversen Arten von Seeschnecken lohnen einen Besuch (Öffnungszeiten: Di. bis So. je ab 10.00, März, Okt bis 19.00, Apr., Sept. bis 20.00, Mai bis Aug. bis 21.00, Nov. bis Feb. bis 18.00 Uhr).

Puente de Serranos

Wenn man zurück zu den Torres de Quart und den Torres de Serranos geht, führt die Puente de Serranos in den neueren Stadtteil Campanar und zum Museo de Bellas Artes (siehe nachfolgend). Diese Brücke aus dem 16. Jh. überspannt das ehemalige Flussbett des Río Turia, in dem heute Grünanlagen, Radwege und diverse Sportplätze angelegt wurden.

✶ Museo Benlliure

Von den Torres de Serranos gelangt man durch die belebte Calle Blanquerias in wenigen Minuten zum Museo Benlliure (Nr. 23), das dem bedeutenden valencianischen **Maler José Benlliure y Gil** (1885 bis 1937) und seinen ebenfalls künstlerisch tätigen Brüdern Juan Antonio und Mariano gewidmet ist. Viele Jahre lang lebte der erfolgreiche Künstler in dem Haus Nr. 23, dessen Speisezimmer, Schlafzimmer und Bibliothek einen Eindruck von der Lebensweise einer großbürgerlichen valencianischen Familie vermitteln. Die Einrichtung zeugt von erlesenem Geschmack und Wohlstand. Mehrere Gemälde von José Benlliure und internationale Auszeichnungen – darunter ein Ehrendiplom, das der ehemalige König von Sachsen ihm 1887 verliehen hatte – sind zu sehen (Öffnungszeiten: Di. bis Sa. 10.00–14.00, 16.30–20.30, So., Fei. 10.00 bis 15.00 Uhr).

Instituto Valenciano de Arte Moderno (IVAM)

Östlich des Museo Benlliure trifft man in der Calle Guillem de Castro, 118, auf den postmodernen Bau des Museums für moderne Kunst mit Werken vom Beginn des 20. Jh.s bis in die Gegenwart, z. B. von Julio González, Ignacio Pinazo oder Antonio Tápies (Öffnungszeiten: Di. bis So. 10.00–20.00 Uhr).
In dem zum IVAM gehörenden **Centro del Carmen**, das in einem früheren Karmeliterkloster des 13. Jh.s untergebracht wurde, finden Wechselausstellungen statt.

Markthalle und Umgebung

✶ Mercado Central

Nördlich der Plaza Ayuntamiento gelangt man über die Avenida María Cristina zur lang gestreckten Plaza del Mercado, die früher Schauplatz von Turnieren und Festen war, mit dem **Zentralmarkt von Valencia**. Der chilenische Schriftsteller Rafael Sanhueza Lizardi beschreibt seine Eindrücke, die er bei einer Reise 1889 gewonnen hatte, folgendermaßen: »*Auf dem Markt, der nahezu die Hälfte der Altstadt einnimmt, werden sämtliche Früchte Valencias verkauft. Unbeschreib-*

lich die hier herrschende Freude und das rege Leben! Unter wolkenlosem Himmel sind zahllose Verkaufsstände aufgebaut und es grenzt an eine Heldentat, den Menschenfluss, der in allen Richtungen hin und her wogt, zu durchkreuzen. Der Schrei Tausender von Mündern, die Apfelsinen, Limonen, Bohnen, Möhren, Zwiebeln, Rettiche und quasi alle Lebensmittel aus Knochen und Fleisch anbieten, lässt einen aus der Entfernung glauben, hier fände ein Aufstand statt.«
Heute ist das Marktgeschehen natürlich geordnet, und die 306 Verkaufsstände bieten alle Köstlichkeiten Spaniens. Die 1928 im Jugendstil vollendete Markthalle ist reich mit Azulejos geschmückt, und in den Fenstern ist das Wappen von Valencia eingelassen. Durch eine große Glaskuppel dringt Tageslicht in die Halle. An den Ständen vor der Markthalle werden Paellapfannen jeder Größe verkauft.

Església dels Sants Joans

Hinter der Markthalle, an der Calle Vieja de la Paja, steht die Església dels Sants Joans (Església de Sant Joan del Mercat), **eine der ältesten Kirchen Valencias**. Sie stammt aus dem Jahre 1368 und erhielt im 17. Jh. eine schöne Barockfassade. Im Inneren beeindrucken barocke Skupturen und ein Deckengemälde von **Antonio Palomino** zu den Themen Dreieinigkeit, Unbefleckte Empfängnis und Gottes Herrlichkeit, das um das Jahr 1700 entstanden ist.

★★ La Lonja de Seda

Gegenüber der Kirche und dem Mercado Central steht eines der bedeutendsten historischen Gebäude der Stadt, La Lonja de la Seda (auch Lonja de los Mercaderes und valencianisch Llotja genannt), die Seidenbörse. Hier wurde einst die weit in Europa verkaufte Va-

In der Markthalle wird alles angeboten, was in der fruchtbaren Huerta gedeiht.

Spiralartig gewundene Säulen tragen das Sterngewölbe der Lonja.

lencianer Seide gehandelt. 1996 erklärte die UNESCO die Warenbörse zum **Kulturerbe der Menschheit**. Der 1498 anstelle eines maurischen Alcázar fertig gestellte, prächtige spätgotische Bau ist mit besonders reichen Portalen und Fensterdekorationen sowie mit kunstvollen Wasserspeiern (»gárgolas«) ausgestattet. Bis 17 m hoch reicht das von spiralartig gewundenen Säulen getragene Sterngewölbe in dem großen Börsensaal, in dem gelegentlich Ausstellungen und kulturelle Veranstaltungen stattfinden. Von der Säulenhalle aus kann man auf 144 Stufen den Turm besteigen, in dem früher zahlungsunfähige Kaufleute einsaßen (Öffnungszeiten: Di. bis Sa. 9.00–14.00, 16.20–20.30, So., Fei. 10.00–15.00 Uhr).

◄ Consulado del Mar

Vom großen Börsensaal aus gelangt man über einen kleinen Hof zum 1548 erbauten Consulado del Mar, wo einst das Handelsgericht tagte und die erste Handelskammer Valencias ihren Sitz hatte; heute werden hier Konferenzen abgehalten. Im zweiten Stockwerk wird das große Ölgemälde »La Inmaculada y los Jurados« (»Die Unbefleckte und die Geschworenen«) aufbewahrt, das der Valencianer Jerónimo Jacinto Espinosa 1662 gemalt hat.

Barrio del Pilar

Südwestlich der Markthalle erstreckt sich das Viertel von Pilar, das von der Avenida Barón de Cárcer und der Calle Guillem de Castro begrenzt wird. Ende des 19. Jh.s gab es hier noch über 100 Seidenwerkstätten und eine Schule für Seidenkünstler, das Colegio Mayor de la Seda, in der Calle Hospital, 5. In dieser Straße befinden sich heute das alte Krankenhaus (Hospital Antiguo), das städtische Kulturhaus und die **Iglesia de San Lorenzo**, eine ehemalige Klosterkirche mit schönen Azulejos, die der Marienverehrung gewidmet sind. Wenige Gehminuten südöstlich steht die Iglesia de San Agustín, ebenfalls eine ehemalige Klosterkirche, die bereits im 14. Jh. begründet wurde.

Die Valencianos essen Paella, die inzwischen in Abwandlungen in aller Welt als spanisches Nationalgericht gilt, am liebsten in geselliger Runde im Freien.

ORIGINAL VALENCIANISCHE PAELLA

Was die Pizza für Italien, ist die Paella für Valencia, denn hier wurde dieses einstige Armeleutegericht vor einigen hundert Jahren erfunden. Die Paella ist inzwischen weit über die Grenzen Spaniens hinaus bekannt und gilt als spanisches Nationalgericht schlechthin.

Benannt wurde das Gericht nach einer traditionellen Reispfanne, die valencianisch Paella heißt, abgeleitet von dem lateinischen Wort »patella« (Schüssel). Die Paellapfanne hat einen niedrigeren Rand als normale Bratpfannen, damit der Reis und die weiteren Zutaten auf kleiner Flamme langsam köcheln können. Meist sind Paellapfannen aus Metall, doch einige Köche im Hinterland der Costa Blanca schwören auch auf einen flachen Tontopf, die **»Olla de barro«**. Paellapfannen werden in den so genannten Ferreterías, den Eisenwarengeschäften, verkauft. In den Geschäften am Mercado Central in Valencia, gegenüber der Lonja kann man zwischen unterschiedlichen Größen wählen, je nachdem, wie viele Personen an dem Essen teilnehmen. Eine gute Adresse ist hier die Ferretería »Hija de Blas de Luna« in der Calle La Lonja, Ecke Plaza Dr. Collado.

Herkunft der Paella

Entstanden ist die Paella im Gebiet des **Albufera-Sees**, wo seit Jahrhunderten großflächig Reis kultiviert wird. Hier kombinierten die Fischer einfach ihre Grundnahrungsmittel Reis, Fisch, Meeresfrüchte und Gemüse und fügten den bereits von den Arabern eingeführten Safran hinzu. Die auf dem Holzfeuer, »leña«, gekochten Paellas konnten dann ihr

unvergleichliches Aroma voll entfalten. Auch heute noch schmecken die auf Holzfeuer gekochten Paellas am besten, und wenn ein Restaurant mit dem Schild **»hecho al fuego de leña«** wirbt, sollte man es auf einen Versuch ankommen lassen.

Reis in allen Variationen

Die Grundlage jeder Paella ist natürlich der Reis, und ein guter Paellakoch schwört auf eine bestimmte Sorte. Allgemein gilt, dass der kleinkörnige Reis, der in Spanien »bomba« genannt wird, am besten geeignet ist. Die kleinen Körner quellen zwar während des Kochens auf, behalten jedoch ihre Körnigkeit und kleben nicht zusammen.

Weitere Zutaten können je nach Geschmack hinzugefügt werden, dazu gehören etwa Hühnchenfleisch, Kaninchenfleisch, verschiedenes Gemüse, Muscheln, Garnelen, Langusten, Tintenfische, Fisch oder Oliven – der Fantasie sind keine Grenzen gesetzt. Jede Gegend hat ihre typischen Varianten. Eine der authentischsten valencianischen Paellas enthält dicke Bohnen, Schnecken, Kaninchenfleisch und Hühnerfleisch. Häufig findet man auch die **Paella Marinera** (nach Seemannsart) mit Muscheln, Garnelen und Langusten.

Verwirrend ist für den Besucher die in Alicante und den Küstenorten verwendete Bezeichnung »arroces«, Reisgerichte, für Paellas. Hier entspricht die Paella Marinera dem »arroz a banda«, der allerdings weniger Fisch und Meeresfrüchte und kein Gemüse enthält. Der pechschwarze »arroz negro« wurde in einem Tintenfischsud gegart. Eine besondere Spezialität in Elche und den umliegenden Orten ist der »arroz con costra«, bei dem der Reis mit einem Omelette überbacken wird. In der Marina Altea bei Dénia findet man oft den »arroz con pasas«, die mit Rosinen zubereitete Paella.

Als schönes Souvenir bringt man sich eine Paella-Pfanne aus Valencia mit, die in den Geschäften rund um die Markthalle verkauft wird.

Zutaten

Für eine **original valencianische Paella**, die traditionell mit Kaninchen und Huhn zubereitet wird, braucht man folgende Zutaten für vier Personen: 400 g Kaninchen; 400 g Hähnchen; 250 g grüne Bohnen; 150 g weiße Bohnen (tavella); 150 g dicke Bohnen (garrofón); 1 – 2 große reife Tomaten; 300 – 500 g Reis; 8 Eßlöffel Olivenöl; 1 Prise rotes Paprikapulver; Safran; Salz, Rosmarin.

Zubereitung

In einer Paellapfanne das Öl erhitzen. Die Fleischstücke gut anbraten. Dann die Bohnen (nach Gusto auch 2 bis 3 Artischocken und 3 bis 4 ungeschälte Knoblauchzehen) dazugeben. Etwa 8 Minuten weiter braten. Dann das Fleisch und die Bohnen an den Rand schieben und in der verbleibenden Mulde die klein geschnittene Tomate hinzufügen und leicht anbraten. Bei kleiner Flamme – damit es nicht bitter wird – etwas Paprikapulver unterrühren. Dann alle bisherigen Zutaten miteinander vermengen und anschließend die Pfanne mit Wasser auffüllen. Etwas Salz zugeben und das Ganze 20 – 30 Minuten köcheln lassen. Bevor der Reis dazugegeben wird, nochmals den Wasserstand überprüfen, gegebenenfalls nochmals bis zur Mitte der Nieten auffüllen. Mit Salz abschmecken: Der bisherige Sud sollte leicht salzig schmecken. Nun wird der Reis dazugegeben, und zwar zunächst nur als dicke, in paar Zentimeter hohe Linie quer durch die Pfanne. Über die Linie den Safran verteilen und anschließend den Reis so unterrühren, dass alle Körner von Wasser bedeckt sind. Nun das Ganze etwa 7 Minuten bei starker Flamme kochen lassen, dann die Rosmarinzweigchen auf den Reis legen und weitere 4 – 5 Minuten bei mittlerer Flamme köcheln, zuletzt 3 – 4 Minuten auf kleiner Flamme kochen.

Östlich der Kathedrale

Wendet man sich von der Kathedrale nach Osten, so sieht man an der Calle Palau den Erzbischöflichen Palast und dahinter das Museo de la Ciudad, das **Stadtmuseum**. Im Erdgeschoss sind religiöse Gemälde zu sehen, im Oberschoss Werke valencianischer Heimatmaler, und im Dachgeschoss werden einige Werke valencianischer Maler ausgestellt, z. B. das monumentale, etwas düster wirkende Triptychon »Gran Conducto de La Ciudad Valencia« von Juan de Ribera Berenguer (Öffnungszeiten: Mo. bis Sa. 10.00–14.00, 16.30–20.20, So., Fei. 10.00–15.00 Uhr).

Museo de la Ciudad

Folgt man weiter der Calle Palau, kommt man zu dem im 15. Jh. errichteten und im 17. Jh. umgestalteten Palacio del Almirante (Admiralitätspalast). Gleich dahinter erreicht man durch eine schmale Gasse die Baños del Almirante, die **Admiralitätsbäder**, die aus dem 11. Jh. stammen und die einzigen baulichen Reste aus der Maurenzeit sind – heute befindet sich hier ein Bürohaus.

Baños del Almirante

Vom Palacio del Almirante gelangt man zur Plaza Nápoles y Sicilia, an der gelegentlich ein Flohmarkt stattfindet. Am Nordende des Platzes erhebt sich die Iglesia de San Esteban, die im 11. Jh. auf den Resten einer Moschee errichtet wurde und ihr heutiges Aussehen 1689 erhielt. In dieser Barockkirche wurde der Stadtpatron Vicente Ferrer getauft.

Iglesia de San Esteban

An der Plaza San Vicente Ferrer stand einst die Puerta de Xerea, eines der Stadttore Valencias. Der im Jahr 1350 in Valencia geborene und spätere Stadtpatron Vicente Ferrer war Dominikanermönch und ein bekannter Prediger.

Plaza San Vicente Ferrer

Hinter dem kleinen Park La Glorieta mit Statuen bekannter valencianischer Bürger streckt sich die Plaza Tetuán mit der Iglesia de Santo Domingo in die Länge. Die Kirche gehört zu einem ehemaligen **Kloster**, in dem auch San Vicente Ferrer gelebt haben soll. Eine Kapelle aus dem 18. Jh. erinnert an ihn. Die Capilla de los Reyes (Königskapelle), die im 15. Jh. in strengem gotischen Stil gebaut wurde, enthält das Grabmal des Marschalls Rodrigo Mendoza.

Iglesia de Santo Domingo

Wenige Schritte weiter nördlich steht der Palacio del Temple, der zwischen 1761 und 1780 im klassizistischen Stil errichtet wurde. Der Name des Gebäudekomplexes erinnert an ein früheres Kloster, das die Templer einst an diesem Ort errichteten, den Jaime I. ihnen als Dank für ihren Einsatz bei der Eroberung Valencias überlassen hatte. Später ging das Kloster in den Besitz des Monteserordens über.

Palacio del Temple

Schräg gegenüber des Palacio del Temple führt die Puente del Real (»Königliche Brücke«) über das Flussbett des Río Turia. Sie wurde

Puente Real

im 16. Jh. anlässlich der Hochzeit Philips III. errichtet. An der Brücke befinden sich die Standbilder der beiden Heiligen San Vicente Mártir und San Vicente Ferrer (17. Jh.). Durch die Calle Los Trinitarios gelangt man zur Calle Salvador und von dort zurück zur Plaza de la Reina, zur Kathedrale.

✶ ✶ Palacio del Marqués Dos Aguas/ Museo Nacional de Cerámica

Calle Paz

Von der Plaza de la Reina führt die breite Calle Paz nach Osten zum Glorieta-Park. Als die Straße Ende des 19. Jh.s angelegt wurde, ließen sich wohlhabende Bürger Häuser mit wunderschönen **Jugendstilfassaden** und Balkonen errichten. Heute befinden sich in dieser belebten Straße zahlreiche Geschäfte und Restaurants.

Öffnungszeiten: Di. bis Sa. 10.00–14.00, 16.00–20.00, So. 10.00–14.00 Uhr

Von der Calle de la Paz zweigt die Calle Marqués de dos Aguas ab zur Rinconada García Sanchiz, wo man auf den Palacio del Marqués Dos Aguas trifft. Dieser luxuriöse Adelspalast der Familie Rabassa de Perellós wurde ursprünglich im 15. Jh. errichtet und im 18. Jh. umgestaltet. Man betritt den Palacio del Marqués Dos Aguas durch ein prächtiges Alabasterportal von Ignacio Vergara mit ausdrucksvollen allegorischen Figuren. Der Palast ist Heimstatt des Museo Nacional de Cerámica, des **Nationalen Keramikmuseums Spaniens**, das 1947

Zu den schönsten Exponaten im Keramikmuseum gehören die bemalten valencianischen Kacheln.

auf dem Grundstock der Sammlung González Martí gegründet wurde. Sein heutiges Aussehen erhielt der reich mit Marmor, vergoldeten Schnitzereien, Stuckarbeiten in Ocker und Lapislazuli sowie mit edlen Hölzern mit Intarsien ausgestattete Palast 1867. Nachdem der Palast einige Jahre unbewohnt war und zunehmend verfiel, richtete die Stadtverwaltung hier 1931 zunächst eine Bibliothek und dann ein Museum ein. Während des Bürgerkrieges belegte die provisorische, republikanische Regierung das Gebäude. Der letzte Eigentümer des Palastes, Guillermo Casanova, vermachte den Palast 1941 dem Staat, der ihm den Status eines Nationaldenkmals verlieh. Eine 1940 gebildete staatliche Kommission unter Leitung von González Martí, dem späteren Direktor des Museums, legte den Grundstein für eine Keramiksammlung. Die Stücke stammen aus dem Besitz der **Grafenfamilie Dos Aguas**, aus anderen Museen und Kirchen und vor allem aus dem Besitz von González Martí. Während man im ersten Stockwerk einen Rundgang durch die herrschaftlichen Palasträume machen kann, sind im zweiten Stock mehr als 3000 Keramiken ausgestellt. Die Keramikarbeiten werden im ersten Stockwerk so präsentiert, als wären sie Einrichtungsstücke eines herrschaftlichen Hauses.

Allegorische Figur am Portal des Palacio del Marqués Dos Aguas

Palasträume

Beim Betreten des Museums fällt der Blick auf die luxuriöse Kutsche aus dem 18. Jh., die dem Markgrafen von Dos Aguas gehörte und einem barocken Pavillon auf Rädern gleicht. Über eine Marmortreppe gelangt man in den Ankleideraum mit einem Fliesenboden in Rhombenform. Das Mobiliar ist spärlich, jedoch erlesen, und an der Stirnseite des Raumes steht eine Statue der Göttin Flora (1867). Der **chinesische Salon** ist mit seidenen Wandbezügen und Chippendale-Möbeln ausgestattet. Ein schwarz lackiertes Tischchen mit Goldeinlagen steht bereit für das Teeservice.

Das Herz eines jeden Rauchers wird höher schlagen, wenn er den **Rauchsalon** betritt. Er ist mit italienischen Möbeln des 19. Jh.s bestückt, und an der Wand hängt ein flämischer Teppich aus dem 17. Jahrhundert. Ein Schränkchen mit Einlegearbeiten und zahlreichen Schubladen diente zur Aufbewahrung von Rauchutensilien.

NICHT VERSÄUMEN

- Rauchsalon mit italienischen Möbeln
- Roter Salon mit Fliesenboden und Deckengemälde
- Frisierraum ebenfalls mit Fliesenboden und Deckengemälde
- Tanzsalon mit Kassettendecke und Wandfries
- Oberes Stockwerk: Kachelsockel aus dem 18. Jh. und Steinguttopf mit volkstümlicher Dekoration aus dem 19. Jh.

Weitere prachtvoll ausgestattete Räume folgen, wie der **rote Salon** mit herrlichem Fliesenboden und einem Deckengemälde, das die Liebe und den Geist zum Thema hat, oder der im neubyzantinischen Stil gehaltene **Speisesaal** mit Skulpturen, einem großen Spiegel und schönen Kronleuchtern. Die gewölbte Decke der **Hauskapelle** (1867) ist als sternenbesäter Himmel gestaltet, in dessen Mittelpunkt Engel und Christus zu sehen sind. Der Fliesenfußboden in dem luxuriösen Frisierraum mit einem allegorischen Deckengemälde ist der Antike nachempfunden. Beinahe ebenso aufwändig ist der Tocador de Diario, der **Frisierraum für alle Tage**, mit Ölgemälden von Felipe Parra von 1867 und Stuckarbeiten gestaltet.
Auch in das **Schlafzimmer** des Marquis kann man einen Blick werfen, das schlichte Himmelbett stammt von 1797, in einer Nische befindet sich eine marmorne Badewanne. Der **Tanzsalon** (Salón de Baile) glänzt mit wandhohen Spiegeln, einer prächtigen Kassettendecke, dem umlaufenden Wandfries mit Pferdekopfmotiven und zwei Statuen an der Stirnseite des Saales. Kostbare Küchenutensilien und dekorative Teller gibt es in der mit valencianischen Kacheln aus Manises und Paterna ausgekleideten **Küche**.

Keramiksammlung

Im oberen Stockwerk erhält man Einblick in die traditionelle, volkstümliche Töpferkunst aus Valencia von der Maurenzeit bis in unsere Zeit. Doch sind auch Keramikarbeiten aus Japan und China sowie Jugendstilarbeiten von Mariano Benlliure ausgestellt. Auch Picasso hat speziell für das Museum Teller gestaltet.

Umgebung des Keramikmuseums

Iglesia de San Juan de la Cruz

Gleich hinter dem Palacio de Dos Aguas steht die Iglesia de San Juan de la Cruz, die auch unter dem Namen San Andrés bekannt ist, weil sie ursprünglich diesem Heiligen geweiht worden war. Die Kirche wurde 1686 anstelle einer Moschee erbaut und besitzt ein Portal und einen Glockenturm im Barockstil. In den Seitenschiffen sind Gemälde valencianischer Meister und schöne handgemalte Azulejos aus den Werkstätten von Manises ausgestattet.

★ **Colegio del Patriarca**

Schräg gegenüber dieser Kirche gelangt man zu dem nahen Colegio del Patriarca. Es wurde von 1586 bis 1610 als Seminargebäude für das von Juan de Ribera, Erzbischof und Vizekönig von Valencia, gegründete Priesterseminar im Stil der Renaissance erbaut. Die Hauptfassade ist relativ nüchtern, über dem Portal sieht man das Wappen

(1583) der Stiftung, die von Ribera ins Leben gerufen wurde. Der Innenhof ist von eleganten Arkaden umgeben und mit einem valencianischen Kachelsockel geschmückt. In der **Capilla de Concepción** werden wertvolle flandrische Wandteppiche des 16. Jahrhunderts ausgestellt.
Das Kollegium besitzt eine umfangreiche, wertvolle **Bibliothek** mit Tausenden von Bänden und historischen Dokumenten, die jedoch für das Publikum nicht einsehbar sind.
Die Südecke des Gebäudes nimmt die **Kirche Corpus Cristi** (1586) ein, an deren Hochaltar ein hervorragendes Abendmahlsgemälde (1606) von Ribalta angebracht ist.

Museo del Patriarca

Der Eingang zum Museo del Patriarca, das dem Colegio del Patriarca angeschlossen ist, befindet sich in einer Seitenstraße, in der Calle de la Nave. Dieses Museum besitzt eine der umfangreichsten Sammlungen **valencianischer Sakralkunst**. In fünf Sälen werden Gemälde und Skulpturen überwiegend aus dem 16. und 17. Jh. gezeigt, etwa Werke von El Greco, Hugo van der Goes, Juan de Juanes, Fernando Yánez, Carravaggio, Roger van der Weyden, Pedro Orrente und Espinosa (Öffnungszeiten: tgl. 11.00–13.30 Uhr).

Antigua Universidad

Neben dem Colegio del Patriarca befindet sich die Alte Universität, die aufgrund einer päpstlichen Verordnung 1501 entstand. Das heutige, neoklassizistische Gebäude mit schönem Kreuzgang stammt aus dem Jahr 1830 und beherbergt die Literaturfakultät. Die wertvolle Universitätsbibliothek umfasst um die 87 000 Bände, darunter zahlreiche Inkunabeln und Handschriften.

Im Kreuzgang des Colegio del Patriarca thront Erzbischof San Juan de Ribera.

★ Museo de Bellas Artes und Parks

Öffnungszeiten: Di. bis So. 10.00–20.00 Uhr

Nördlich der Torres de Serranos überquert man das ehemalige Flussbett des Río Turia auf der Puente de Serranos und kommt zur Plaza de Santa Mónica mit der gleichnamigen Kirche. Man wendet sich nach rechts und erreicht nahe dem linken Flussufer das im Gebäude eines Priesterseminars (1683) untergebrachte Museo Provincial de Bellas Artes (San Pío V) genannt. Der Name deutet schon darauf hin, dass hier vor allem **Meister der Schule von Valencia** ausgestellt werden.

Im Erdgeschoss sieht man archäologische Funde aus iberischer – zum Beispiel den Stier von Bocairente aus dem 4. Jh. v. Chr. –, römischer und maurischer Zeit sowie Skulpturen von Mariano Benlliure und José Capuz.

Der erste Stock enthält die Gemäldesammlung, darunter das anonyme Altarbild des Fray Bonifacio Ferrer (14. Jh.), ein Passionstriptychon von Hieronymus Bosch, Werke der frühen Valencianer Schule von Rodrigo de Osona (»Pietà«), Nicolás Falcó und Jacomart. Aus der Valencianer Schule stammen das »Abendmahl« und der »Heilige Bruno« von Francisco Ribalta, »San Gerónimo« von Ribera, ferner Gemälde von Macip, Espinosa und anderen Spaniern wie ein **Selbstporträt von Velázquez** (► Bild S. 44), »Johannes der Täufer« von El Greco, Porträts von Goya, Gemälde von Juan de Juanes, Morales und Murillo. Auch Italiener wie Pinturicchio und Andrea del Sarto sind vertreten.

Im zweiten Stock sind Werke **valencianischer Maler des 19. und 20. Jh.s** ausgestellt, darunter Werke der valencianischen impressionistischen Malers Joaquín Sorolla (1863 – 1923). Der dritte Stock widmet sich der Historienmalerei.

Jardines del Real

An das Museum schließen sich die Jardines del Real an. Früher gab es in diesem weitläufigen Park eine Residenz der valencianischen Könige, nach seiner Zerstörung während der napoleonischen Kriege von 1808 wurde der Park für die Öffentlichkeit zugänglich gemacht. Zwischen alten Bäumen und gestutzten Hecken stehen Skulpturen von Persönlichkeiten des öffentlichen Lebens und mythologische Figuren.

? WUSSTEN SIE SCHON ...?

- Der Beiname »königlich« (»real«) in der Bezeichnung Jardines Real geht vermutlich auf einen Übersetzungsfehler des arabischen Wortes »rahal« zurück, das eine Bezeichnung für die an den Fluss grenzenden Gebiete war. So kann man bei dieser Bezeichnung nicht unbedingt von königlichem Besitz ausgehen.

Jenseits der Calle General Elio, die mit brausendem Verkehr den Stadtpark begrenzt, befindet sich der kleine Garten **Jardín de Monforte** in italienischem Stil. Geometrisch angelegte sowie gestuzte Hecken und Beete sind mit romantischen Winkeln und einem Seerosenteich kombiniert.

Vom Barro de Ruzafa nach Süden

Barro de Ruzafa

Das Stadtviertel Ruzafa, bis 1877 eine selbstständige Gemeinde, erstreckt sich zwischen der Calle Colón im Norden und der Avenida Peris y Valero im Süden. Die Bezeichnung »Ruzafa« geht auf das maurische Wort »rusafat« zurück und bedeutet »Gärten«, denn in maurischer Zeit befanden sich hier vermutlich einige Landhäuser, die von Gärten umgeben waren. Mit dem Bau der großen Durchfahrtstraßen Avenida del Antic Regne de Valencia und Gran Vía Marqués del Turia ging der einst ländliche Charakter dieses Viertels jedoch verloren.

In der Calle Jorge Juan steht der 1914 im Jugendstil erbaute **Mercado Colon**. Mit seiner Eisenkonstruktion mutet er fast wie ein Bahnhof an. Wenn man der Calle Jorge Juan folgt, trifft man auf die eindrucksvolle Gran Via Marques del Turia, die von einem breiten Grünstreifen mit Ficusbäumen und Palmen geteilt wird. Am östlichen Ende dieser Prachtstraße liegt die Plaza Cánovas del Castillo mit vielen Kneipen, schicken Bars und Restaurants, die ein beliebter Treffpunkt sind.

Palacio de la Música

Wenn man bei der Puente de Aragón in die Grünanlage des ehemaligen Turia-Flussbettes hinuntersteigt, gelangt man bald zu der 1987 gebauten, architektonisch ansprechenden Konzerthalle, die valencianisch »Palau de la Musica« genannt wird – eine kunstvolle Glaskonstruktion, die ein bisschen an ein Treibhaus erinnert.

Architektonisches Highlight: der Palacio de la Música

CIUDAD DE LAS ARTES Y DE LAS CIENCIAS

★★ **Die Stadt der Künste und der Wissenschaften entstand im trockenen Flussbett des Río Turia und ist längst zum Wahrzeichen Valencias geworden. An diesem einzigartigen Platz können Besucher spielerisch Künste, Natur und Technologien entdecken und verstehen lernen. L'Hemisfèric, der unverwechselbare augenförmige Bau, wurde 1998 als Erster eröffnet.**

Öffnungszeiten:
Museo de las Ciencias Príncipe Felipe: tgl. 10.00–19.00, Juli bis 15. Sept. bis 21.00 Uhr
L'Oceanogràfic: 2. Jan. bis 15. Juni, 16. Sept. bis Dez. So. bis Fr. 10.00–18.00, Sa. bis 20.00, 16. Juni bis 17. Juli, 1. bis 15. Sept. tgl. 10.00–20.00, 18. Juli bis Aug. tgl. 10.00–24.00 Uhr
L'Hemisfèric: Vorführungen stdl. 11.00–21.00 Uhr

Palau de les Arts Reina Sofía
Der gesamte Komplex setzt sich aus vier Bereichen zusammen. Beim Kunstpalast, einem extravaganten Bau mit 37 000 m² Gesamtfläche, stehen die Bühnenkünste im Vordergrund.

Museo de las Ciencias Príncipe Felipe
Im Museum der Wissenschaften werden Dauer- und Wanderausstellungen gezeigt. Besucher können hier spielerisch die neuesten technologischen Errungenschaften kennen lernen.

L'Oceanogràfic
Im größten Aquarium Europas geht man auf eine aufregende Entdeckungsreise durch die faszinierende Unterwasserwelt.

① **In die Welt der Sinne**
Von dem Pfad, der das gesamte Gelände teilt, führen Treppen hinab in die gewölbte Lobby des Gebäudes. Glaselemente, die in den Pfad eingelassen wurden, leiten Licht in die Tiefe.

② **»Auge des Wissens«**
Das kugelförmige Planetarium wird von einer elliptischen Schalenstruktur überdacht und in einer Hülse bewegt wie die Pupille eines Auges. Hier werden die Konstallationen der Planeten und Himmelskörper gezeigt und erklärt.

③ **L'Hemisfèric**
Das Planetarium und IMAX-Theater verfügt über einen halbkugelförmigen Bildschirm von 900 m² Fläche. Mit Multimedia-Shows, 3D-Filmen, Lasershows und Sternenprojektionen taucht man in eine außergewöhnliche Erlebniswelt ein.

④ **Sphärenkugel**
Die Außenseite der Kugel ist mit schimmernden Kachelfragmenten verkleidet, die den Eindruck eines Himmelsgewölbes vermitteln.

Man betritt die gesamte Anlage durch eine große, L'Umbracle genannte Grünzone mit zahlreichen Pflanzen- und Baumarten sowie Plastiken moderner Künstler.

★ Villajoyosa · La Vila Joiosa

M 8

Provinz: Alicante
Einwohnerzahl: 30000
Höhe: 15 m ü. d. M.

Villajoyosa (valencianisch La Vila Joiosa) heißt »fröhliche Stadt«, vermutlich wegen der in leuchtenden Farben getünchten Häuser im Altstadtviertel. Die heimkehrenden Fischer sollten schon von weitem erkennen, wo ihr heimischer Herd steht. Heute sehen die Fischer mehrstöckige Apartmentblocks, die die Altstadt flankieren. Dennoch geht es in der Stadt recht ruhig und familiär zu.

Sehenswertes in Villajoyosa

Altstadtkern

Sehr malerisch ist das Panorama von Villajoyosa mit seinen farbenfrohen Fischerhäuschen im Stadtteil Arsenal (▸ Bild S. 122/123), wenn man auf der von Palmen gesäumten **Strandpromenade** Paseo del Doctor Esquerdo entlangspaziert. Früher war der Altstadtkern gänzlich von einer Festungsmauer umgeben, deren Grundmauern noch aus römischen Zeiten stammen sollen, heute sieht man nur

Nach dem heißen Nachtleben im nahen Benidorm erholt man sich an Villajoyosas traumhaften Buchten.

VILLAJOYOSA ERLEBEN

AUSKUNFT

Oficina de Turismo
Avinguada del País Valencià, 10, bajo
03570 Villajoyosa
Tel. 966 85 13 71
Fax 966 85 29 47
lavilajoiosa@touristinfo.net

ANREISE

Busverbindungen von Valencia und Alicante, Bahnverbindungen mit der FGV von Dénia, Benidorm und Alicante

VERANSTALTUNG

Jedes Jahr am 16. Juli, dem Namenstag der heiligen Carmen, veranstalten die Fischer eine Prozession zu Ehren ihrer Schutzpatronin.

Villajoyosa Orientierung

Essen
① Emperador
② Miramar

Übernachten
① Montiboli
② Hotel Eurotennis

ESSEN

► Fein & Teuer

① ***Emperador***
Partida El Montiboli, s/n
Tel. 965 89 02 50
Das zum Hotel El Montíboli gehörende Restaurant bietet vor allem kreative regionale Küche im gehobenen Ambiente. Die Zutaten kommen frisch von einer zum Hotel gehörenden Farm.

► Erschwinglich

② ***Restaurante Miramar***
Avda. del Puerto s/n
Tel. 965 89 01 08
Restaurant am Hafen, sorgfältig zubereitete Gerichte der mediterranen Küche mit viel Fisch und Reis.

ÜBERNACHTEN

► Luxus

① ***Montíboli***
Partida El Montíboli, s/n
Tel. 965 89 02 50
Fax 965 89 38 57
www.montiboli.es
Paradiesisch schön auf den Klippen über dem Mittelmeer gelegen, luxuriös ausgestattete Zimmer, Balkone mit Meerblick. Üppige Gärten umgeben das Haus.

► Komfortabel

③ ***Hotel Eurotennis***
Partida Montíboli, 3
Tel. 966 85 11 21
Fax 965 89 11 94
www.hoteleurotennis.com
Große Anlage, alle Zimmer mit Meerblick. Nicht nur Tennisfreaks kommen hier auf ihre Kosten, auch Bogenschießen, Volleyball, Mountainbike-Touren und vieles mehr wird angeboten. Pool, Restaurant und Strand-Bar, im Sommer auch Kinderbetreuung.

noch geringe Reste einer Stadtmauer. Durch ein Labyrinth sehr schmaler Gassen gelangt man zur kleinen **Iglesia de Nuestra Señora de la Asunción** (Maria-Himmelfahrts-Kirche) aus dem 17. Jahrhundert. Auch sie diente mit ihren Mauern der Verteidigung gegen die häufig einfallenden Seeräuber. Im Inneren der Kirche wird die Gallionsfigur der Santa Marta aufbewahrt, die ebenfalls aus dem 17. Jh. stammt.

Die Fischerei spielt schon seit Jahrhunderten in Villajoyosa eine bedeutende Rolle. Auch heute noch herrscht in der **Lonja** täglich ab 17.00 Uhr Hochbetrieb bei der Fischversteigerung.

In Villajoyosa gibt es **Strände** von 3 km Länge, wenn man das ortsnahe Küstengebiet mit einbezieht, sind es 11 km. Der Hauptstrand, La Playa del Paraíso, liegt am südlichen Stadtrand und ist ein beliebtes **Windsurfrevier**. Eine lebhafte Promenade mit Restaurants und Bars verläuft entlang dieses Kiesstrandes. Feineren Sand findet man an der ruhigen Bucht Playa de Bol Nou südwestlich der Stadt.

! *Baedeker* TIPP

Naschkatzen ...

... sollten unbedingt bei der Firma Valor vorbeischauen. Man trifft sich beim Stammsitz mit großer Schokoladenmanufaktur und Museum und genießt z. B. heiße Schokolade »Azteca« (mit Pfeffer) oder »Maya« (mit Zimt) und frisches Schmalzgebäck (Chocolatería Valor, Avda. País Valencia, 14, Tel. 965 89 40 99, www.valor.es).

★ Villena

H 8

Provinz: Alicante
Einwohnerzahl: 34 000
Höhe: 500 m ü. d. M.

Schon von weitem erblickt man bei der Anreise nach Villena das wuchtige Castillo de la Atalaya, das nachts angestrahlt ist. Das kleine Städtchen in dem Weinbaugebiet Alto Vinalopó ist von Bergen umrahmt.

Geschichte

Bereits in iberischer und römischer Zeit besiedelt, war Villena eine Grenzbasis des maurischen Reiches von Murcia, das 1240 von König Jaime I. von Aragonien erobert wurde. Unter Ferdinand II. wurde es ein Rittergut und unter den Katholischen Königen zum **Herzogtum** ernannt. Karl I. verlieh Villena im Jahr 1525 Stadtrechte. Das heutige Stadtbild stammt zu großen Teilen aus dem 18. Jahrhundert. Als die Eisenbahnlinie zwischen Madrid und Alicante Mitte des 18. Jh.s Villena erreichte, begann eine rasante wirtschaftliche Entwicklung, die vor allem in einem Aufschwung der Textil- und Schuhindustrie bestand. Im Jahre 1836 wurde Villena der Provinz Alicante einverleibt.

Sehenswertes in Villena

Iglesia de Santiago

Die interessantesten Sehenswürdigkeiten liegen im Herzen der Altstadt, in der Nähe der Plaza de Santiago. Hier steht die spätgotische Iglesia de Santiago aus dem Jahr 1492 mit einem reich geschnitzten Retablo und einem mit Engelsfiguren geschmückten **Alabaster-Taufstein**, der zu Beginn des 16. Jh.s von dem Villenaer Meister Jacobo Florentino geschaffen wurde.
In der näheren Umgebung des Santiago-Platzes spielt sich auch das bescheidene Nachtleben der Stadt ab.

Museo de Botijo

Mehr als 1200 Krüge aus aller Welt sind im Museo de Botijo in der Calle Párroco Azorín zu sehen (zurzeit geschlossen).

Palacio Municipal

Schräg gegenüber der Santiago-Kirche steht der Palacio Municipal, das Rathaus, das im 16. Jh. als Pfarrhaus errichtet wurde. Oberhalb des Portals sieht man das Stadtwappen, das von allegorischen Figuren und reich verzierten Säulen eingerahmt ist. Es wurde ebenfalls von dem Bildhauer Jacobo Florentino gearbeitet, der im Jahr 1526 in Villena starb.

Steile Straßen führen durch die Altstadt von Villena hinauf zum Castillo, der auf dem Monte San Cristóbal thront.

★ Museo Arqueológico José María Soler

In einem Nebengebäude des Rathauses ist das Museo Arqueológico José María Soler untergebracht, das den wertvollen **»Schatz von Villena« (»Tesoro de Villena«)** beherbergt. Der mehr als 10 kg schwere Goldschatz besteht aus 65 Teilen: wunderschön gearbeitete Diademe, Ringe, Broschen und Schalen. Das Alter dieser Schmuckstücke, die vermutlich aus dem Besitz eines Häuptlings der Bronzezeit stammen, wird auf 3000 Jahre geschätzt. Diese einmalige Kollektion wurde bei Ausgrabungen in der Nähe Villenas 1963 entdeckt (Öffnungszeiten: Di. bis Fr. 10.00–14.00, Sa., So., Fei. 11.00–14.00 Uhr).

Von der Plaza de Santiago führen steile Gassen hinauf zu der stattlichen **Burg** auf dem Monte San Cristóbal. Die von den Mauren erbaute Gebäude wurde im 15. Jh. erweitert. Sie besitzt einen wuchtigen Bergfried auf quadratischem Grundriss und sechs kleinere Türme. Von hier oben hat man einen weiten Rundblick auf die 50 m tiefer gelegene Stadt und das Tal des Vinalopó. Öffnungszeiten: Di. bis Fr. 10.30–14.30, Sa., So., Fei. 11.00 bis 14.00 Uhr.

Zurück zur Plaza de Santiago sind es nur wenige Schritte zur **Plaza Mayor**, dem Hauptplatz der Stadt. Der bereits im 14. Jh. urkundlich erwähnte Platz ist von schmucklosen Häusern begrenzt und wirkt heute recht kahl und verlassen. Nur bei großen Festen wie den Prozessionen in der Karwoche oder dem Fest Moros y Cristianos Anfang September ist die Plaza Mayor Mittelpunkt des Geschehens. Nordöstlich des Platzes steht die **gotische Iglesia de Santa María** aus dem 16. Jh., die auf den Grundmauern einer Moschee errichtet wurde und später eine barocke Fassade erhielt.

Villena Orientierung

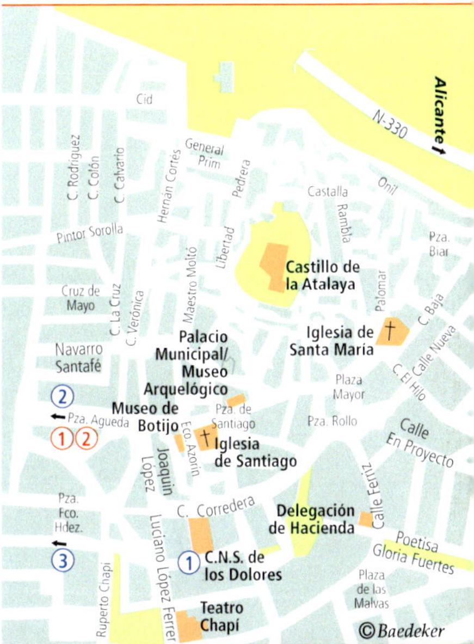

Essen
① Warynessy
② Salvadora
③ La Teja Azul

Übernachten
① Casa del Procurador
② Hotel Salvadora

Plaza de las Malvas

Überquert man die Hauptstraße Calle Corredera gelangt man zur Plaza de las Malvas, die ein typisches Beispiel bürgerlicher Stadtarchitektur aus dem 18. Jh. ist. Die Gebäude wurden aus dem in den Bergen um Villena geförderten gelblichen Sandstein errichtet und sind mit schön geschmiedeten Balkongittern verziert.

Teatro Chapí Westlich der Plaza de las Malvas erinnert das klassizistische Teatro Chapí von 1914 an den 1851 in Villena geborenen **Operettenkomponisten Ruperto Chapí** (► Berühmte Persönlichkeiten). In dem benachbarten kleinen Park befindet sich ein Denkmal des Musikers.

VILLENA ERLEBEN

AUSKUNFT

Oficina de Turismo
Plaza de Santiago, 5
03400 Villena
Tel. 965 80 38 04
Fax 965 80 32 05
villena@touristinfo.net

ANREISE

Bahnverbindung von Valencia und Alicante
Busverbindung von Alicante

VERANSTALTUNG

Jährlich vom 4. bis 9. Sept. finden die »Fiestas de Moros y Cristianos« statt.

ESSEN

► **Fein & Teuer**

① ***Warynessy***
Isabel la Católica 13 A
Tel. 965 80 10 47
www.warynessy.com
Restaurant und Bar mit moderner Einrichtung und bezaubernder Atmosphäre, wo die hohe Kunst der Küche zelebriert wird. Alljährlich im März findet hier die »Villena Gastronomy Week« statt.

► **Erschwinglich**

② ***Salvadora***
Avda. Constitución, 102
Tel. 965 80 09 50
Das Hotelrestaurant bietet regionale Küche mit einer umfangreichen und verführerischen Karte, bei der die Wahl schwer fällt: Probieren Sie z. B. die Gazpacho Manchego, ein Eintopfgericht mit Bohnen, Wurst, Gemüse und Knoblauch. Angeboten wird auch eine reiche Auswahl an Wildgerichten, je nach Saison gibt es Wildschwein, Hirsch oder Ente.

③ ***La Teja Azul***
C/ Sancho Medina, 34
Tel. 965 34 82 34
www.latejaazul.com
Rustikale Einrichtung, gute Fleisch- und Fischgerichte.

ÜBERNACHTEN

Baedeker-Empfehlung

► **Komfortabel**

① ***Casa del Procurador***
Las Virtudes, 138
Tel. 965 97 91 61
www.casadelprocurador.net
Stilvoll eingerichtetes altes Bauernhaus mit Geschichte, etwas außerhalb gelegen. Die schöne Umgebung ist ideal für Spaziergänge oder Radtouren in die Natur.

► **Günstig**

② ***Hotel Salvadora***
Avda. de la Constitución, 102
Tel. 965 80 09 50
Fax 965 81 34 66
www.hotelsalvadora.com
In diesem alteingesessenen Hotel mit langer Familientradition kann man eine ruhige Nacht verbringen. Die Zimmer sind zwar sparsam ausgestattet, dafür aber preiswert. Mit einem guten Restaurant.

Bei Villena wurde ein bedeutender Goldschatz aus der Bronzezeit gefunden, der »Tesoro de Villena«. Er ist im Archäologischen Museum zu sehen.

Umgebung von Villena

Santuario de Nuestra Señora de las Virtudes

Von Villena lohnt sich ein Ausflug zu dem 7 km westlich an der Landstraße C 3314 gelegenen Santuario de Nuestra Señora de las Virtudes aus dem 15. Jahrhundert. Besonders an Wochenenden kommen viele Stadtbewohner zu dieser kleinen Kapelle, die zu einem früheren Augustinerkloster gehört. Zu der **wundertätigen Figur der Señora de las Virtudes** (»Unserer lieben Frau der Tugenden«) mit goldbesticktem Gewand und prachtvoller Silberkrone sind die Villenaer vor allem in Zeiten der Not gepilgert und haben Hilfe und Genesung bei Krankheit erfleht.

> **? WUSSTEN SIE SCHON ...?**
>
> - Der Legende nach soll ein von den Mauren in Ketten gelegter Bürger aus Villena, Miguel Diaz, von der Señora de las Virtudes nachts aus seiner Zelle befreit worden sein. Er konnte daraufhin zur Küste gelangen und mit einem Schiff fliehen.

★ Castillo von Sax

Das 11 km südlich von Villena in einer malerischen Landschaft mit Mandel- und Olivenbäumen gelegene **Dorf Sax** wird von einer weithin sichtbaren, mächtigen Burg überragt. Sie thront auf einem etwa 500 m hohen Felsen, von dem der Ortsname abgeleitet wurde, denn bereits in römischer Zeit befand sich hier eine Befestigung. Er wurde Ende des 8. Jh.s von den Mauren erweitert. Man kann mit dem Auto fast bis zum Burgtor hinauffahren, doch sollte man sich vorher den Schlüssel in der Polizeistation (Policia Local, Mittagspause: 14.00–16.00 Uhr; Tel. 966 96 83 50) von Sax abholen. Der Aufstieg zur Burg lohnt sich schon allein wegen der wunderbaren Aussicht auf die umliegende Landschaft.

REGISTER

VERZEICHNIS DER KARTEN & GRAFISCHEN DARSTELLUNGEN

BILDNACHWEIS

Archiv für Kunst und Geschichte: S. 30, 36 oben, 36 unten, 38, 58, 60
Ayuntamiento de Murcia: S. 11 Mitte, 202, 203 (Mitte links, oben links, oben rechts, unten links, unten rechts)
Astrid Feltes-Peter: S. 2, 7, 25, 45, 113 unten, 117 unten, 119 unten, 121 Mitte, 135, 148, 156, 192, 194, 195, 214, 220, 224, 230, 232, 234, 239, 241, 271, 282, 285
HB Verlag: S. 5 oben, 34, 101, 121 oben, 130, 138, 139, 160, 175, 178, 183, 198, 201, 205, 213, 217, 223, 228, 252, 253, 275
HB-Verlag/Selbach: S. 161
HB-Verlag/Widmann: S. 3 (oben, unten), 4, 10, 11 unten, 12 oben, Mitte, 13, 14, 18, 21, 26, 29, 40, 41, 42, 44, 52, 53, 61, 70, 75, 77, 78, 89, 103, 110/111, 113, 116 oben links, oben rechts, 117 oben links, 117 oben rechts, 119 oben, 121 unten links, 121 unten rechts, 122/123, 126, 132, 140, 143, 145, 146, 149, 151, 165, 169, 172, 181, 188, 191, 197, 199, 206, 209, 216, 219, 221, 235, 236, 256, 260, 265, 268, 273, 279
Huber: S. 8/9, 9, 16, 62/63, 73, 112, 113 Mitte, 116 unten, 166, 176, 187, 246, 267
Huber/Ripani Massimo: S. 276, 278
Huber/Gräfenhain: S. 24, 259, 264
Huber/Kaos: S. 249
IFA: S. 50, 128, 227, 270, 277 (rechts oben u. unten
IFA/Marc: S. 123
Interfoto: S. 47, 48
laif/Cover: S. 277 (links oben), U 4
laif/Eid: S. 204
laif/Hollandse Hoogte: S. 277 (rechts mitte)
laif/Jonkmanns: S. 82
laif/Neumann: S. 33
laif/Wieland: S. 11 oben
look/age fotostock: S. 172
Photocase.com: S. 12 unten, 92
mauritius-images: S. 262
picture-alliance/akg-images/dpaweb: S. 99, 210
picture-alliance/akg-images/Joseph Martin: S. 54
picture-alliance/Simon: S. 254
PixelQuelle.de: S. 63, 5 unten, 119 Mitte
Reich: S. 59
Schapowalow: S. 226
Spanisches Fremdenverkehrsamt: S. 67
Thiele: S. 6, 74
Archiv Wais & Partner: S. 72, 94, 93
Wurth: S. 111

Titelbild: Bildagentur Huber

IMPRESSUM

Ausstattung:
180 Abbildungen, 28 Karten und grafische Darstellungen, eine große Reisekarte
Text: Astrid Feltes-Peter, Achim Bourmer, Dieter Luippold; mit Beiträgen von Horst H. Schulz und Reinhard Zakrzewski
Überarbeitung: Cordula Rabe
Bearbeitung: Baedeker Redaktion (Carmen Galenschovski)
Kartografie: Franz Huber, München; MAIRDUMONT/Falk Verlag (Reisekarte)
3D-Illustrationen: jangled nerves, Stuttgart
Gestalterisches Konzept: independent Medien-Design, München (Kathrin Schemel)

Chefredaktion:
Rainer Eisenschmid, Baedeker Ostfildern

4. Auflage 2010
Sprachführer in Zusammenarbeit mit Ernst Klett Sprachen GmbH, Stuttgart, Redaktion PONS Wörterbücher

Urheberschaft:
Karl Baedeker Verlag, Ostfildern
Nutzungsrecht:
MAIRDUMONT GmbH & Co KG; Ostfildern

Anzeigenvermarktung:
MAIRDUMONT MEDIA
Tel. 0049 711 4502 333
Fax 0049 711 4502 1012
media@mairdumont.com
http://media.mairdumont.com

Printed in China
Gedruckt auf 100% chlorfrei gebleichtem Papier

BAEDEKER VERLAGSPROGRAMM

- Ägypten
- Algarve
- Allgäu
- Amsterdam
- Andalusien
- Athen
- Australien
- Australien • Osten
- Bali
- Baltikum
- Barcelona
- Belgien
- Berlin • Potsdam
- Bodensee
- Brasilien
- Bretagne
- Brüssel
- Budapest
- Bulgarien
- Burgund
- Chicago • Große Seen
- China
- Costa Blanca
- Costa Brava
- Dänemark
- Deutsche Nordseeküste
- Deutschland
- Deutschland • Osten
- Djerba • Südtunesien
- Dominik. Republik
- Dresden
- Dubai • VAE
- Elba
- Elsass • Vogesen
- Finnland
- Florenz
- Florida
- Franken
- Frankfurt am Main
- Frankreich
- Fuerteventura
- Gardasee
- Golf von Neapel
- Gomera
- Gran Canaria
- Griechenland
- Griechische Inseln
- Großbritannien
- Hamburg
- Harz
- Hongkong • Macao
- Indien
- Irland
- Island
- Israel
- Istanbul
- Istrien • Kvarner Bucht
- Italien
- Italien • Norden
- Italien • Süden
- Italienische Adria
- Italienische Riviera
- Japan
- Jordanien
- Kalifornien
- Kanada • Osten
- Kanada • Westen
- Kanalinseln
- Kapstadt • Garden Route
- Kenia
- Köln
- Kopenhagen
- Korfu • Ionische Inseln
- Korsika
- Kos
- Kreta
- Kroatische Adriaküste • Dalmatien
- Kuba
- La Palma
- Lanzarote
- Leipzig • Halle
- Lissabon
- Loire
- London
- Madeira
- Madrid
- Malediven
- Mallorca
- Malta • Gozo • Comino
- Marokko
- Mecklenburg-Vorpommern
- Menorca
- Mexiko
- Moskau
- München
- Namibia
- Neuseeland
- New York

- Niederlande
- Norwegen
- Oberbayern
- Oberital. Seen • Lombardei • Mailand
- Österreich
- Paris
- Peking
- Piemont
- Polen
- Polnische Ostseeküste • Danzig • Masuren
- Portugal
- Prag
- Provence • Côte d'Azur
- Rhodos
- Rom
- Rügen • Hiddensee
- Ruhrgebiet
- Rumänien
- Russland (Europäischer Teil)
- Sachsen
- Salzburger Land
- St. Petersburg
- Sardinien
- Schottland
- Schwäbische Alb
- Schwarzwald
- Schweden
- Schweiz
- Sizilien
- Skandinavien
- Slowenien
- Spanien
- Spanien • Norden • Jakobsweg
- Sri Lanka
- Stuttgart
- Südafrika
- Südengland
- Südtirol
- Sylt
- Teneriffa
- Tessin
- Thailand
- Thüringen
- Toskana
- Tschechien
- Tunesien
- Türkei
- Türkische Mittelmeerküste
- Umbrien
- Ungarn
- USA
- USA • Nordosten
- USA • Nordwesten
- USA • Südwesten
- Usedom
- Venedig
- Vietnam
- Weimar
- Wien
- Zypern

BAEDEKER ENGLISH

- Andalusia
- Austria
- Bali
- Barcelona
- Berlin
- Brazil
- Budapest
- Cape Town • Garden Route
- China
- Cologne
- Dresden
- Dubai
- Egypt
- Florence
- Florida
- France
- Gran Canaria
- Greece
- Iceland
- India
- Ireland
- Italy
- Japan
- London
- Mexico
- Morocco
- New York
- Norway
- Paris
- Portugal
- Prague
- Rome
- South Africa
- Spain
- Thailand
- Tuscany
- Venice
- Vienna
- Vietnam

LIEBE LESERINNEN, LIEBE LESER,

ein herzliches Dankeschön, dass Sie sich für einen Baedeker Allianz Reiseführer entschieden haben. Er wird Sie zuverlässig auf Ihrer Reise begleiten und Sie nicht im Stich lassen.
Natürlich beschreibt er die wichtigen Sehenswürdigkeiten, aber er empfiehlt auch die schönsten Strände, dazu Hotels für den großen und kleinen Geldbeutel, gibt Tipps für Restaurants, Shopping und für vieles mehr, was eine Reise zum Erlebnis macht. Dafür haben unsere Autorin und die Redaktion Sorge getragen. Sie sind für Sie regelmäßig an die Costa Blanca gereist und haben all ihre Erfahrungen und Kenntnisse in diesen Reiseführer gepackt.

Trotzdem: Die Erfahrung zeigt, dass Fehler und Änderungen nach Drucklegung, für die der Verlag keine Haftung übernehmen kann, nicht ausgeschlossen werden können. Für Kritik, Berichtigungen und Verbesserungsvorschläge sind wir Ihnen außerordentlich dankbar. Schreiben Sie uns, mailen Sie uns oder rufen Sie an:

▶ **Verlag Karl Baedeker GmbH**
Redaktion
Postfach 3162
D-73751 Ostfildern
Tel. (0711) 4502-262, Fax -343
E-Mail: info@baedeker.com

Besuchen Sie uns auch im Internet unter www. baedeker.com. Hier finden Sie jeden Monat den aktuellen Reisetipp der Redaktion und das gesamte Verlagsprogramm. Hier können Sie auch lesen, wer Karl Baedeker war und wie er seinen ersten Reiseführer geschrieben hat. Mit seinen über 180 Jahren ist der Karl Baedeker Verlag der älteste Reiseführer-Verlag der Welt.

www.baedeker.com

ZU GEWINNEN: STADTREISE NACH LONDON

Unter allen Einsendungen verlost der Verlag am Jahresende – unter Ausschluss des Rechtswegs – eine Städtekurzreise für zwei Personen nach London.
Freuen Sie sich auf ein spannendes Wochenende in London. Natürlich ist ein Baedeker Allianz Reiseführer London auch dabei!